Fléchier Esprit

Lob und Trauerreden

Fléchier Esprit

Lob und Trauerreden

ISBN/EAN: 9783744721455

Hergestellt in Europa, USA, Kanada, Australien, Japan

Cover: Foto ©Lupo / pixelio.de

Weitere Bücher finden Sie auf **www.hansebooks.com**

Esprit Fleschiers
Lob- u. Trauerreden

Nebst dem Leben desselben
von einigen Mitgliedern der königl. deutschen
Gesellschaft zu Königsberg
übersetzt,
und mit einer Vorrede Hrn. Prof. Gottsch
ans Licht gestellt von
Christian Cölestin Flottwellen, P. P. O.
wie auch Directorn der Kön. Deutschen Gesellschaft zu Königsberg.
Erster Theil.

Dritte Auflage.
Mit Königl. Pohln. und Churf. Sächß. allergn. Privilegio

Leipzig und Liegnitz,
verlegts David Siegert, 1764.

Dem
Allerdurchlauchtigsten, Großmächtigsten Könige und Herrn,

Herrn
Friedrich dem **II.**

Könige in Preußen,
Churfürsten zu Brandenburg,
Obersten Herzoge in Schlesien
ꝛc. ꝛc. ꝛc.

Unserm allergnädigsten Könige
und Herrn.

DE LA MOTTE.

ODE I.

Qu'au bruit de TES armes terribles
D'autres étonnent l'Univers!
TES Faits guerriers, TES foins paifibles
Ne font point l'Objet de nos Vers.
L'on peint cette Ame plus qu'humaine,
Sur qui la Raifon fouveraine
Exerca toujours fon Pouvoir
Et d'un Coeur, qu'inftruit la Prudence,
Cette heroique Indifference
Que determine le Devoir.

Ode.

Aſträens Retter! weiſer Held!
O König! Wunder dieſer Welt!
Der Fürſten Muſter, Luſt der Deinen!
Erlaube doch aus holder Gunſt,
Der Schweſter von Apollons Kunſt,
Vor Deinem Heldenthron in Demuth zu erſcheinen.

Als jüngst Dein Adler Feinde schlug,
Und durch der schnellen Schwingen Flug,
Europa zum Erstaunen brachte;
Als Deine Großmuth Frieden schuff,
Und durch des Herolds lauten Ruff,
Bellonens Wuth und Mord, ein schleunig Ende
machte:

Da ließ der Musen muntres Chor,
Der Zwietracht neugeschloßnes Thor,
Auf den vergnügten Saiten hören.
Dein Sieg, o Held! Dein Friedensbund,
Ward jauchzend allen Völkern kund,
Die nur der Weisheit Thron, der Künste Tempel
ehren.

Gleich rief hier Svada voller Neid:
Auch ich will Friedrichs Tapferkeit,
Wie seiner Großmuth Lob entwerfen.
Hier, wo des Pregels fetter Rand
In stolzer Ruhe Garben band,
Will ich so Witz als Kiel zu Seinem Ruhme
schärfen.
Sie

Sie thuts. Es tritt so mancher auf,
Um Deiner Siege Wunderlauf,
Und weise Mäßigung zu preisen.
Was hilfts? der Klugheit Finger winkt;
Und seht! so Muth als Feder sinkt;
Man soll sich in der Kunst vorher erst stärker weisen.

Erwegt, so spricht sie; mit Bedacht,
Wie Fleschiers Kiel der Lilgen Pracht,
Turennens Heldenmuth kann loben;
Merkt, was er uns für Bilder schenkt,
Wann Lamoignon die Wage lenkt,
Und wie sich Tellier durch Billigkeit erhoben.

Hier, wo euch Friedrich ganz allein,
Kann Ludwig und Turenne seyn,
Das Recht verklärt, die Künste schützet;
Ists billig, daß der Donnermund,
Vor dem Athen sonst starrend stund,
Von Seinem Heldengeist nicht redet, sondern blitzet.

Man folgt ihr: und wen wundert das?
Den Zeus darf nur ein Phidias,
Apelles Alexandern bilden;
Turennen Frankreichs Tullius:
Und Friedrichs große Thaten muß
Kein ungeübter Mund mit Schmeicheln übergülden.

Drum nimm, o Herr! dieß Probstück an,
Wodurch wir Deiner Heldenbahn
Uns sittsam und bedächtig nahen:
Dein Wink hat unsre Zunft gepflanzt,
Dein Schutz mit Sicherheit umschanzt;
Bald werden wir so kühn, Dein Lob auch
    anzufahen.

Sey, König! unsrer Enkel Lust!
Dieß wünscht der treuen Preußen Brust,
Die, stolz auf Dich, sich glücklich schätzen.
Dir, preußischer Justinian,
Sey Glück und Misgunst unterthan!
So wird den Pindus nur Dein ewig Lob ergetzen.

  E. Kön. Majestät,
     unterthänigste
    Deutsche Gesellschaft
     zu Königsberg.

Vorrede.

Da ich die Ehre haben soll, diese Lobreden Fleschiers, so wie sie von einigen geschickten Gliedern der königl. deutschen Gesellschaft zu Königsberg verdeutschet worden, mit einer Vorrede in die Welt zu begleiten: so habe ich nicht lange angestanden, wovon dieselbe handeln sollte. Dieser französische Tullius, hat seine Meisterstücke zwar Oraisons funebres genennet: sie werden aber auch von seinen gelehrten Landsleuten sehr oft les Panegyriques de Flechier geheißen. Wir Deutschen pflegen selbst die größern Lobreden Panegyricos zu nennen: und hiebey fiel mirs ein, die Regeln solcher panegyrischen Reden zu untersuchen, und nach denselben, die Leichenreden des französischen Panegyristen zu prüfen; und zu zeigen, daß er dieselben vollkommen beobachtet habe.

Weil ich in den freyen Künsten, seit mehr als fünf und zwanzig Jahren, die Regeln der alten

Vorrede.

alten Griechen und Römer allen Neuern vorgezogen, und unsern Landesleuten mündlich und schriftlich angepriesen habe: so war nichts natürlicher, als diese unsere sichersten Lehrmeister zu Rathe zu ziehen, und zu erwegen, was sie uns von den Lobreden für Vorschriften hinterlassen haben. Hier fiel mir nun zuförderst der große Geschichtschreiber und Kunstrichter Dionysius von Halikarnaß in die Hände, der in dem II Theile seiner Werke, fast lauter rhetorische und kritische Schriften, hinterlassen hat. Seine sogenannte Τεχνη sonderlich, enthält lauter Regeln der Beredsamkeit: und man kann leicht denken, daß die Lobreden darinn das Hauptwerk ausmachen werden. Den Gelehrten, und Liebhabern des Alterthums sind dieselben zur Gnüge bekannt: ich schreibe aber hier für diejenigen, die lieber in neuern Sprachen das Gute der Alten wollen kennen lernen. Diese haben endlich wohl von Aristotels Redekunst, von Demosthens Reden, und wenn es hoch kömmt, auch von Longins Tractate vom Erhabenen hin und wieder etwas gefunden, und loben gehört: allein Dionysius von Halikarnaß, ist ihnen nicht so oft unter den Rednern, als unter den Geschichtschreibern vorgekommen; ja von vielen Lehrern der Redekunst

Vorrede.

kunst vielleicht gar nicht genenet worden. Es ist also schon der Mühe werth, von den Verdiensten dieses Schriftstellers etwas zu handeln, und hernach Fleschiers Reden mit seinen Regeln zu vergleichen.

Das Iste Stück, welches Dionysius zu seiner Τεχνη, oder Redekunst rechnet, handelt περι των πανεγυρικων; d. i. von den panegyrischen Reden. Zwar könnte man auch das vorhergehende Tractätchen περι συνθεσεως Ονοματων, oder von der Zusammensetzung der Wörter, ganz füglich zur Beredsamkeit gerechnet haben. Denn da er dadurch nichts anders versteht, als was Quintilian die Compositionem, oder die geschickte Verbindung der Worte und Redensarten, in ganzen wohlklingenden Perioden nennet: so sieht man wohl, daß er hier die Anfangsgründe der guten Schreibart habe abhandeln wollen *. Allein man sieht gar leicht, daß Dionysius die Lehre von der Schreibart mit Fleiß von der

Rede=

---

* Er erklärt nämlich das Wort seiner συνθεσεως so: Εςι δε της σηνθεσεως εργα, οικαιως θαναι τατε ονοματα καψ αληλα, και ταις κωλοις αποδουναι, την προσηκουσαν αρμονιαν, και ταις περιοδοις διλαβειν αυτον ολον τον λογον. Hier sieht man ausdrücklich, daß er zeigen will, wie aus Wörtern Kola, aus diesen Perioden, und aus diesen endlich eine Rede entstehen müsse.

Vorrede.

Redekunst abgesondert habe: als welche von allen übrigen Schriftstellern auch gebrauchet wird; und doch noch lange keinen Redner ausmachte. Die Beredsamkeit nämlich beschäfftiget sich mehr mit Sachen, als mit Worten; dahingegen die Sprachlehre und Philologie sich mehr mit den Worten zu schaffen machen. Ich übergehe also auch billig diese vorläufige Abhandlung des Dionysius. Denn was würde dieselbe zu meiner Absicht, den Fleschier zu beurtheilen, beytragen können? der zwar auch seine Sprache sehr wohl verstanden, und die Schreibart vollkommen in seiner Gewalt gehabt; aber als ein Lobredner noch viel andre Eigenschaften hat besitzen müssen, wenn er allen seinen Landesleuten den Preis der Beredsamkeit hat rauben wollen.

Das erste Hauptstück des Dionysius handelt also von den **panegyrischen Reden**. Ohne Zweifel werden hierbey viele denken, das sey gerade dasjenige, was wir hier suchen. Allein man irret sich gewissermaßen. Panegyris hieß bey den Griechen ein gewisses großes Fest, welches zu Athen, nach Herodots Berichte, alle fünf Jahre gehalten ward, und wobey zur Belustigung des Volkes, allerley Spiele angestellet wurden. Es hatte seinen Namen von παν und αγειρειν, wie Goklenius

Vorrede.

Henius will; weil sich daselbst alles versammlete. Eigentlich hieß also Πανεγυρις eine jede große Versammlung des Volkes, auch wo keine Reden gehalten werden sollten. Daher beschreibt eben Dionysius von Halikarnaß dieselbe, gleich im Anfange dieser Schrift: als eine Erfindung und Gabe der Götter, zur Erquickung des Lebens; welche dieselben, wie Plato sagt, aus Mitleiden gegen das arbeitsame menschliche Geschlecht, geschenket hätten *.

Ob nun wohl die Reden an sich selbst kein wesentliches Stück solcher panegyrischen Zusammenkünfte des Volkes waren: so wurden doch freylich bey solchen Gelegenheiten auch vielmals dergleichen gehalten. Denn was konnte bequemer für einen republikanischen Staat seyn, als eine solche allgemeine Versammlung der Einwohner, aus allen Städten und Flecken; wenn man ihnen viele wichtige Dinge vorzutragen hatte, die auf die Beste ihres Staates abzieleten. Die ersten panegyrischen Reden nämlich, sind sonder Zweifel politische Reden, d. i. Berathschla-

* Πανεγυρις ευρημα μεν και δωρον θεων αις αναπαυσιν των περι τον βιον μοχθων παραδιδομενη, ως πε ὁ Πλατων φησιν, οικτειραντων των θεων τε ανθρωπων επιπονον γενος.

Vorrede.

schlagungen von Krieg und Frieden, Anmahnungen zur Einigkeit, Wachsamkeit, und Tapferkeit gegen einen gemeinen Feind, u. d. m. gewesen. So finden wir, daß diejenige panegyrische Rede, die Isokrates gemacht hat, vom Quintilian, unter die anmahnenden, oder überredenden (suasorias) gezählt wird: ob sie gleich, den Schein einer Lobrede auf die Athenienser hat. Isokrates selbst, sagt in einer andern Rede (περὶ ἀντιδώσεως): er habe diese seine Hauptrede zu der Zeit geschrieben, als die Lacedämonier fast Herren von Griechenland, die Athenienser aber schwach gewesen. Er habe daher die Griechen ermahnet, unter einander einig zu seyn, und wider die Barbarn Krieg zu führen; auch den Persern nachzueifern, um ihnen das Heft aus den Händen zu winden. Um nun den Atheniensern Muth dazu zu machen, zeigte er ihnen, daß alles Gute in Griechenland von ihnen, den Atheniensern, herrühre. Dieses darzuthun, beweist er, Athen habe sich in Kriegesthaten eben so viel Lob erworben, als in andern Stücken: und hier erzählt er alle ihre Thaten und Siege; so daß die Rede dadurch in ihrem ersten Theile, das Ansehen einer Lobrede bekommen hat. Dadurch ist es nun geschehen, daß dieser sogenannte Panegyricus, nicht nur unter

Vorrede.

den übrigen Reden des Isokrates, sondern unter aller griechischen Redner Stücken, für das vollkommenste Meisterstück gehalten worden: so gar, daß viele andre Redner, welche vorher eben die Materie abgehandelt hatten, aus Scham ihre Arbeiten verbrannt und vertilget; nach ihm aber kein einziger mehr das Herz gehabt, von dieser Sache etwas auszuarbeiten.

Vielleicht aber hat eben diese Rede gemacht, daß nach der Zeit die Lobreden, in solchen Versammlungen des Volkes, gewöhnlicher geworden. Der große Ruhm, den sich Isokrates dadurch erworben, hat gar leicht die andern Redner bewegen können, seinem Beyspiele zu folgen, und sich, wo nicht eben sodiel Ehre, doch gewiß einige Gunst bey ihren Mitbürgern zu erwerben. Denn was höret ein Mensch lieber, als sein Lob? oder was gefällt auch dem geringsten im Volke besser, als wenn man sein Vaterland, oder seine Geburtsstadt vor andern erhebt? Auch der elendeste bildet sich alsdann ein, daß dieses Lob auch ihm zugehöre: ob er gleich gewiß weis, und bey sich fühlet, daß er zu dieser Vortrefflichkeit seines Landes, oder seiner Vaterstadt nicht das geringste beygetragen hat. Er schmäuchelt sich nämlich, daß ein Theil die-

ser

Vorrede.

ser allgemeinen Ehre auch auf ihn fallen; und daß er selbst in den Augen der Menschen etwas ansehnlicher werden wird, wenn er nur aus einem so gepriesenen Orte entsprossen ist, oder gar darinnen gebohren und erzogen worden.

Eben daher kann es gekommen seyn, daß auch bey den Römern mit der Zeit der Name Panegyricus, insbesondre den Lobreden eigen geworden ist. Plinius hat seine Lobrede auf den Kaiser Trajan, schlechtweg also genennet: und seinem Beyspiele sind unzählige neuere gefolget; gerade, als ob Panegyricus nichts anders, als eine Lobrede seyn und heißen könnte. So gehen oft die wahren Bedeutungen der Wörter, durch zufällige Ursachen, gänzlich verlohren: und es führen sich andre ein, die ganz und gar keine Verwandtschaft damit haben. Denn daß zu des Isokrates Zeiten, bey dem Worte Panegyris, noch gar nicht ans Reden, oder Loben gedacht worden; erhellet selbst aus dem Eingange seines Λογυ πανεγυρικυ. Er beschwert sich darinnen ausdrücklich, daß diejenigen, welche zuerst diese Kampfspiele angestellet hätten, nur alle Absichten auf die Leibesübungen gerichtet, an die Uebungen des Verstandes und Geistes aber gar nicht gedacht hätten.

Doch

Vorrede.

Doch Dionysius von Halikarnaß hat noch vor dem Plinius gelebet, und also die wahre Bedeutung dieses Wortes noch nicht verlohren gehabt. Seine Regeln von panegyrischen Reden gehen auch also nicht gänzlich auf das Lob großer Herren, oder berühmter Leute; sondern hauptsächlich auf das Lob der Städte, wo solche Versammlungen gehalten werden. Er denkt ausdrücklich der Kämpfer, die um den Preis der Stärke und Geschicklichkeit; und der Tonkünstler, die um den Vorzug in der Kunst der Saitenspiele gestritten. Doch gebeut er seinem Echekrates zugleich, wie derjenige sich verhalten solle, der solche Zusammenkünfte durch seine Beredsamkeit zieren wolle: zu einem deutlichen Beweise, daß es zu seiner Zeit schon gewöhnlich gewesen, daß Redner sich dabey haben hören lassen. „Wohlan denn, heißt es, Echekrates, laßt uns, „als Wegweiser einer bisher nicht sehr be- „tretenen Bahn, dasjenige erklären, was von „den Vätern unsrer Weisheit auf uns fort- „gepflanzet worden; sie aber und ihre Vor- „gänger vom Merkur und den Musen em- „pfangen haben; nicht anders wie jener as- „kräische Schäfer, von diesen auf dem Helikon „die Dichtkunst empfangen hat,„.

Vorrede.

Unter seinen Regeln nun steht diejenige obenan, daß man mit dem Lobe desjenigen Gottes, den Anfang machen solle, dem zu Ehren die Versammlung angestellet worden: als welches der Rede ein prächtiges Ansehen geben würde. Er zeigt dabey, wie man sowohl den Jupiter, Apollo, Herkules, als sonst einen jeden Gott loben solle; nachdem man entweder in den olympischen, pythischen, oder nemäischen Spielen auftreten wolle. Doch will er, daß man sich dabey nicht lange aufhalten solle; um desto eher zu dem Lobe derjenigen Stadt zu kommen, bey welcher solche Versammlung angestellet worden. Er schreibt vor, daß man dieselbe 1) wegen ihrer Lage, 2) wegen ihres Ursprunges, rühmen solle, den sie entweder von einem Gotte, oder Helden bekommen habe. Er will auch, man solle von derselben beybringen, was sie sowohl im Kriege als im Frieden, merkwürdiges gethan habe. Ist sie groß, so solle man ihre Größe; wo aber nicht, doch ihre Schönheit, Macht und ihren Reichthum loben, der sie den größesten gleich gemacht hätte. Nun befiehlt er, auf ihre Tempel, Gebäude, und deren Pracht zu kommen: wie denn Herodotus die Häuser zu Babylon dergestalt gerühmet, da er gemeldet; daß sie fünf bis sechs Stockwerke hoch gewesen.

Vorrede.

sen. Man soll ferner der Flüsse, ihrer Größe, Reinigkeit und Gesundheit gedenken; ja auch die bekannten Fabeln nicht vorbey gehen, die irgend von mancher Stadt erzählet würden, um die Rede dadurch anmuthiger zu machen.

Nach dem Lobe der Stadt, solle man auf die Kampfspiele selbst kommen, ihren Ursprung erzählen, ihre Einrichtung und Ursachen erklären, auch die Fabeln nicht übergehen, die davon irgend im Schwange giengen. Man solle diese Spiele mit andern dergleichen Kämpfen vergleichen, und die Jahreszeit in Betrachtung ziehen, darinn sie gehalten würden. Würden sie im Frühlinge gehalten: so wäre dieses die gemäßigte Witterung, zwischen Hitze und Kälte; wäre es im Sommer, so rc. Wären es Ringer= oder Fechterspiele und musikalische zugleich: so könnte man sagen, sie wären ganz vollkommen. Wären es aber jene allein, so könne man sprechen: man hätte nur die männlichen Uebungen behalten, die gar zu weichlichen und verzärtelnden aber nicht einführen mögen. Ferner solle man noch auf die Kränze kommen, die den Siegern ausgetheilet würden; und bey Gelegenheit des Lorberkranzes, ja des Apollo und der Daphne nicht vergessen, u. d. g. Das Lob des Königes endlich solle gleichsam den höch-

Vorrede.

sten Giepfel der ganzen Rede ausmachen, der gleichsam aller Kämpfe Vorsteher und Richter wäre. Wenn man aber nichts älters und bessers wüßte, sollte man den Trieb zur Ehre, der den Griechen, von Alters her, eigen gewesen, herausstreichen. Die Regeln von der Schreibart machen den Schluß.

So lauten nun die Regeln und Kunstgriffe, die Dionysius von Halikarnaß den panegyrischen Reden vorgeschrieben hat; und der verständige Leser wird leichtlich sehen, was davon zu halten sey. Was die vernünftigsten Kunstrichter von der Schreibart dieses Schriftstellers geurtheilet haben, daß sie nämlich hart, schwülstig und gezwungen, und weit von der alten attischen Schönheit eines Isokrates und Demosthenes entfernet sey; das kann man überhaupt von seinem ganzen Geschmacke sagen. Seine ganze rhetorische Einsicht ist nicht sonderlich, und mit demjenigen gar nicht zu vergleichen, was wir im Aristoteles davon finden. Die Gelehrsamkeit der Griechen, war um des Dionysius Zeiten, zumal in den schönen Wissenschaften, schon sehr in Abnahme gerathen. Daher war denn auch sein Geschmack in der Beredsamkeit nicht sonderlich fein. Ich will mich etwas deutlicher erklären.

Fürs

Vorrede.

Fürs erste lehrt er seinen Schüler Echekrates, eine Rede, ohne ein Thema machen; und sie dagegen aus vielerley Stücken zusammen flicken; die endlich wohl einander verwandt, aber doch nicht ganz einstimmig sind. Er lehrt ihn in dem Lobe der Städte, der Spiele, und der Personen, auf viel Nebendinge verfallen, die eigentlich nur Scheingründe abgeben; und die Aristoteles unter die sophistischen Beweise gerechnet hat. Er lehrt ihn endlich eine Rede ohne eine ernsthafte Absicht, sondern bloß zur Lust, und zum Zeitvertreibe halten: ganz anders, als Isokrates vor seiner Zeit, in einer solchen Versammlung geredet hatte. Dieser hatte, als ein guter Patriot, das Heil von Athen, und die Ehre von ganz Griechenland zur Absicht: und wenn er ja seinen Mitbürgern, durch das Lob ihrer Vorfahren ein wenig schmäuchelte; so that er es nur, sie desto muthiger zu machen, in ihre Fußtapfen zu treten, und das Joch der Lacedämonier und der Perser vom Halse zu werfen. Dionysius aber, will nur einen angenehmen Schwätzer unterrichten, wie er die Ohren seiner Zuhörer kützeln solle, ohne den geringsten ernsthaften Zweck seiner Rede vor Augen zu haben. Wenn also jener ein Freund und Meister der wahren Beredsamkeit gewesen;

Vorrede.

so verdienet dieser billig zur Zahl der Sophisten und Plauderer gerechnet zu werden, welche bald hernach Lucian in seinem 'Ρηϑορων διδασκαλος so sinnreich durchgezogen hat.

Nicht besser werden wir die Regeln unsers Redekünstlers befinden, wenn wir zu dem zweyten Hauptstücke, von den Hochzeitreden, fortschreiten wollen. Er schreibt dieses an einen Freund, der ihn zur Hochzeit gebethen hatte; entschuldiget sich, daß er ausgeblieben, ob er ihm gleich sehr zugethan wäre; schicket ihm aber, anstatt eines Hochzeitgeschenkes, diese Vorschriften, wie man bey Hochzeiten reden solle, und zu reden pflege: es sey nun, daß er solche für sich behalten, oder jemanden andern abtreten wolle. Man sieht aus dem folgenden, daß dieser Freund sein vormaliger Lehrling in der Redekunst gewesen sey, und sich in der Ausarbeitung von allerley Reden geübet habe.

Unter denen Materien, die man, seiner Meynung nach, bey Hochzeiten am fleißigsten auszuführen pflege, nennet er zuförderst diese Frage: Ob man ein Weib nehmen solle? Er beantwortet dieselbe zwar billig mit ja; allein seine Ursachen klingen besonders. Denn erstlich beruft er sich auf die Götter, darunter Jupiter und Juno einander geheirathet hätten

Vorrede.

ten. Ein trefflicher Beweis! Denn mit diesem Beyspiele könnte er auch zeigen, daß ein Bruder seine Schwester heirathen; ein Mann seiner Frau untreu seyn u. d. m. thun könne. Er meynt deswegen, weil Jupiter geheirathet hätte, würde er **aller Vater**, Juno aber **Juga** genennet; weil sie die Frau mit dem Manne verbände. Ein vortrefflicher Grund! der aus dem Beynamen hergeleitet wird. Er berufet sich auch auf die andern Götter, die vermählet gewesen: vergißt aber, daß auch so viele, als Mars, Apollo, Mercur, Minerva, Diana, Bellona u. a. m. unverheirathet geblieben.

Der andre Beweis ist etwas besser, da er sich auf die Absichten der Natur berufet: deren ganze Absicht es sey, zeugen, empfangen und gebähren; wie alle Thiere und Pflanzen solches wiesen. Allein was kann man nicht dagegen einwenden? Leben denn deswegen alle Thiere und Pflanzen in der Ehe? Und kann die Erzeugung der Leibesfrüchte nicht auch außer derselben geschehen? Er gesteht solches gleich darauf selbst; und meynt, der Mensch habe, sich von den Thieren zu unterscheiden, den Ehestand erfunden; um sich auch gleichsam in den Seinigen bis auf die Nachwelt fortzupflanzen. Allein ob dieses demjenigen,

Vorrede.

nigen, der zum Heyrathen keine Lust hat, seine Pflicht dazu darthun werde, überlasse ich einem jeden zu bedenken. Es ist wahr, daß die folgenden Gründe noch etwas besser lauten: aber aus den angeführten sieht man wohl, daß die Spuren, der unter den Griechen sehr verfallenen Beredsamkeit, hier nur gar zu deutlich in die Augen fallen. Er mischet nämlich gegen das Ende wiederum alles durch einander so daß ein Redner, der ihm folgen, und alles in einer Hochzeitrede anbringen wollte, eher ein Quodlibet, als eine gescheide Rede verfertigen würde. Wenigstens hat er die güldene Regel des Flaccus nicht vor Augen gehabt, die ein Redner ja so wohl, als ein Dichter, vor Augen haben soll:

Denique sit quodvis, simplex dundaxat et unum.

Noch deutlicher erhellet der üble Geschmack unsers Dionysius in der Beredsamkeit, in dem folgenden IIIten Abschnitte von den Geburtstagsreden, den er Μεθοδον Γενεθλιακων genennet hat. Diese Art von Reden ist zwar bey uns nicht gewöhnlich, es müßte denn an Geburtstagen großer Prinzen seyn: damals aber muß man wohl öfter dergleichen gehalten haben. Dazu gehörten nun Anweisungen, und die sind hier so schön, als möglich ist,

an

Vorrede.

an die Hand gegeben. Zuförderst gebeut unser Dionysius, auf den merkwürdigen Tag Acht zu geben, an welchem jemand gebohren worden. Wäre es der erste Tag des Monates; so wäre es eine glückliche Vorbedeutung, weil vom Anfange alles übrige abhienge. Ein herrlicher Schluß! Gerade, als ob nicht auch das Unglück einen Anfang hätte; und niemand unglücklich werden könnte, der am ersten Tage des Monats gebohren worden. Wäre es aber der sechste, oder siebente Tag des Monats: so solle man sagen, diese Tage wären den Göttern geweihet; und die Kinder stünden also in einer gewissen Gemeinschaft mit ihnen. Von dem 9ten Tage könne man sagen, er sey der Sonnen gewidmet; und derjenige würde sehr prächtig und berühmt werden, der daran zur Welt gekommen wäre: ja, wie die Sonne ihrer Natur nach wohlthätig wäre, so würde es das Kind auch seyn. Es ist wohl nicht nöthig, die Ungereimtheit dieser Schlüsse zu zeigen: die gewiß auch mittelmäßigen Köpfen, auf allen Seiten in die Augen fällt. Wäre es endlich der 15te Tag, so wäre dieser der Minerva heilig, und insgemein wäre daran der Vollmond, (nach damaligem griechischen Calender): folglich würde es auch dem Neugebohrnen an keinem

Vorrede.

nem Stücke was fehlen. Unvergleichlich geschlossen! Kann man sich nun noch wohl wundern, daß die griechischen Schwätzer in Rom so sehr in Verachtung gerathen, daß fast alle Poeten über die Græculos ihren Spott getrieben haben?

Nach den Tagen lehret unser Dionysius seinen Schülern auch auf die Jahreszeit sehen, darinn das Kind zur Welt gekommen. Hier soll man aus dem Winter die Tapferkeit, aus dem Frühlinge die Schönheit und das gute Ansehen, aus dem Sommer die Feldfrüchte prophezeihen, u. s. w. Man soll auch beyläufig erzählen, was zu dieser, oder jener Zeit sich sonst zugetragen habe, da dieses oder jenes Kind gebohren worden: gerade, als ob dieses dasselbe etwas angienge.

Nun kömmt er auf die Oerter. Denn ist Asien, Europa oder Africa; ist Griechenland, oder ein barbarisches Land sein Vaterland: so soll der Redner daher das Lob nehmen, was sich von demselben sagen läßt, ob es tapfer, weise, oder witzig sey, u. s. w. Eben so ist es mit den Städten. Ist das Kind aus der Hauptstadt gebürtig, oder sonst, aus einer großen, sinnreichen, ansehnlichen Stadt, oder ist darinn einmal was Merkwürdiges geschehen: so soll der Redner sich das zu Nutze machen:

Vorrede.

machen: so wie etwa noch heute zu Tage, manche Leichenredner alle berühmte Leute, die ein Städtchen hervorgebracht hat, zusammen raffen, wenn sie einem ihrer Mitbürger eine Lobrede halten wollen. Man kann leicht denken, daß er auch das Geschlecht des Neugebohrnen nicht vergessen haben wird. Hier soll man Aeltern und Großältern, und alles was von ihnen gutes zu haben ist, beybringen; gerade als ob es so ausgemacht wäre, daß keine Kinder aus der Art schlügen.

Und nun kömmt er denn erst auf die guten Eigenschaften des Kindes selbst, oder auch wohl des Erwachsenen, dessen Geburtstag man begehen will. Dieses sollte man nun wohl vor allen Dingen gleich von Anfange gethan haben: allein so, wie es Dionysius machen lehret, würde es doch nicht viel helfen. Denn was soll man von ihm loben? Ist er groß von Leibe, so soll man ihn mit dem Ajax; ist er schön und stark, mit dem Achilles vergleichen: gerade als ob die gute Gestalt unter die Eigenschaften gehörte, die in des Menschen Willkühr stünden; und als ob man berechtiget wäre, denjenigen zu verachten, der sie nicht besäße. Das übrige Lob soll auch auf lauter Vergleichungen mit dem Nestor, Themistokles, Aristides und Phocion, ankommen:

ja

Vorrede.

ja wenn einer auch klein wäre; so soll man ihn mit dem Tydeus und Tonon vergleichen. In Wahrheit, lauter vortreffliche Künste eines sophischen Redners; der von allem alles zu sagen, und den elendesten Menschen zu loben im Stande ist.

Man wird ohne mein Erinnern bemerket haben, daß diese letzte Anweisung zu den Geburtstagsreden, eigentlich auf lauter Lobreden hinauslief, die wir Panegyricos zu nennen pflegen. Hat uns nun der gute Dionysius nichts bessers dazu an die Hand zu geben gewußt: wie schlecht hat es denn um seine Wissenschaft, in diesem Theile der Redekunst ausgesehen?

Nun sollte ich zwar noch die Anweisung zu den Brautnachtsreden, oder die beym Hochzeitbette gehalten werden können, auch anführen und beurtheilen. So muß ich nämlich diejenige Art, die er Μεθοδον Επιθαλαμιων nennet, auf deutsch nennen; und dergleichen Reden müssen wohl zu seiner Zeit gewöhnlich gewesen seyn. Er unterscheidet sie aber von der obigen Hochzeitrede nur der Zeit nach, und daß sie beym Brautbette anstatt des Hochzeitliedes gesungen, oder gehalten würde. Er sagt auch ausdrücklich, daß man den Eingang so machen

Vorrede.

chen könne: Andre pflegten zwar den Hymenäum zu singen; wir aber wollen an dessen statt eine Rede halten, die nicht mit Pfeifen und Cithern, sondern mit dem Lobe und den Ehrengesängen der Neuvermählten erfüllet ist. Wenn er aber angiebt, wie man diese Personen loben soll: so befiehlt er, ihr Geschlecht, ihre Erziehung, die Schönheit ihrer Leiber, ihr Alter, ihren Reichthum, und ihre Aemter und Bemühungen zu rühmen. Siehet dieses nicht allen obigen Vorschriften so ähnlich, als ein Ey dem andern, so muß ich mich sehr irren: und ich erspare also billig dem verständigen Leser das übrige, was eigentlich zu meiner Absicht nicht gehöret.

Nur der Μεθωδος Επιταφιων, oder die Anweisungen zu Leichenreden ist noch übrig: und diese scheint noch eigentlicher, als alles vorhergehende, zu des Bischofs Fleschier Reden zu gehören, da selbige gleichfalls solche Lobreden sind, die allererst nach dem Tode dererjenigen gehalten worden, die er gepriesen hat. Allein die Weitläuftigkeit zu vermeiden, will ich mich dabey nicht aufhalten, und nur soviel daraus anführen, daß die Quellen des Lobes, die er bey den Leichenreden einzelner Personen angegeben hat, nichts besser,

Vorrede.

beſſer, als die obigen klingen *. Man ſoll nämlich abermal ihr Vaterland, Geſchlecht, ihre Natur, Auferziehung, und ihr Verhalten loben: worunter zwar dieß einzige letztere gut; aber alles erſtere nicht weit her iſt. Von dem Vaterlande ſoll man ſagen, daß es groß, berühmt, und alt ſey, u. ſ. w. wie denn Plato wegen Attica berühmt worden. Wenn es aber klein wäre, ſolle man ſagen, daß es durch die Tugend ſeines Stadt- oder Landeskindes berühmt geworden, u. d. m.

Doch was halte ich mich bey dergleichen ſchlechten Kunſtgriffen auf, die darum nichts beſſer werden, weil ſie in einem Alten, und zwar noch dazu, in einem Griechen ſtehen? Wir ſehen daraus ſo viel, daß auch in dem klugen Griechenlande, die ſchöne Zeit der Wiſſenſchaften, bald nach Alexanders Zeiten ſehr verſchwunden ſey, und daß Tändeleyen, falſche Schlüſſe und Spielwerke, die Stelle des alten Ernſtes, der geſunden Vernunft, und des richtigen Witzes, eingenommen haben. Schade! daß zu des Dionyſius Zeiten, nicht auch ſchon alle Tage im Jahre, einen gewiſſen Namen im Calender geführet haben! ohne Zweifel

---

* Es heißt: Ει δε τϗτο, δηλον πε ὡς και απο των αυτων τοπων ληπτεον αφ ὡνπερ και τα εγκωμια πατριδος, γενϗς, φυσεως, αγωγης, πραξεως. κ. τ. λ.

Vorrede.

Zweifel würde er uns auch die Regel gegeben haben, einen Lebenden wegen des schönen Namens eines solchen Tages, an dem er gebohren worden; einen Todten aber wegen des Namens, an dessen Tage er gestorben wäre, zu loben. Ich wundre mich auch sehr, daß er die Lobredner nicht auf die Bedeutungen und Etymologien der Namen seiner Helden verwiesen hat.

Indessen überlasse ich nunmehr allen vernünftigen Lesern das Urtheil, ob **Dionysius von Halikarnaß**, den ich übrigens, wegen seiner römischen Alterthümer, in allen Würden lasse, diejenigen Lobsprüche verdiene, die ihm von vielen großen Kunstrichtern und Kennern der Alten so freygebig beygeleget worden. So sagt z. E. Ger. Joh. Voßius * : Er sey nicht nur ein guter Geschichtschreiber; sondern auch **ein guter Redekünstler;** Casaubon ** aber treibt es noch höher, indem er ihn einen ganz **vortrefflichen Redekünstler und Kunstrichter** nennet. Hat aber Dionysius, unter Augusts Regierung, auf die zwanzig Jahre in

---

* De Hist. Graec. L. I. pag. 171. Nec bonus tantum Historicus fuit, sed etiam Rhetor.

** Isaac. Casaub. Comm. ad Polyb. Vol. III. p. 94. Dionysius Halicarnasseus vir ille quidem doctissimus, ac Rhetor Criticus excellentissimus. &c. &c.

Vorrede.

in Rom gelebt, wo gewiß die Ciceronische Beredsamkeit noch weder vergessen, noch erloschen war: so ist es ihm eine desto größere Schande, daß er bey seinen Sophistereyen geblieben, die dem damaligen verderbten Geschmacke seines Vaterlandes gemäß waren; den trefflichen Regeln und Exempeln seiner großen Vorfahren aber gar nicht gleich kamen.

Derjenige Redner, den Frankreich im vorigen Jahrhunderte an dem berühmten Fleschier hervorgebracht hat, und den die Königl. deutsche Gesellschaft hier zum erstenmale deutsch liefert, ist unstreitig von ganz andrer Art.

Ich darf itzo von seiner Person, und von seinem Charakter nicht handeln, da dieses in der am Ende dieser Reden beygefügten Lebensbeschreibung, zur Gnüge geschehen ist. Ich will nur so viel sagen: daß seine Werke ihrem Meister, dem Geschmacke seiner Zeiten, und seinem Vaterlande Ehre machen.

So wenig man überhaupt alles loben und bewundern kann, was Frankreich, zumal im itzigen Jahrhunderte, hervorbringet; so aufrichtig muß man es doch gestehen, daß Fleschier einer von den größesten Geistern gewesen, den es in seinem Schooße genähret hat. Sein Verstand war von Natur fähig, und durch das Studiren beyzeiten aufgekläret.

Sein

Vorrede.

Sein Witz war groß und feurig; seine Einbildungskraft glücklich, und doch richtig. Seine Vernunft sah alles in dem wahren Lichte ein, welches ihm die Wissenschaften angestecket, und eine sattsame Erfahrung und Kenntniß der Welt gestärket hatten. Sein redliches und tugendliebendes Herz aber, erlaubte ihm nicht, alle die obigen Gaben des Gemüthes, als ein niederträchtiger Schmäuchler, zum Dienste der Eitelkeit zu mißbrauchen. Er lobte zwar, auf Begehren der Großen und des Hofes, Königinnen, Helden, Staatsleute, Prinzen und Prinzeßinnen: aber er lobte nur solche, die sich durch ihre große Eigenschaften, Tugenden und Thaten einen allgemeinen Beyfall erworben, ja die Bewunderung von ganz Frankreich zuwege gebracht hatten. Er war viel zu gewissenhaft, als daß ihm bloß die Hoffnung, oder Verheißung großer Belohnungen, hätte die Feder in die Hand bringen sollen. Nur ganz unstreitige Verdienste konnten ihn bewegen, ihnen gleichsam, als ein Herold der Wahrheit und Tugend, ein öffentliches Zeugniß zu geben.

So war es mit der Wahl der Personen beschaffen, die er loben sollte; aber noch weit sorgfältiger gieng er mit der Wahl derjenigen Sachen um die er von ihnen rüh-

Vorrede.

men wollte. Die meisten Redner versehen es hierinnen; und lassen sich entweder durch solche schlechte Regeln, als oben Dionysius vorgeschrieben, und von vielen Neuern fleißig nachgebethet worden; oder durch den Strom böser Exempel, dahin reißen, daß sie auch von den lobwürdigsten Männern und größten Leuten, elendes und schlechtes Zeug sagen. Bey dem größesten Reichthume merkwürdiger Sachen und Thaten, stellen sie sich so arm an, als ob sie nichts gründliches zu sagen hätten, und nothwendig zu den abgedroschenen Hülsen von dem Vaterlande, Geschlechte, Namen, Geburtsorte, Vorfahren, Todestage, u. s. w. ihre Zuflucht nehmen müßten. Fleschier aber war viel zu erleuchter, als daß er aus dergleichen seichten Quellen hätte schöpfen sollen. Er verwirft sie öfters stillschweigend, indem er sie übergeht, und an ihrer Stelle was bessers saget; oft auch ausdrücklich, indem er darthut, daß er ihrer nicht nöthig habe, und die an sich selbst schönen Bilder seiner Helden durch diesen glänzenden Firniß nicht beschimpfen wolle.

Alle Menschen, haben gleich andern unvollkommenen Dingen, eine gute und eine böse Seite: und hier zeiget sich hauptsächlich

Vorrede.

sich die Klugheit eines Redners, daß er zu ihrem Lobe dasjenige suchen und finden, und recht vorstellen könne, was ihnen zu einem wirklichen Lobe gereichen kann. Wie viele Lobredner fehlen hier nicht! Sie bemerken an ihren Helden entweder nur das allergemeinste, was dieselben mit unzähligen andern gemein haben; oder doch nur das, was allen Menschen eben so gut in die Augen fällt, als ihnen; und wohl gar nicht einmal auf ihre Willkühr angekommen ist. Dahin rechne ich die äußerlichen Gaben der Bildung, Gestalt, Farbe, Größe und Stärke des Leibes, wie auch das äußerliche Glück, Geschlecht, und Ehrenansehen, das gewisse Personen, wegen ihrer Geburt schon haben. Aber was ihren Helden und Heldinnen wirklich großes, edles und lobwürdiges eigen gewesen, das sehen und bemerken sie nicht. Daher kommen aber auch so viele magere und kalte Lobreden, von denen man, wie von den Dichtern, mit dem Rachel sagen möchte:

Die nichts, denn Worte nur, zu Markte können tragen,
Zur Hochzeit faulen Scherz, bey Leichen, lauter Klagen,
Bey Herren, eiteln Ruhm, dran keiner Weisheit Spur,

Kein

Vorrede.

*Kein Salz noch Eßig ist, als bloß der Fuchs-
schwanz uur.*

Unser Fleschier hatte viel zu große Einsicht in die wahre Würde der menschlichen Natur, und die Hoheit eines edlen Geistes, der sich durch die Erfüllung seiner Pflichten in der Welt, um die Glückseligkeit andrer Menschen, um die Wohlfahrt des Staats, und den Vortheil des Landesherrn verdient macht, sich selbst aber zu einer seligen Ewigkeit vorbereitet: als daß er sich bey Kleinigkeiten hätte aufhalten sollen. Er dringet also mit seinen Betrachtungen in das innerste der menschlichen Herzen. Keine äußerliche Schminke der Verstellung blendet ihn: er sieht auf die geheimen Triebfedern und Bewegungsgründe ihrer Handlungen. Wo diese unlauter sind, da achtet er auch die scheinbarste That eines vermeynten Heiligen nicht lobwürdig. Er übergeht sie entweder gar, oder zählet sie zur Zahl der Schwachheiten, die man mit dem Mantel der christlichen Liebe bedecken müßte.

Da ich hier der christlichen Liebe gedenke, so muß ich einen trefflichen Vorzug und Vortheil unsers Lobredners nicht vergessen, den er eben von der Religion hergenommen und entlehnet hat. Ich habe nämlich

Vorrede.

lich bemerkt, wenn ich den Quellen so vieler erhabenen Gedanken und Ausdrückungen bey ihm nachgespüret, daß er die meisten davon in den Schätzen der Offenbarung und des Christenthums gefunden hat. Als ein Geistlicher und Bischof hatte er das Recht, ja gleichsam die Pflicht, Gedanken und Worte aus der Schrift zu borgen. Er that es also fleißig; aber mit solchem Verstande, mit so kluger Wahl, und mit so feiner Geschicklichkeit, daß seine Reden unendlich viel Schönheit und Stärke dadurch gewannen. Er hebet sich auch niemals glücklicher, als mit den Flügeln der Cherubim, wenn ich so reden darf. Sein rednerisches Feuer lodert niemals heller auf, als wenn es sich auf den Altären des Heiligthums entzündet hat; und seine Ausdrückungen werden niemals rührender, als wenn sie derjenige Geist beseelet, der vormals durch die Propheten geredet hat. Die Ewigkeit sonderlich, füllet oft seine Begriffe mit so erhabenen Bildern, und sein Herz mit solchen lebhaften Empfindungen und Trieben an, die das Heil von Athen und Rom, weder einem Demosthenes, noch einem Tullius hatte verschaffen können.

Diese Quellen nun, haben sonder Zweifel, die Reden unsers Fleschiers so

Vorrede.

erhaben, so rührend und eindringend gemacht, daß es ihm alle weltliche Französische Redner seiner und nachfolgender Zeiten niemals haben gleich thun können. Auch unsre Landesleute werden es ihm darinnen meines Erachtens, niemals gleich thun; dafern sie es nicht wagen werden, bey Gelegenheiten, wo es sich thun läßt, aus eben den Quellen zu schöpfen. Allein dieses mit gutem Erfolge zu thun, müssen sie auch eben die Urtheilskraft, eben die Geschicklichkeit brauchen, womit er es gethan hat. Wo kann man solches aber mit besserm Grunde thun, als in Leichenreden? Sarg und Baare, Gruft und Tod, Moder und Verwesung, und die ungleichen Schicksale einer unendlichen Ewigkeit; der Thron eines strengen Richters, vor den man treten soll; der Mangel eigener Verdienste und Gerechtigkeit; und eine Menge von Fehlern und Schulden, die einen Erblaßten dahin begleiten; das sind ja zweifelsfrey Dinge, die auch einen Redner, der kein geweihtes Amt führet, entschuldigen können, wann er einige Schritte in das heilige Gebiethe der Religion wagen will; wenn er nur Klugheit genug besitzet, solches mit der gehörigen Art, und ohne eine postillenhafte Geschwätzigkeit zu thun.

Ich

Vorrede.

Ich habe bisher fast alles entdecket, was den Bischof Fleschier in meinen Gedanken zu einem großen Redner gemachet hat. Allein es ist noch eins übrig, und dieses ist, seine edle und doch ungekünstelte Schreibart. Wie in allen obigen Stücken; so ist er unstreitig auch hierinn stärker, als alle seine übrige Landesleute gewesen sind. Neulich zwar, hat der Lobredner des Cardinals Fleury, ihn durch seine Arbeit zu erreichen; oder vielleicht gar zu übertreffen gesucht: allein sein gezwungener und übertriebner Witz, hat die edle Natur seines Vorgängers so wenig erlangen können; als ein zierlich beschnittener Taxus in einem Garten, die Schönheit einer freywachsenden Ceder auf dem Libanon erreichen kann. Fleschier scheint gar die Schönheit der Schreibart nicht zu suchen; und doch findet er sie. Er drechselt seine Perioden nicht mit ängstlicher Kunst, und dennoch gerathen sie voll, rund, und rollend. Er kräuselt die Stimme nicht, wie ein trillernder Opernsänger; aber dennoch füllet und bezaubert er die Ohren seiner Zuhörer, mit unbeschreiblicher Anmuth. Und kurz, er jaget dem Witze und seinen Spielwerken, nach Art der neuern Scribenten seines und unsers Vaterlandes, nicht nach; und gleichwohl sieht man, wenn man sich von der Rührung des

Vorrede.

Gemüthes erholet, wovon man unverhofft ergriffen worden; daß derjenige auch viel Witz besessen haben müsse, der einen so gewaltig mit sich hinzureißen gewußt.

Es ist wahr: Fleschiers Schreibart ist nicht allenthalben gleich feurig und sinnreich. Und wer kann das fordern? Er redet oft, wie auch ein andrer Mensch, von derselben Sache, geredet haben würde. Er heckt keine neue Wörter und seltsame Redensarten aus; er foltert die Sprache nicht, um einen gemeinen Gedanken in den Augen der Einfältigen, den Schein der Scharfsinnigkeit zu geben. Allein dieß ist den Regeln und Exempeln der besten unter den Alten gemäß. Ich mag ihn itzo nicht aus dem Aristotel, Cicero und Quintilian rechtfertigen: denn wer kennt dieselben nicht? oder wer trauet ihnen diese Einsicht nicht zu? Ich will mich nur auf einen Liebhaber des gezwungenen Witzes, auf den Seneca selbst, beruffen; der seines eigenen verderbten Geschmackes ungeachtet, gleichwohl der Wahrheit und Vernunft dieses Zeugniß nicht hat versagen können. Ich nehme die Stelle aus seinem hundertsten Briefe, der durchgehends voll von den reinsten Begriffen und Regeln der Beredsamkeit ist. Hier sagt er, wie die Schreibart eines guten

Vorrede.

guten Redners seyn soll, ob er gleich selbst gemeiniglich dawider zu sündigen pflegt. Es heißt: * „Ein Redner zöge die Wohlreden„heit, gleichsam wie seinen Schatten, ohne „daran zu denken, mit sich. Freylich wäre „nicht alles in seinen Sätzen abgezirkelt und „zusammen gedrungen; auch führten nicht „alle seine Worte Stacheln und Spitzen in „sich. Allerdings würde mancher Satz vor„bey fließen, ohne zu rühren; und mancher „Ausspruch gleichsam müßig vorüberlaufen. „Allein überall würde doch was schönes vor„kommen, und man würde sehr große Stü„cke seiner Rede ohne Eckel hören. Kurz, „er würde es so weit bringen, daß man fest „glauben würde: er habe das, was er ge„schrieben, auch selber für wahr gehalten. „Und man würde gewahr werden, er habe „darum geredet, damit man wissen möchte, „was ihm gefiele; nicht aber, damit er selbst „gefallen möchte„.

Alle

---

* Eloquentiam velut umbram, non hoc agens, trahit. Non erunt sine dubio singula circumspecta, nec in se collecta; nec omne verbum excitabit et punget. Fateor: exibunt multa nec ferient; et interdum otiosa praeterlabetur oratio: sed multum erit in omnibus locis, et ingens sine taedio spatium. Denique illud praestabit, ut liqueat tibi, illum sensisse quae scripsit. Intelliges actum hoc, ut du scires, quid illi placeret, non ut ille placeret tibi.

Vorrede.

Alle diese vortreffliche Eigenschaften nun, hatten mich schon vor mehr als zwanzig Jahren zu einem Liebhaber und Bewunderer der Lobreden Fleschiers gemacht; als ich die, auf den Grafen von Turenne, übersetzte, und in meinem kleinen Grundrisse der Redekunst zuerst ans Licht stellete. Ich glaubte nämlich, daß dasjenige, was mich so sehr gerühret hätte, auch meine Leser und Zuhörer rühren würde: und ich betrog mich nicht. So unvollkommen auch vielleicht meine Uebersetzung war, so viel Liebhaber erwarb sie dem Bischofe Fleschier; und man wünschte nach der Zeit mehr als einmal, alle seine Lobreden deutsch zu lesen. Doch niemand wagte sich an diese Arbeit; die auch in der That ihre große Schwierigkeiten hatte. Es ist so leicht nicht, als jemand denket, die Schönheit und Stärke eines so vollkommenen und erhabenen Originals in einer andern Sprache recht auszudrücken; niemals matt zu werden, niemals zu sinken, niemals die zarten Züge des Urbildes zu verfehlen, auf welche zuweilen kein geringer Theil seiner Schönheit ankömmt. Ich schweige noch, daß man sehr stark im Französischen seyn muß, den ganzen Nachdruck des Grundtextes einzusehen; und sodann auch das Deutsche sehr

in

Vorrede.

in seiner Gewalt haben muß, um im Stande zu seyn, alles gehörig auszudrücken.

Allein die Ehre, eine so schwere Arbeit glücklich ins Werk gerichtet zu haben, war den geschickten Mitgliedern der königlichen Deutschen Gesellschaft in Königsberg vorbehalten. Sie haben sich allerseits mit so vieler Fähigkeit, und so großem Fleiße an dieses Werk gemacht, daß man bey allen Reden fast einerley Stärke, einerley Feuer, einerley Schönheit des Ausdruckes verspüret. Man hat mir die Ehre gethan, mir alle diese Stücke, vor dem Drucke, zu genauer Einsicht, und zur Vergleichung mit dem Grundtexte, anzuvertrauen: und ich kann versichern, daß ich nichts, so von einiger Erheblichkeit gewesen wäre, dabey zu erinnern nöthig befunden. Da man meiner Uebersetzung der Lobrede auf den Marschall von Turenne die Ehre thun wollte, sie mit in dieser Sammlung beyzubehalten: so habe ich Ursache gehabt, sie nochmals sorgfältig zu prüfen, und sie an verschiedenen Stellen, dieser Gesellschaft würdiger zu machen, als sie vorher gewesen.

Da es nun ein weit größer Verdienst um das Vaterland ist, die Meisterstücke der Ausländer, in trefflichen Uebersetzungen bekann-

Vorrede.

kannter zu machen, als selbst was mittelmäßiges hervorzubringen: so hoffe ich auch, daß es ein jeder Kunstverständiger diesen gelehrten Gliedern der Königlichen Deutschen Gesellschaft Dank wissen wird; daß, da sie auch im Stande gewesen wären, selbst was schönes von ihrer eigenen Arbeit zu liefern, sie sich auf diese nützliche Art haben beschäfftigen wollen.

Mein Wunsch gehet übrigens dahin, daß wir bald glückliche Folgen von der Bekanntmachung dieser Lobreden, in geschickten Nachahmungen derselben sehen mögen. Denn soviel ist gewiß, daß es uns bisher, an ganz untadelichen Mustern großer Lobreden, noch gewisser maßen gefehlet hat. Haben gleich **Königsdorf, Neukirch** und **Gundling** u. e. a. dergleichen Stücke geliefert: so ist doch der eine mit seiner Schreibart fast immer zu schwülstig, der andre sehr oft zu spitzfindig, und der dritte nicht selten ein wenig zu niedrig geblieben.

Geschrieben d. 28 März
1748.

Johann Christoph Gottsched,
der Weltw. und Dichtk. öffentl. Lehrer zu Leipzig,
wie auch der Kön. Akad. der Wiss. zu Berlin
und der zu Bononien Mitglied.

Vorrede
des Herausgebers.

Bleiben die Lobreden auf hochverdiente Personen, nach dem Urtheile aller Kenner, Meisterstücke der Beredtsamkeit: so kann der Leser leicht den Grund beurtheilen, der einige Mitglieder der königlichen deutschen Gesellschaft, auf höheren Befehl gereizet hat, sich an die trefflichsten Muster des Bischofs Fleschier zu wagen; um durch öfteres Nachschildern guter Originalstücke, mit der Zeit Muster entwerfen zu können. Kein alter und längstens widerlegter Vorwurf, als ob der Uebersetzungsgeist nur auf den Deutschen ruhe, und sie gar nichts eigenes schaffen, oder aussinnen könnten, hat sie von dieser Arbeit abgeschrecket. Man müßte in der Geschichte der deutschen Beredsamkeit ganz unerfahren seyn, wenn man nicht gelernt hätte, einen gelehrten Gundling zu bewundern, wenn er seinen König; und einen muntern Neukirch; wenn er seine Königinn lobet. Es sind auch, zu Deutschlands Ehre, die Zeiten verflossen, darinnen man nach des berühmten Tillotsons Ausspruche, die Uebersetzungen überhaupt einem abgezapften

Vorrede des Herausgebers.

zapften Weine verglichen, der seine Stärke, Kraft und Anmuth verlohren. Deutschland kann bereits in allen Arten der Uebersetzungen solche Meisterstücke aufweisen, daß es einem, welcher in der alten Geschichte und Gelehrsamkeit unerfahren ist, schwer fallen dürfte, manche Uebersetzung für das, was sie ist, nämlich für eine Nachbildung eines fremden Originals, anzusehen; obgleich sich der Uebersetzer von seinem Urbilde nicht eben gar zu weit entfernet hat. Was für ein Vorurtheil sollte uns auch bewegen, bey allen nunmehr vorhandenen Erklärungen der gelehrten Geheimnisse, deutschen und in keiner fremden Sprache jemals unterwiesenen Lesern, die reichen Schätze der Alten; oder die auf einem fremden Boden erzeugten Reichthümer der Neuern zu vorenthalten?

Außer diesem bleibt des Uebersetzers und Lesers Vortheil gleich stark und gleich vorzüglich. Jener suchet einem edlen Römer nachzueifern, der doch auch vormals durch öfteres Uebersetzen der griechischen Schriftsteller, alle Schönheiten der Griechen erlernet, und ihnen in seiner angebohrnen Sprache, nach allen Regeln einer vorsichtigen und behutsamen Klugheit, das Bürgerrecht verstattet hat. Dieser hingegen bedienet sich der angebothenen Gelegenheit, die Wahrheiten

Vorrede.

heiten aller Völker zu seinem Vortheile anzuwenden. Jener träget kein Bedenken, die Stärke und den vorzüglichen Reichthum der deutschen Sprache zu prüfen, um das Feuer der Griechen, die Kürze der Römer, das Erhabene der Britten, den Ernst der Spanier, den Witz der Franzosen, die Annehmlichkeit der Italiener, den einnehmenden Nachdruck der Polen, und überhaupt das Erhabene aller übrigen Sprachen in seiner Muttersprache, mit gleich großer Stärke auszudrücken. Dieser aber glaubet allmählich, daß seine Muttersprache die einzige auf der Welt sey, die alle Reichthümer aller fremden Sprachen in ihren Zeichen, Tönen, Ausdrücken und Verbindungen, darzustellen im Stande ist.

Hier erblickest du, Leser, eine völlige Sammlung der unnachahmlichen Muster von Lob- und Leichenreden, die der hochberühmte Bischof Fleschier in Frankreich, hinterlassen hat.

Wir können es nicht leugnen, daß durch die, für das Wohl unsrer Gesellschaft unermüdete Wachsamkeit und Ermunterung unsres hochwürdigen Präsidenten, des Herrn Oberhofpredigers und der Königsb. Universität j. Z. Rectoris Magnifici, D. Quandts Magnificenz, diese ganze Arbeit zu Stande gekommen. Dieser hat nämlich, durch die vortreff=

Vorrede.

auf den Marschall von Turenne, die wir bereits vor einigen Jahren, denen für Deutschlands Ehre unabläßigen Bemühungen Sr. Magnificenz des Herrn Professor Gottscheds, der Universität zu Leipzig, j.Z. Rectoris Magnifici, zu danken haben, den Eifer der Mitglieder angefeuert, diesem großen Muster nachzufolgen. Wir haben auch nicht nur besondere Ursache, die vorzügliche Güte unsers für den Ruhm seines Vaterlandes mit der größten Freude arbeitenden Gottscheds, hierdurch öffentlich zu erkennen, der unsere unschuldige Absichten seines öffentlichen und besondern Beyfalles mehr als einmal gewürdiget; der sich nicht nur gefallen lassen, die Seele eines der ersten Ehrenmitglieder, mit der Ihm eigenen Leutseligkeit anzunehmen, und unsern Büchervorrath mit den größten und ansehnlichsten Beyträgen, nach der Ihm angebohrnen Großmuth zu vermehren; der nicht nur zu seiner unlängst zum unsterblichen Ruhme der Deutschen ausgefertigten Sprachkunst, uns ein vorzügliches Eigenthumsrecht öffentlich ertheilet, und daher unsre zärtliche Erkänntlichkeit und Dankbegierde auf mehr denn eine Art verdienet: sondern es gereichet dieser Ausgabe zu einem besondern Vorzuge, daß der gelehrte Herr Professor, die dem Marschalle von Turenne gewidmete

Vorrede.

mete Lobrede von neuem übersehen, ihr ein von den vorigen Ausgaben beynahe verschiedenes Ansehen ertheilet, die von unsern andern Mitgliedern ausgearbeiteten Reden aber einer genauen Durchsicht gewürdiget, und deren Ausgabe selbst einiger Aufsicht würdigen wollen.

So gleichgültig es aber einigen, vielleicht mit allerley Vorurtheilen eingenommenen Lesern seyn möchte, die übrigen Mitglieder zu kennen, die zu Beförderung dieser Ausgabe ihre Kräfte angewendet: so mache ich mir doch eine öffentliche Freude, den Fleiß unsrer geschickten Mitglieder, als des Herrn Siegmund Christoph Kinders, beyder Rechten würdigen Candidatens; des Herrn Johann Christoph Kreuschners, Secr. bey Sr. Excell. dem Kön. Herrn Staatsminister von Blumenthal; des Herrn Gottlob Jacob Sahmen, der nunmehr als Königlicher Secretär in Berlin in Bedienung steht; des Herrn Carl Ludwig Lübeks, wohlbetrauten Auscultators bey der Königlichen Krieges- und Domainenkammer in Litthauen; und Herrn Samuel Gottfried Hennings, beyder Rechten Beflissenen, hier öffentlich zu rühmen; welche die Uebersetzung der übrigen Fleschierschen Reden, mit einem lobenswürdigen Eifer über sich genommen und glücklich ausgeführet. Am wenigsten aber kann ich hier die Güte eines unsrer werthesten abwesenden Mitglieder, Hrn. M. Johann Joachim Schwabens, mit Stillschweigen übergehen, der diese Ausgabe mit dem merkwürdigen Leben des Bischofs Fleschier

Verzeichniß der Lobreden.

V. Lobrede der Frauen Marien von Wignerod, verwittweten Herzoginn von Aiguillon, Pair von Frankreich, den 17. August 1675 gehalten.   183 S.

VI. Lobrede auf den Herrn Wilhelm von Lamoignon, Oberpräsidenten des Parlaments, den 18. Febr. des 1679sten Jahres gehalten.   219 S.

VII. Lobrede auf den königlichen Kanzler, Herrn Michael von Tellier, den 22 Merz 1686 gehalten.   259 S.

VIII. Lobrede auf den Herrn Carl von St. Maure, Herzog von Montausier, Pair von Frankreich, den 11 August des 1690sten Jahres gehalten.   295 S.

Kurzgefaßte Lebensbeschreibung des Herrn Esprit Fleschiers, Bischofs zu Nimes   343 S.

Lobrede

auf

Maria Theresia,

von Oesterreich,

Infantinn von Spanien, Königinn
von Frankreich und Navarra.

In Gegenwart des Dauphins, und der
Prinzen und Prinzeßinnen vom Geblüte
1683 den 24 Nov. gehalten.

Sirach XXVI, 23. 24.

Wie die Grundsäulen, die auf einem festen Felsen gegründet, ewig sind; so sind die Gebothe Gottes im Herzen eines heiligen Weibes.

Eure Königliche Hoheit stehen vielleicht in den Gedanken, daß ich mitten unter diesen Leichenanstalten, in diesem geheiligten Tempel, wo der Tod einen großen Raub einsammlet, bey dem traurigen Anblicke dieses Trauergerüstes, und dieses königlichen Herzens, welches mehr nichts als Asche ist, ihnen die Hinfälligkeit und Nichtigkeit der menschlichen Hoheit vorstellen werde.

Der Geist Gottes unterrichtet uns in seinen Schriften, man müsse das Schicksal der Sünder bedauren. Ihr Leben fähret dahin, wie ein Schatten; es kömmt ein bestimmter Tag, an dem alle ihre Anschläge vergehen. Ihr Andenken macht ein kleines Geräusch; und verlieret sich bald in ein ewiges Stillschweigen. Die Güter, so sie erworben, entfliehen aus ihren gierigen Händen; ihre Ehre verdorret, wie das Gras; ihre Kronen verwelken, und fallen fast von sich selbsten ab.

Psalm 143.
Psalm 145.

Psalm 9.

Psalm 57.
Psalm 89.
1 Cor. 9.

Es ist wahr, was die Eitelkeit befördert, das ist auch nichts als Eitelkeit: und was nur die Welt zum Grunde hat, das zerstreue sich, und verschwindet auch mit der Welt. Aber eben der Geist Gottes lehret uns, daß die Hoheit beständig sey, die sich auf Frömmig-

A 2 keit

4 Lobrede auf die Königinn

Off. Joh. 4. keit gründet. Es giebt Kronen, die man zu den Füßen des Lammes niederwirft; Reichthü-
Joh. 18. mer, die man in den Schoos der Armen ausschüttet; ein Königreich, das Christo angehö-
Gal. 6. ret, und nicht von dieser Welt ist; eine Ehre, die man so gar von dem Kreuze des Heilandes
Pred. S. 27. entlehnet; und eine Erhöhung der Gerechten, die ewig dauret, weil sie auf einem Felsen ge-
Psalm 110. gründet ist: und dieser Fels ist, nach dem Aus-
1 Cor. 10. spruche des Apostels, unser Herr Jesus Christus.

Ich will Ihnen demnach nicht sowohl den Irrthum von der menschlichen Hoheit benehmen; als vielmehr zeigen, wie man dieselbe wohl anwenden müsse. Meine Absicht geht nicht dahin, Sie durch meine Rede in Bewegung zu setzen; sondern durch Beyspiele zu unterweisen: und ich ermahne Sie heute nicht, eine Königinn zu beweinen; sondern in die Fuß-
Ephes. 4. stapfen einer Heiligen zu treten. So nennete
Phil 5. sonsten der heil. Apostel Paulus die Christen: und so nenne ich die allerdurchlauchtigste, großmächtigste, allerfürtreflichste und allersrömmste Prinzeßinn, **Maria Theresia,** Infantinn von Spanien, Königinn von Frankreich und Navarra; welche eine ununterbrochene Frömmigkeit und beständige Treue in Beobachtung des göttlichen Gesetzes, würdig gemacht hat, vor seinen Altären durch die Diener seines Evangelii gelobet zu werden.

Wenn man bey dergleichen Lobeserhebungen nur ein solches Weltleben zum Gegenstande hat, an welchem man nur das Ende rühmen kann;

kann; wo das Christenthum sich nur auf einige Uebungen der Religion, die in währender Krankheit vollbracht worden, beziehet: wie schwer hält es da, der Eitelkeit nicht zu schmeicheln, oder ihrer wenigstens zu schonen: Wie schwer ist es da, das Glück mit der Tugend nicht zu vermischen; und zu verhüten, daß man nicht unvermerkt einige Weihrauchskörner, welche man Gott widmen sollte, der Welt aufopfre, die doch nur ein Götzenbild ist? Weh uns! wenn wir dasjenige loben, was Gott nicht billiget; wenn wir ohne Ueberlegung diese bey dem letzten Abdrucke gereinigten Opfer weihen; und die in der Eitelkeit zurück gelegten Jahre mit einigen Bußtagen entschuldigen wollen.

Vor dergleichen Schwierigkeiten und Besorgnissen bin ich heute Gottlob! gesichert. Ich rede von einer Königinn, welcher der Himmel mit seinem Segen zuvorgekommen, und deren Tugend niemals, weder unterbrochen, noch ermüdet worden. Ihr Leben war eine beständige Vorbereitung zu einem glückseligen Tode: und ihr Tod ist uns eine Ermahnung zu einem guten Leben. Man mag ihre Handlungen von allen Seiten betrachten, so finde ich allenthalben lauter Tugend, lauter Frömmigkeit. Ihr Ränke des Hofes! ihr Geschäfte der Welt! ihr Staatsstreiche! ihr habt hier keinen Antheil: und dieses ist die Vortreflichkeit meines Gegenstandes, daß er gänzlich in einem christlichen Leben eingeschränket ist. Die Aufsicht Gottes über die Königinn, und der Königinn Betragen gegen Gott; oder damit ich meine Rede nach den Worten meines Textes theile: die Absichten Gottes, welche als die ewigen Grundsäulen der Frömmigkeit dieser Prinzeßinn, an ihr erfüllet sind; die ihr ins Herz geschriebenen und von ihr beobachteten Befehle Gottes, liefern uns den Stoff zu ihrem völligen Lobe. Wie die Grundsäulen, die auf einem festen Felsen gegründet, ewig sind; so sind die Gebothe Gottes im Herzen eines heiligen Weibes. Ich sage hier nichts, das ihr Herz, so uns vor Augen liegt, nicht sollte empfunden haben. Ich befürchte nicht, ihre Lobeserhebungen mit dem Opfer zu vermischen, welches man für Sie darbringet; und ich nehme auf den Altar eben den Weihrauch, den ich auf ihrem Grabe anzünde.

Erster Theil.

Ob gleich in Gottes Augen kein Ansehen der Personen und Ehrenstellen statt findet, und seine Vorsehung über alle Menschen, ohne Unterschied wachet, so lehret uns dennoch die heil. Psalm 104. Schrift, daß er diejenigen, so er auf den Thron erhebt, und über sein Volk setzet, seiner besondern Psalm 17. Fürsorge würdige. Dieses sind seine edelste Geschöpfe, die er mit seiner Macht und Hoheit ausgerüstet, und eigentlich nach seiner Gleichförmigkeit und nach seinem Bilde gemacht hat. Psalm 102. Er leitet sie durch seinen Geist, er
stärket

stärket sie durch seine Kraft, er krönet sie mit Spr. Sal.
seiner Barmherzigkeit. Er hält ihr Herz in , 21.
seinen Händen, und lenket es, wie es ihm gefällt; damit sie zur Erfüllung seines Willens
und zur Beförderung seiner Ehre ihm dienen.
Lasset uns, meine Herren, dieses Schutz und
dieses Verhalten Gottes gegen unsre Königinn
etwas völliger erkennen.

Sie war aus einem durchlauchtigen Hause
entsprossen, das verschiedene Thronen zugleich in
Besitz genommen: das von langen Zeiten her
dem ganzen Europa Kaiser, Könige und Königinnen geliefert, und Ehre, Ruhm und Frömmigkeit für seine Erbgüter erkennet. Sie war
eine Tochter solcher Könige, so durch die Macht
ihrer Waffen, durch die Klugheit ihrer Rathschläge, oder durch das Recht der Reichsfolge
verschiedene Kronen mit einer solchen verbunden;
welche ihre Herrschaft über das Meer und die
Gebirge ausgebreitet; die sich die alte und neue
Welt unterthänig gemacht, und deren Macht
sich so weit erstreckete, daß sie gleichsam unter
der Bürde so vieler Länder und Königreiche
seufzet, und daß ihr ihre Größe selbst zur
Last wird. Doch was ihre Geburt noch mehr
erhöhet, ist dieses, daß sie solche einer Tochter
Heinrichs des Großen zu verdanken hat;
und daß das Geblüt unserer Könige, dieses edelste
und reineste Blut, welches jemals in einem königlichen Hause gewallet, sich auf eine glückliche Weise, mit dem von Oesterreich und Casti-
lien vereiniget gehabt.

Der

Der Himmel hatte nur zu dem Ende so viele Hoheiten vereiniget, um die Leutseligkeit dieser Prinzeßinn zu krönen. Sie ließ sich von allem diesem Glanze nicht blenden. Von außen sah man sie als eine Königinn in ihrer Pracht, und im Herzen war sie eine Dienerinn Jesu Christi. In ihrer äußern Bildung trug sie die Majestät so vieler Könige, von denen sie ihre Geburt herleitete; in ihrem Herzen ernährte sie die Demuth des Sohnes Gottes, von dem alle ihre Tugenden abstammeten. Sie sah in der Reihe ihrer Vorältern nicht auf das, was sie vor Menschen edel; sondern auf das, was sie vor Gott heilig machen konnte, in dessen Schooße sie, beydes ihr Ende und ihren Ursprung suchete.

Man hörete sie niemals, als nur der Eigenschaften einer Christinn sich rühmen. Man sah sie zum öftern, sich unter ihren Stand erniedrigen, sich ihrer Würde entziehen, und sich nur zu den Füßen der Armen werfen: und wäre es sterblichen Augen erlaubet gewesen, durch diejenigen Decken durchzudringen, so in uns die Wirkungen der Gnade, und die Urtheile unsers Gewissens verhülleten: so würde man gesehen haben, wie sie in sich das Reich Gottes, nach den evangelischen Regeln aufgerichtet; wie sie das Kreuz Christi auf so viele Zepter und Kronen gepflanzet; wie sie das Blut des Heilandes empfangen, um das Blut ihrer Väter zu reinigen, und die Titel ihres Hauses auszulöschen; um an deren Stelle diejenigen,

so

so sie in der Taufe empfangen, einzuätzen; und wie sie in dem Herzen, zu welchem Lügen und Schmeicheley sich niemals nähern dorften, um ihr ein falsches Lob beyzulegen, so gern die Wahrheit anhörete, so sie in ihren Pflichten unterrichtete, und Ihr ihre Schwachheit anzeigte.

Ob nun gleich Gott durch seine Gnade dergleichen heilige Neigungen in ihrer Seele gebildet: so wollte er doch, daß ihr die Lehren und Beyspiele einer Mutter behülflich wären, die durch eine aufrichtige Frömmigkeit, durch eine ehrfurchtsvolle Zärtlichkeit für ihren Gemahl, durch eine bereitwillige und freygebige Gütigkeit gegen ihre Unterthanen, durch eine männliche Herzhaftigkeit in den bedrängten Angelegenheiten des Staats, und durch eine kluge Geduld in den häuslichen Beschwerden und Widerwärtigkeiten, sich sowohl in Spanien, wo sie regierte; als auch in Frankreich, welches sie verlassen, verehrungswürdig gemacht hatte.

Sie war diejenige, von der diese junge Infantinn die ersten Regeln der christlichen Weisheit lernete: daß man aus Dankbarkeit dasjenige Gott wieder geben müsse, was man aus seiner Güte empfangen; daß die Glückseligkeit der Reichen nicht in dem Guten bestehe, so sie besitzen, sondern in dem, so sie andern erzeigen können; und daß unter allen eiteln und überflüßigen Dingen, welche die Großen dieser Welt umgeben, sie ihr ewiges Heil für das einzige Nothwendige ansehen müssen. So gewöhnete man sie von Jugend auf an, Gott zu fürchten und ihn zu lieben. Und man kann von ihr das sagen, Esth. 7. was die Schrift von einer andern Königinn saget: daß sie niemals ihre Auferziehung verändert habe.

Ewige Vorsehung! Du bildest dieses christliche Herz uns zu gut. Du führetest diese beyde Prinzeßinnen durch geheime Wege zu deinem Wege; und deine Gunst unter die beyden größten Königreiche der Welt zu vertheilen, wolltest du, daß die Tochter gleichsam eben so viel Wünsche und Tugenden nach Frankreich zurückbringen sollte, als die Mutter nach Spanien mit sich genommen hatte.

Der Himmel ließ zu gleicher Zeit den König gebohren werden, und ihn unter einer gleichmäßigen Auferziehung aufwachsen, dessen bewundernswürdige Geburt der ganzen Welt ein Leben voller Wunder versprach. Man sah mit Freuden den beglückten Tag dieser durchlauchten Vermählung herbeyrücken. Das Band dazu war bereits in der Ewigkeit geknüpfet: und nach den geheimen Rechten, die der Himmel bereits entschieden, gehörete schon damals die allervollkommenste Prinzeßinn der Welt dem allermächtigsten Könige. Sie bestrebten sich, ohne daran zu gedenken, einander zu gefallen, und sich um einander verdient zu machen. Ludwig sammlete in seinem Verstande die großen Grundsätze, so die Kunst zu regieren in sich fassen, die er annoch mit so vielem Ruhme in die Uebung bringet: und Theresia wuchs in der Erkänntniß aller christlichen Tugenden, die sie mit so vieler Erbauung

bauung ausgeübet. In jenem stärkten sich Klugheit und Herzhaftigkeit unvermerkt durch die Erfahrung; in dieser vereinigten sich Bescheidenheit und Frömmigkeit durch das Gebeth. Gott gab dem Könige seine Gerechtigkeit und seine Gerichte, zur Regierung seines Volks; und der Königinn seine Barmherzigkeit und seine Liebe zum Troste der Armen. Derjenige, der in seinen Feldlägern und unter seinen Kriegsheeren erzogen wurde, begann das ruhmvolle Wesen zum Siegen an sich zu nehmen, welches wir nunmehr an ihm gewahr werden. Diese, die zu den Füßen der Altäre erhöhet war, gewöhnete sich für die Siege Gelübde zu thun. So viel Mühe gab sich der Himmel in zweyen verschiedenen Himmelsgegenden, für diese zwo große Seelen, welche ein Tag verbinden sollte; und das waren nach den ewigen Absichten Gottes die Vorbereitungen zu der Macht, welche heute zu Tage Schrecken, Bewunderung oder doch Eifersucht bey allen andern erwecket.

Das Schicksal der ganzen Welt war an das Schicksal dieser Prinzeßinn gebunden. Ein jeder glaubte, in ihr das Ende aller öffentlichen und besondern Noth zu erblicken; und die Völker sahen sie als den Engel aus der Offenbarung Offenb. c. 10. an, der von Gott auf die Erde gesandt wurde, und einen Regenbogen auf seinem Haupte führete, den Frieden und die Barmherzigkeit des Herrn anzudeuten, dessen Angesicht wie die Sonne war; um die Wolken, die ganz Europa bedeckten, zu zerstreuen, und in dem Herzen eines
jun-

jungen siegreichen Königes, ein sanfteres und reineres Feuer, als die Glut des Krieges anzuzünden. Diese Ehre, meine Herren, war ihr vorbehalten: und ihr einziger Wunsch war auf einen beständigen und allgemeinen Friedensschluß gerichtet.

Der Münsterische Friede.

Frankreich hatte ihn so gar in seinem Wohlstande begehret: eine damals regierende Königinn brachte ihn nachgehends den Menschen, nachdem sie ihn vorhin von Gott erbethen. Ihr geheiligten Altäre, wisset es! Ganze Versammlungen christlicher Jungfrauen verdoppelten ihr Gebeth, diesen Frieden zu erhalten; und die Priester Jesu Christi thaten dieserwegen unterschiedliche Gelübde bey ihren Opfern. Wer sollte gezweifelt haben, daß alle Prinzen ihn gerne angenommen; einige aus Verdruß über ihren Verlust, andre, weil sie durch ihre Siege müde worden; und weil nichts eine Unterhandlung verzögern konnte, an der die Gerechtigkeit und die Religion so viel Antheil hatten; und wo ein jeder entweder seinen Trost, oder seinen Vortheil finden sollte.

Doch, Gottes Gedanken sind nicht unsere Gedanken: der Tag seines Friedens und seiner Erbarmung war noch nicht erschienen; die Leidenschaften gewisser Leute stunden dem gemeinen Besten entgegen; die Schwierigkeiten, welche in dieser großen Anzahl von so mancherley Ränken und Parteyen dazwischen gekommen waren; die Unterhandlungen, welche entweder durch das Mistrauen der einen, oder durch die Unge-

Ungeduld der andern Seite unterbrochen worden, und der kaum zwischen Frankreich und Deutschland aufgerichtete Vergleich, zeigten deutlich: daß der Friede nicht ein Gut wäre, so die Welt geben könne; sondern, daß Gott, welcher ihn ertheilet, wenn und wie es ihm gefällt, sich vorbehalten hätte, ihn durch die Vermittelung unserer Prinzeßinn zum Stande zu bringen.

Das, das war in der That, meine Herren, der erste Segen ihrer Vermählung. Stellen sie sich diese berühmte Insel vor, wo zweene Männer, denen das Wohl und das Schicksal zwoer Nationen anvertrauet war, ihre Geschicklichkeit anwendeten, das Recht der Kronen streitig zu machen; und welche, da sie sich sowohl an Hoheit die Waage hielten, als auch nach der Klugheit einander zu fügen wußten, alle ihre Geschicklichkeit und Ueberredung entweder mit der Gerechtigkeit oder den Umständen der gegenwärtigen Sache zu verbinden wußten. Nachdem sie nun alle geheime Kunstgriffe ihrer Staatswissenschaft sehen lassen, wurde endlich diese glückliche Verbindung getroffen; eine Verbindung, die dennoch ein Werk der göttlichen Vorsehung, nicht aber eine Frucht der Bemühungen und der Weisheit dieser großen Männer war. Wie glücklich war der Tag, an dem man sie, wie eine Taube aus der Arche, von diesem kleinen Raume der Erden, den die Wasserwogen ewig verehren werden, abreisen sah, um denen Ländern ihr Glück anzukündigen, und an allen Orten den Frieden, und die Freude den Herzen der Völker,

ker, wo sie durchreisete, mitzubringen. Wie vortrefflich war nicht dieser Triumph, da sie sowohl von der Ehre ihres Gemals, als von ihrer eigenen umgeben war, und sie unter dem Zujauchzen und unter den angestellten Feyertagen dieser königlichen Stadt, uns ihrer Leutseligkeit wegen, wie ein Engel Gottes erschien!

Lasset uns, wo es möglich ist, meine Herren, unsern Schmerz, durch das Andenken unserer vergangenen Frölichkeit, in etwas bey Seite setzen; und indem wir uns von der sichtbaren Größe der Geschöpfe zu der unsichtbaren Hoheit Gottes hinaufgeschwungen, lasset uns von der Ehre, in der wir sie hier erblicket, nur einen seichten Begriff von derjenigen Ehre machen, welche sie anjetzo genießt. Allein, sie war bald über diese Ehre hinweg. So viele Huldigungen man ihrem Stande, oder vielmehr ihrer Tugend leistete; so viele Gaben opferte sie ihrem gekreuzigten Heilande: und die Ungeduld, so sie bewies, sich in einer stillen und heiligen Einsamkeit zu verbergen, um daselbst im Gebethe anzuhalten, zeigte deutlich an, wie beschwerlich ihr der Beyfall und die eiteln Lobeserhebungen der Menschen fielen.

Ihre erste Beschäfftigungen waren, eine Kirche nach der andern zu besuchen, und Gott allenthalben, wo er will angebethet seyn, zu verehren. Unter der Anführung einer Königinn, die ihrer zärtlichen Neigung wegen, die Stelle einer Mutter, und ihrer Erfahrung wegen, die Stelle einer Führerinn vertrat; die, da sie der Last der

Regie-

Regierung sich entschüttete, und von den Sorgen
und Zerstreuungen der Geschäffte befreyet war,
alle ihre Gedanken nur auf den Himmel und
ihre Seligkeit richtete. Unter dieser Anführung,
sage ich, sah man sie an allen heiligen Oertern die
Erstlinge ihrer Regierung einweihen, und die
schönste Krone der Welt zu den Füßen eines jeden Altars niederlegen. Sie kamen beyde in
dieses Haus, sich durch Glaube und Liebe noch
genauer zu vereinigen, als sie durch das Geblüt
und die Natur mit einander verbunden waren;
Sie kamen beyde, den wankenden Frieden durch
ihre Gelübde zu befestigen, das göttliche Licht dem
Könige, und seinen Segen dem Königreiche zu-
zuwenden.

Ihr Jungfrauen Jesu Christi! die ihr mich
hier anhöret, erinnert euch dieser glücklichen Tage.
Der Eifer, den ihr für euren Bräutigam be-
zeuget, ließ euch mit Vergnügen diese in seiner
Gegenwart erniedrigte Majestät erblicken; und
die Inbrunst ihrer Gebethe dient euch zum öftern zum Bewegungsgrunde, die Inbrunst eurer eigenen Andacht zu erneuren. Ihr sehet diese
Beherrscherinnen der Welt unter euch so leben,
wie ihr, die ihr die Welt verlassen habt; die
Gesänge des Herrn anstimmen, sich euren Buß-
übungen unterziehen, in dieser Einsamkeit das
Vergnügen und die Lustbarkeiten der Welt aufopfern, und ihre Herzen vor Gott ausschütten;
ja eben diese Herzen, die ihn in ihrem ganzen
Leben liebten, und die ihr hie verdorret und verzehret sehet; nicht sowohl durch den Tod, als

urch

durch die Begierde, und durch das heftige Verlangen wieder belebt zu werden, um ihn auf ewig zu lieben.

Glauben Sie nicht, daß eine Ruhmredigkeit, oder einige menschliche Absichten sich in den Gottesdienst dieser Prinzeßinn eingeschlichen. Sie setzte sich nicht vor, ein Aufsehen unter dem Volke zu machen, oder einigen Ruhm ihrer Frömmigkeit durch dergleichen äußerliche Andacht, die ihrer Völkerschaft eigen ist, und sich leider gar zu sehr bey der unsrigen eingeschlichen, zu erjagen. Ihr Zweck war nur allein, Gott in Einfalt ihres Herzens zu lieben, ihren Pflichten nachzukommen, und erbauliche Beyspiele zur Nachfolge zu geben. Ein weises und wahrhaftes Wesen, so sich in allen Handlungen ihres Lebens äußerte, war eine Anzeige ihrer reinen Absichten. Die Bescheidenheit, so man aus ihrem Gesichte las, stimmete mit der Aufrichtigkeit und Güte ihres Herzens überein; und aus ihrer Beständigkeit in der Frömmigkeit konnte man abnehmen, daß sie auf die Liebe und Gnade Jesu Christi, und nicht auf das Urtheil und den Beyfall der Menschen gegründet wäre.

Dem ungeachtet glaubte sie nicht, als ob sie andern Menschen zu nichts verpflichtet wäre. Jesus Christus hat in seinem Evangelio allen Christen anbefohlen, Früchte der Buße und der Gerechtigkeit zu bringen; er will, daß einer den andern durch die Ausübung guter Werke erbauen und sich erwecken solle, den himmlischen Vater, der ihnen das Wollen und Vollbringen giebt,

Matth. 5.

giebt, zu verherrlichen. Dieser Befehl gehe insonderheit die Könige auf Erden an: sie sind über andre erhöhet, und ihre Handlungen weit beträchtlicher; sie haben mehr Ansehen und ihre Beyspiele sind weit kräftiger; sie haben ihre Hoheit von Gott, und müssen seine Ehre befördern.

So war unsere Königinn in ihrem ganzen Lebenslaufe beschaffen. Gott hatte sie auf den Thron erhoben, damit sie seine Religion verehren sollte; er hatte sie mit dem größten Könige der Erden verbunden, damit ihre Tugend so viel stärker in die Augen leuchten möchte; er hatte sie in ein Königreich gesetzet, wo ein freyerer (vertrauterer) Umgang der Könige mit ihren Unterthanen den Beyspielen der Könige mehrere Aufmerksamkeit verspricht. Sie folgte ihrem Berufe, und niemals hat man ein Leben so rein, so ordentlich, so gleichförmig und so lobenswürdig erblicket. Ist ihr wohl etwas unbedachtsames in ihrer Jugend entfahren? Ist ihre Schönheit nicht beständig unter der Zucht der allerstrengsten Tugend bewahret worden? Ist es ihr jemals lieb gewesen, wenn man sie wider die Wahrheit gelobet, oder mit Hindansetzung der christlichen Liebe vergnügen wollen? Welche Art der so allgemeinen als besondern, so geistlichen als häuslichen Pflichten hat sie je unterlassen? Was für Freyheit hat sie sich herausgenommen, die, ich will nicht sagen, eine scharfe Beurtheilung, sondern nur eine üble Auslegung verdienet hätte?

Fleschiers Reden. B Die

Die Furcht Gottes war die Richtschnur aller ihrer Handlungen, und die üble Nachrede hatte niemals weder Ursache, noch das Herz, sich darüber aufzuhalten. Sie fürchtete den Herrn sehr, und niemand konnte von ihr ein übles Wort reden. Dieses Lob, so die Schrift der Judith beyleget, ist zu unsern Zeiten so viel größer, in welchen man so selten einen unschuldigen und unverwerflichen guten Namen antrifft: und das zwar am Hofe, da die Bosheit nicht die geringsten Schwachheiten übersiehet, und wo die Unschuld selbst, sich kaum des Argwohns und der üblen Nachrede erwehren kann.

Judith 8, 7.

Die Vorsehung bediente sich ihrer, um in einigen eine Begierde nach ihrer Vollkommenheit zu erwecken, bey andern hingegen den Vorwand ihrer Nachläßigkeit zu benehmen. Wie viele furchtsame Seelen hat sie durch öffentliche Ausübung der Andacht, und durch die augenscheinlichen Merkmaale der über ihr waltenden Barmherzigkeit Gottes beherzt gemacht? Wie viele Scheintugenden hat sie durch die Gesetze, so sie den Ihrigen vorschrieb, verbessert? Wie vielen Unordnungen hat sie, nicht sowohl durch die Stärke der Bestrafung, als vielmehr durch ihr reizendes Beyspiel, Einhalt gethan?

Es ist wahr, das ganze Gewicht des Ansehens, und die ganze Hoheit des Staats beruhet auf der Person der Könige: man kann aber auch sagen, daß die Zucht der Sitten, und der Fortgang der Frömmigkeit an einem Hofe, vornehmlich auf die Person der Königinnen ankömmt.

Um

Um sie stellen und vereinigen sich insgemein alle Neigungen der jetzigen Zeit; das Verlangen sich gefällig zu machen, die Begierde etwas zu erhalten, das Vergnügen mancherley zu sehen und gesehen zu werden. Hier werden nach dem Ausdruck des Apostels die feurigen Pfeile geschmie- Eph. 6. det, deren sich der Feind bedienet, die Leidenschaften in den eiteln Seelen zu entzünden, so die Welt als Götzenbilder ansehen, und denen die Welt selbst ein Götze ist. Hier erlernet man die Verschwendung, die Eitelkeit, die Ehrbegierde und Verzärtelung sich zu Nutze machen: hier werden die Leidenschaften gebildet, so alle andere in Bewegung setzen: hier setzet man die Seelen einem gefährlichen Handel aus, da einige ihr Meisterstück darinn suchen, zu verführen; andre aber sich eine Ehre machen, verführet zu werden. So wie ein Laster leicht um sich greift, so breitet es sich von hier in die niedern Theile des Königreichs aus. Man machet sich aus diesen Abweichungen der Sitten Muster der Nachfolge; und durch eine traurige aber natürliche Folge, werden so gar die Sünden der Grossen dem Volke zu Gewohnheiten; und die Verderbniß des Hofes, wird in den Provinzen, unter dem Scheine der Artigkeit befestiget.

Wie weit gehen diese Ausschweifungen, wenn eine weltliche Prinzeßinn sie unterstützet, und ihnen ein Ansehen giebt! Wer weis es nicht, daß die Neigungen gewisser Zeiten ein Gift sind, das sich durch dergleichen Beyspiele leicht entzündet und ausbreitet? Und was für Hoffnung zur Seligkeit kann man an einem Orte haben, in welchem man den Mittelpunkt der Eitelkeit, das Reich der bösen Lüste, den Aufenthalt der Versuchungen, und das Land der Abgötterey antrifft?

Die Königinn, meine Herren, heiligte ihren Hof, indem sie sich selber heiligte. Wollte man zu ihr berufen werden, so war es nicht genug, ihr nachzufolgen, man mußte sie auch in der Ausübung der Frömmigkeit nachahmen. Weisheit und Ordnung hatten hier die Oberhand. Die Schamhaftigkeit wurde hier weit höher geachtet, als die Schönheit; und die Tugend war hier in weit größerm Ansehen als das Glück. Den heiligen Geheimnissen nachzusinnen, dem heiligen Opfer beyzuwohnen, das Wort Gottes anzuhören, die Kirchengebethe nachzusprechen, das waren ihre tägliche Beschäftigungen. Ein außerordentlicher Besuch eines Hospitals bey dringenden Nöthen, eine andächtige Wallfahrt, das Fest eines Heiligen zu feyern; ein eingezogener Aufenthalt in einem Kloster, um daselbst eine Prüfung ihres Gewissens anzustellen, das waren die Beschäfftigungen, so ihre Gottesfurcht und Liebe für höchst wichtig erkannte. Diejenigen, denen ihr Vorzug und Amt die Ehre eines nähern Zutritts bey der Königinn ertheilete, wurden durch ihre guten Beyspiele gerühret, und das Volk, das sie in ihrer Andacht erblickte, (und in welcher Art der Andacht erblickte man sie nicht?) bewunderte sie, segnete sie, und ahmete ihr nach.

Stellen

Stellen sie sich unterdessen, meine Herren, nicht vor, ob hätte diese Königinn bey denen so vielen Beschäfftigungen für ihre Seligkeit, keinen Theil an den Vorfällen und Begebenheiten der Welt genommen. Sie maßete sich das alles an, was die Vorsehung ihr bestimmet hatte. Ich rede nicht von derjenigen Bekümmerniß und grausamen Furcht, welche ihr so oft, bey so wichtigen und gefährlichen Unternehmungen, das Herz schwer machten. Ich rede nicht von derjenigen Art der Regierung, die, ihrer kurzen Dauer ungeachtet, dennoch den Verstand, den sie von Gott empfangen; und das Vertrauen, welches der König, ihr Gemahl, in sie setzte, sehen ließ. Ich rede nur von derjenigen Frömmigkeit, so die Quelle der beständigen, und oft unerwarteten glückseligen Begebenheiten war. Ich befürchte nicht, den Staaten des Königes etwas an ihrer Größe zu benehmen; dieser Prinz läßt es sich wohlgefallen, seinen Ruhm mit der Königinn zu theilen, und dasjenige, so der Himmel durch ihn ausgerichtet, mit demjenigen zu verbinden, was der Himmel für sie gethan. Wenn er insgeheim seinen großen und unerforschlichen Absichten nachsann: so rief die Königinn die ewige Weisheit an, die in dem Rathe der Könige den Obersitz behält. Eilete der Sieg vor ihm her: so waren die Wünsche der Königinn dem Siege schon zuvor gekommen. Brach er mitten im Winter auf: so drang das Gebeth dieser Prinzeßinn durch die Wolken, ihm das Wetter zu bereiten. Gieng er mit den Feinden in ein

Treffen,

Treffen, so hub sie ihre unschuldigen Hände gen Himmel auf, und unsre Kriegsheere wurden mehr durch die Inbrunst ihres Gebeths, als durch die Hitze des Streits angefeuret. Wie oft hat sie Euch, ihr von Gott dem Könige, zu seiner und ihrer eigenen Leibwache abgeschickte Engel, beschworen, wenn er sich selbst der Gefahr ausstellte, herzu zu eilen, auf eurer Hut zu stehen, und ihr ein so liebes und kostbares Haupt zu erhalten?

So wußte Gott seine Absichten sowohl über den König, als über die Königinn zu erfüllen, und den Ausspruch der Schrift zu bestärken: *Sir. 26, 3.* Daß ein tugendsames Weib eine edle Gabe Gottes sey, die nur dem gegeben werde, der Gott fürchtet; daß sie Gnade über *Spr. Sal. 1, 24.* Gnade ihrem Hause zuziehe, und eine Krone ihres Mannes sey. Die Befehle des Herrn, welche dieser Königinn auferleget waren, gaben den Grund ihrer Hoheit; und die Gebothe des Herrn, so sie in ihr Herz eingeschrieben hatte, waren die Vorschriften ihrer Frömmigkeit. Und dieses bleibet mir übrig, Ihnen annoch vorstellig zu machen.

Zweyter Theil.

Obgleich die Frömmigkeit ihre Regeln und Grundsätze hat, und nach des Apostels *Röm. 12.* Aussprüche der Dienst, welchen man Gott leistet, immerdar vernünftig seyn soll; so kann man

man doch sagen, daß unter den Menschen ein kluger und wohleingerichteter Gottesdienst sehr selten sey. Einige setzen ihre Religionsübungen nur darinn, daß sie unter dem äußerlichen Scheine der Tugend, die Lüste und Neigungen der Zeiten verbergen, und das Herz der Welt vorbehalten. Andre hingegen, die nach ihrem Gutdünken, entweder in einer ausschweifenden Strenge, oder in einer verzärtelten Trägheit leben, richten die Andacht nach ihrer natürlichen Gemüthsbeschaffenheit ein, und da sie sich selbst zu ihren eigenen Führern aufwerfen, wollen sie Gott dienen, wie es ihnen gefällt, nicht aber, wie er es ihnen befiehlt. Die mehresten verlassen ihre wesentlichen Pflichten, wegen abergläubischer Neuigkeiten; und setzen an die Stelle der göttlichen Befehle, die Ordnungen und hergebrachten Gewohnheiten der Menschen.

Die Königinn hat sich von diesen Fehlern abgerissen, meine Herren: und wir haben in ihrem Wandel eine gründliche und regelmäßige Andacht wahrgenommen. Sie bemühete sich um die nothwendige Erkenntniß, und vermied allen eiteln und gefährlichen Fürwitz. Sie wendete dasjenige, was sie andern als ein Beyspiel schuldig war, zu Erbauung ihres Nächsten, und wozu sie ihr eigen Gewissen verbunden, zu ihrer eigenen Heiligung an. Sie unterwarf sich nicht den Gewohnheiten, wenn diese den Gesetzen zuwider waren. Sie achtete in der Religion nichts zu geringe, und für ihre Seligkeit nichts zu beschwerlich. Sie band sich an alle Pflichten dergestalt

gestalt, als ob sie nur eine einzige zu beobachten hätte. Sie war demüthig, ohne Niederträchtigkeit; einfältig, ohne Aberglauben; gewiß, ohne Zweifel; scharfsinnig, ohne Muthmaßung: und endlich von dem Geiste Gottes beherzt gemacht, auf seinen Wahrheiten gegründet, und nach seinen Gebothen eingerichtet.

Da alle Gebothe sich auf die Liebe Gottes und des Nächsten gründen, und auf diese beyden Gründe sich das ganze Gesetz und die Lehre der Propheten beziehen; und da alle gute Handlungen, nach dem Ausdrucke des heil. Augustins, ein Werk der einzigen Liebe sind; weil aus ihr die reinen Gedanken, das gute Verlangen und die heil. Verrichtungen entspringen, und alle christliche Tugenden entweder als Früchte oder als Pflichten davon hergeleitet werden: so wollen wir sehen, meine Herren, wie auf diesem Grundsatze der Verstand und die Frömmigkeit der Königinn beruhet hat.

Aug. in Pf. 29.

Eine vollkommene Gelehrigkeit des Verstandes und des Herzens, ein aufrichtiges Verlangen nach ihrer Vollkommenheit und Seligkeit; eine allgemeine Absicht, Gott zu gehorchen und ihm zu gefallen; dieses war der innerste Grund ihrer Seele. Man ermahnet andere, Gutes zu thun; bey dieser Prinzeßinn aber war es schon genug, wenn man es ihr nur anzeigete. Mein Gott! du lockest uns durch deine Verheißungen; du erschütterst uns durch deine Gerichte. Bey ihr war es schon genug, wenn man ihr nur deinen Willen bekannt machte; und was wir

aus

aus Schuldigkeit mit Mühe verrichten, das that sie aus eigenem Triebe, und bloß um deiner Liebe willen.

Wir haben sie gesehen, auf eine bloße Bekanntmachung, die strengsten Fasten und Enthaltungen auf das schärfeste ausüben, und sich gewissen Gemächlichkeiten entziehen, so die Freyheiten und Gewohnheiten ihres Landes, ihr als erlaubt dargestellet, und welche die Schmeicheley ihr so gar als nothwendig angepriesen hatte. Sie nahm alle Unterweisungen, die man ihr von ihrer Seligkeit gab, als eben so viel Gesetze an, die man ihr auferlegte; sie war überredet, daß ein jeder Geist der Wahrheit gehorchen, und mit dem Heilande dasjenige suchen müsse, was Joh. 8. seinem Vater am angenehmsten ist.

Das war der Grund der Zärtlichkeit des Gewissens, nach welcher sie alle ihre Handlungen nach der Waage des Heiligthums abwog. Daher rühreten die öfteren und mühsamen Untersuchungen, die sie in dem Innersten ihrer Seelen vornahm, die geringsten Begierden, die der Geist der Welt und die Eigenliebe daselbst verstecken konnte, zu entdecken. Daher rührte diese heilige Freude, oder diese heilsame Traurigkeit, die man so oft bey dem Ende ihrer Gebethe und ihrer Eingezogenheit, in ihrem Gesichte bemerket hat, nachdem sie mehr oder weniger Wachsthum im Erkenntniß der Wege Gottes erlanget zu haben glaubte. Daher rühreten die wiederholten Beichtandachten, welche anzeigten, daß sie in ihrem zerknirschten und demüthigen

müthigen Herzen so gar die Schwere der zu verzeihenden und leichten Fehler empfunden. Daher rührete diese löbliche Ungeduld, alle Pflichten ihres Standes zu erfüllen und ihre Gutherzigkeit weit über die Vorschrift ihrer Pflichten auszubreiten.

Ihr laulichten Seelen, die ihr mit eurer furchtsamen und kärglichen Frömmigkeit so sparsam umgeht; die ihr in dem Wahne stehet, ob hättet ihr schon alles, was zu eurer Seligkeit dienet, ausgerichtet; ihr leichtsinnigen Seelen, denen die Sünde nicht so beschwerlich ist, als die Buße, tretet her und schämet euch: oder vielmehr, ihr reinen Seelen, die ihr das Joch des Herrn traget, und in den Wegen seiner Gebothe und seiner Rathschlüsse wandelt, tretet her, euch durch die Beyspiele einer Königinn zu erwecken.

Eine innere Erleuchtung Gottes benahm ihr allen Geschmack an den Ergetzlichkeiten der Zeiten. Das Wesen der Welt, von dem der Apostel redet, gieng vor ihren Augen vorüber, ohne, daß sie sich dabey aufhielt; und selbst in ihren Belustigungen, wußte sie nicht nur ihr Ansehen, sondern auch ihr Christenthum zu behalten. Mitten unter den Spielen und Versammlungen, wo das Gemüth sich insgemein zerstreuet und verflattert, schloß das ihrige sich in sich selbsten ein, und die vielen Gegenstände der Eitelkeit, so die Thronen umzingeln, veranlasseten sie zum Nachdenken über ihre Frömmigkeit

1 Cor. 7.

migkeit, nicht aber zur Störung in ihrem Ge=
bethe.

Mit was für Aemsigkeit gieng sie in das In=
nerste ihres Bethzimmers, um sich auch der
geringsten Gedanken zu entschlagen, und Jesu
Christo ein Herz zu übergeben, das gänzlich be=
reitet war, ihn anzubethen und zu segnen?
Hier stattete sie ihre Danksagungen und ihre
Freude für die Versicherungen des Friedens,
und für den glücklichen Fortgang des Krieges ab;
hier schüttete sie ihre Thränen und ihre Zärtlich=
keit aus, entweder bey dem Verluste ihrer Kin=
der, die der Himmel ihr geschenket, um ihre
Wünsche zu erfüllen, und die er hinweg nahm, ih=
re Geduld zu prüfen; oder bey der Abwesenheit
des Königes, wenn das Feuer seiner Herzhaf=
tigkeit, und die Nothwendigkeit des Staats, ihn
zu diesen Kriegsgeschäfften anreizten, wo er sei=
nen Ruhm und seine Ehre durch eigene Gefähr=
lichkeiten erkaufte; oder auch in ihren Unruhen
und geheimen Anliegen, so die Vorsehung Got=
tes zum Heile seiner Auserwählten, zum öftern
mit den größten Glücksfällen abwechselt.

Doch, wir wollen nicht erforschen, was zwi=
schen Gott und ihr vorgegangen. Das Girren
einer Taube muß der Einsamkeit und der Stille
überlassen werden, denen sie es anvertrauet.
Es giebt eine Art der Leiden, die unter dem
Schatten des Kreuzes Christi verborgen blei=
ben: und es ist genug, zur Ehre dieser Prin=
zeßinn zu sagen, daß ihr alles zu ihrer Selig=
keit beförderlich gewesen, und daß der Vater

der

der Barmherzigkeit, der Gott alles Trostes, den sie beständig gleich geliebet, sie sowohl in den Annehmlichkeiten, als in den Bitterkeiten des Lebens gestärket habe.

Nichts konnte sie so empfindlich rühren, als der Vortheil ihrer Religion. Wo ist irgend eine Mißion vorgefallen, welche sie nicht mit ihrem Ansehen unterstützet, oder durch ihre Wohlthaten unterhalten hat? Welche Bekehrungen hat sie vernommen, über welche sie nicht eben dieselbe Freude, als die Engel im Himmel, nach Luc. 15. den Worten des Evangelii, empfunden? So bald man den Sturmwind brausen hörete, der eben über das Kaiserthum und Ungarn ausgebrochen war: fügte sie nicht ihren gewöhnlichen Andachten täglich eine Bethstunde hinzu? Sagte sie nicht zu verschiedenen malen: Da sie vor allen Dingen eine Christinn wäre, so wäre sie mehr für ihre Religion als für ihr Haus besorget. Und vielleicht ist diese Fügung des Himmels, die eben dieses dicke Gewölke zerstreuete, und die Kaiserkrone den Händen der Ungläubigen fast entrissen, eine Wirkung der Fürsprache dieser Prinzeßinn zu nennen!

Dieser Eifer, den sie für den Glauben Jesu Christi trug, setzte sie in eine Bewunderung alles dessen, was der König für sie that. Er war gleichsam der Mittelpunkt jener lebhaften und beständigen Zärtlichkeit, die sie für ihn in ihrem Herzen hegete. Wie groß und wie liebenswürdig kam er ihr vor, wann er durch die Strenge seiner Gesetze, der Frechheit und Gottlosigkeit

losigkeit Einhalt that; wann er, nach dem Beyspiele jener frommen Könige, denen der heilige
Geist in der Schrift das Lob beyleget, die Hö-
hen zerstörete; ich will sagen, die Tempel, so
die Ketzerey auf den zertrümmerten Stücken
unserer Altäre erbauet hatte; wann er in den
eroberten Plätzen den Gottesdienst wieder herstellete; wann er die Wälle, auf welchen er kurz
vorher seinen Donner spielen lassen, bestieg, und
die von ihm abgebrochenen Lorbeerreiser als die
ersten Früchte der Treue, zu den Füßen der
durch ihn wieder hergestellten Altäre legete?
Wie war das Herz der Königinn bey solchen
Vorfällen gesinnet, wo die Vortheile der Kirchen und des Staats sich vereinigten, und wo
die Liebe Gottes und die Liebe des Königes fast
im Gleichgewichte stunden?

O, daß ich Sie Ihnen nicht in denen Ausü-
bungen des Christenthums vorstellen kann! Welcher Anblick war erbaulicher, als wenn man
sie in den Kirchen, und sehr oft in ihrem Kirchensprengel gewahr wurde, wo sie mehr die
Augen durch ihre Tugenden, als durch ihr Gefolge an sich zog! Sie stellte sich unter die ein-
fältigsten Schaafe, die Stimme des Hirten anzuhören; und unterschied sich von der Menge
der Leute, nur durch ihre Demuth, Aufmerksamkeit und eifriges Gebeth.

Entschlaget euch in etwas eures Schmerzens,
ihr treuen und bestürzten Hausbedienten dieser
Prinzeßinn, und gebet hier der Wahrheit ein
Zeugniß. Vergaß sie nicht, so bald sie in das
Haus

Haus Gottes kam, daß sie eine Königinn wäre? Habet ihr gesehen, daß sie durch einen fürwitzigen Blick, oder durch ein unbescheidenes Wort in ihrer Andacht sich zerstreuet? Seyd ihr jemals in dem härtesten Winter, oder mitten im heißesten Sommer an ihr einige Ermüdung oder Ungeduld, über die Länge der Predigten, gewahr geworden? War sie nicht jederzeit gleich aufmerksam, unbeweglich und in sich selbst vertiest? Wie oft sahet ihr sie nicht, die Hofleute zur Ausübung ihres Glaubens durch die von den Ihrigen gegebenen Zeichen führen; den unordentlichen Gemüthern Gedanken von der Religion beybringen, und sie in der Stille und in ihren Pflichten, nicht sowohl durch die Hochachtung ihrer Würde, als durch das Beyspiel ihrer Bescheidenheit erhalten?

Die Begebenheiten einer unruhigen Regierung, die Tapferkeit eines Helden, eine Reihe von Kriegen und Siegen, von prächtigen und fast weltlichen Tugenden, würden vielleicht mehrern Eindruck in euren Gemüthern machen. Doch ich will euch nicht mit Erzählung außerordentlicher Thaten Bewunderung ablocken, ich will euch vielmehr mit Tugenden erbauen, die, so gemein als sie immer scheinen, bey Helden ihren Vorzug behaupten. Mit was für Ehrerbiethung hörete sie das Wort Gottes an? Man konnte in ihrem Herzen den Eindruck, den es in demselben verursachte, und die Frucht, die es daselbst hervorbringen sollte, lesen. Sie war schon zufrieden, wenn nur Jesus Christus gepre-

geprediget, und ihre Seele genähret wurde. In unsern Reden, meine Brüder, suchte sie ihre Fehler, und verzieh uns die unsrigen, und wir müssen es gestehen, daß ihre Gegenwart zuweilen kräftiger, als unsere Worte gewesen, unsere Zuhörer zu rühren.

Was bezeigte sie endlich nicht für Hochachtung gegen das alles, was Jesum Christum, seine Heiligen, seine Altäre, das sichtbare Haupt seiner Kirche, und seine Priester betraf? Priester, so die Welt insgemein nur nach ihrer Würde, oder nach den Einkünften ihrer geistlichen Pfründen schätzet; welche die Großen zuweilen als das allerschlechteste ansehen, und sie denen unter ihren Hausgenossen gleich achten, die man am leichtesten entbehren kann; wodurch sie das Priesterthum Jesu Christi verkleinern, und aus der Geringschätzung des Priesters, in eine schlechte Ehrerbiethung gegen das Predigtamt selbst unvermerkt verfallen.

Aus ihren Händen empfing sie den Leib und das Blut des Sohnes Gottes. Sehet da den Ursprung ihrer Ehrerbiethung! Da die geistliche Seele aus dieser himmlischen Speise ihre Stärke, ihren Trost und ihre Nahrung ziehet, so bereitete sich die Königinn, diese Vortheile zu ihrem Nutzen anzuwenden. Ob sie gleich zum östern sich den Altären näherte, so reizte sie doch ihre Andacht, und nicht die Gewohnheit dazu. Sie genoß das Abendmahl mit so vieler Reinigkeit, als wenn sie täglich sich desselben bedienet hätte; und mit so starker Vorbereitung, als wenn

wenn sie nur einmal im Jahre sich zu dem Tische des Herrn genähert hätte. Diese genaue Bekanntschaft, daß ich so rede, mit den heiligen Geheimnissen, machte sie nur immer ehrerbiethiger und vorsichtiger, und der öftere Gebrauch, den sie mit aller Demuth und mit Zittern vollzog, schwächte nicht ihren Eifer, sondern verdoppelte vielmehr ihre Dankbarkeit. Sie prüfete sich, sie besserte sich, sie wachte über sich selbst, nach dem Beyspiele jenes unvergleichlichen Weibes, von dem die Schrift redet: *Sie durchsuchet alle Oerter ihres Hauses, und isset ihr Brodt nicht mit Faulheit.* Sie bestrebte sich bald, ihre Hoheit durch eine freywillige Erniedrigung zu demüthigen, bald ihren Willen den beschwerlichsten Zufälligkeiten zu unterwerfen; zum öftern ihre natürliche Lebhaftigkeit durch Geduld im Zaume zu halten, und dem nothleidenden Nächsten in seiner Noth, und in bedrängten Umständen Hülfe zu schaffen.

Sprüchw. S. 31, 27.

Hier öffnet sich, meine Herren, ein neuer Gegenstand meiner Rede; und wie sehr bin ich des Geistes Gottes benöthiget, daß er in der mir noch übrigen kurzen Zeit meinen Verstand und meine Stimme erhebe, die Barmherzigkeit, die er dieser Prinzeßinn eingegeben, zu loben. Zwey Dinge verhärten insgemein das Herz der Reichen, und Mächtigen der Welt gegen die Armen: der Hochmuth, den sie über ihren Stand, und die Zärtlichkeit, so sie zu ihrer eigenen Person tragen. Wie sie selbst eitel sind, so lassen sie sich schwerlich zu bergleichen

chen Verrichtungen herab, welche an sich ehrbar sind, aber keinen Schein eines Ansehens haben: und da sie vor dem meisten Theile des menschlichen Elendes gesichert sind, so bezeigen sie so viel weniger Mitleiden gegen diejenigen, so es erdulden. Indessen befiehlt ihnen die Schrift, ihre Seelen zu erniedrigen und im Herzen über ihre Noth und Dürftigkeit gerühret zu seyn.

Dieses ist, meine Herren, der Charakter der Königinn! Diese Verachtung, dieser Ekel, den die beständige Ehrerbiethung gegen die Grossen, und die Niederträchtigkeit der Geringern nur gar zu oft in den Seelen der Prinzen erwecket, verstießen niemals den Elenden und den Dürftigen, wenn er ihre Hülfe anflehete. Alles, was ihr der leidende Erlöser darstellete, war der Gegenstand ihres Mitleidens und seiner Hochachtung, und ihre Mildthätigkeit hatte keine andere Schranken, denn die Gott ihrem Vermögen und ihrem Verlangen gesetzet hatte. Ihr dunkeln Oerter, wo die Schaam die Armuth einschließt! wie oft hat sie ihren Trost und ihre Allmosen euch zufließen lassen, und sich über eure Noth und eure Kränkungen beunruhiget? War sie nicht mehr besorget, ihre Mildthätigkeit im Verborgenen auszuüben, als ihr, euer Elend zu verbergen? Ihr Klöster! die ihr nur das Kreuz Jesu Christi zum Besitz und Erbtheil habt, wie oft hat sie euch dargethan, daß ihr auf dasselbe euer Vertrauen setzen könnet, und daß diejenigen, die es fürchten, an nichts Mangel leiden? Wie vielen Kranken griff sie nicht unter die Arme? Wie viel junges, unverheirathetes Frauenzimmer ließ sie nicht in den Stiftern der Christlichen Jungfrauen erziehen? Wie viele Stiftungen ließ sie nicht auf ihre Kosten und durch ihre Wohlthaten unterhalten? Und wer kann hier alles erzählen, was wir von ihrer Mildthätigkeit erkannt haben, und das alles aufdecken, was ihre Demuth uns verborgen hat?

Doch was braucht es, den Vorhang, den sie ihren Handlungen vorgezogen, in die Höhe zu heben? Lasset uns sie vielmehr in den Hospitälern erblicken, wo sie ihre Barmherzigkeit öffentlich ausgeübet; in diesen Oertern, wo sich alle Schwachheiten, und alle Zufälle des menschlichen Lebens vereinigen; wo das Seufzen und die Klagen das Herz dererjenigen, so sie erdulden, in eine ungestüme Traurigkeit versetzen; wo der aus so vielen kranken Körpern sich ausbreitende Geruch in den Herzen derjenigen, so sie bedienen, Ekel und Ohnmachten erwecket; wo man den Schmerz und die Armuth um die Wette eine traurige Herrschaft ausüben siehet; und wo das Bild des Elendes und des Todes fast durch alle Sinnen eindringet. Das war der Ort, wo man sie sah, sich über die
Furcht-

Furchtsamkeit und Zärtlichkeit der Natur erheben, um ihrer Mildthätigkeit, so gar mit Gefahr ihrer Gesundheit, ein Genügen zu leisten. Da war es, wo man sie in jeder Woche sah, diesen die Thränen abtrocknen, jenen in ihrer Noth beyspringen; einigen Hülfsmittel und Erleichterungen in ihrem Uebel verschaffen, andern aber den Trost des Geistes und die Stärkung des Gewissens mittheilen.

Ihr getreuen Gefährten ihrer Frömmigkeit! die ihr heute um sie weinet, ihr begleitetet sie, wenn sie in diesem christlichen Aufzuge auftrat. Sie war weit größer in der Entäußerung ihrer Hoheit, und weit ruhmwürdiger, wenn sie in den Reihen der Armen, der Kranken, oder der Sterbenden, sich der Erniedrigung und Geduld Jesu Christi theilhaftig machte; als wenn sie zwischen zwoen Reihen siegreicher Kriegsleute auf einem prächtig funkelnden Wagen an der Ehre und den Triumphen ihres Gemahls Theil nahm.

Erschrecket, ihr reichen Frauen, und erzittert! so redet der Prophet, ihr, die ihr durch eure thörichte und ausschweifende Verschwendung eure Männer zwinget, in der Unterdrückung der Armen ein Mittel zu suchen, eure Eitelkeit und euren Stolz zu unterhalten. Ihr, die ihr bey dem Anblicke eines Hospitals murret; die ihr eure Zärtlichkeit zu einem Deck- Es. 32, II. Obstupescite opulentae et conturbamini. mantel

mantel eurer Härtigkeit machet, und an statt daß ihr die Noth so vieler betrübten Personen erträglicher machen solltet, euch anstellet, als ob sie euch gar nicht bekannt wären.

Was aber das Leben dieser Prinzeßinn krönet, ist dieses, daß sie immerdar gleich und beständig gewesen. Man ward an ihr eben dieselben Tugenden, eben dieselbe Eingezogenheit, eben dieselbe Andacht im Gebethe, eben denselben Gebrauch der Sacramenten, eben dieselben Grundsätze, eben dieselben Vorschriften gewahr. Da die Gnade sie antrieb, da die Gnade sie unterstützte, so blieb sie in Jesu Christo, und Jesus Christus in ihr. Da ihr Glaube ungeschminkt war, so ward ihre Beständigkeit ihr nicht verdrießlich, und ihr Eifer erneurete sich durch alles dasjenige, welches dem Scheine nach, ihn ermüden konnte. Beschäfftigungen, Lustbarkeiten, öffentliche Pflichten, Nothwendigkeiten und Dienstbarkeiten der königlichen Hoheit, nichts konnte sie in der Ordnung ihrer Gebethe stören. Sie wußte nach dem Rathe des Apostels, die Zeit zu erkaufen, und ihrem Schlafe die Stunden abzubrechen, die man ihrer Eingezogenheit geraubet hatte: Wo fand sie bey den Beschwerden der Reise Ruhe, als in den Klöstern, zu den Füßen der Altäre? Und wer unter uns hat nicht gesehen, wie sie in der Ausübung der Frömmigkeit sich recht ergötzete, und ihre Zeit so wohl anwendete, daß sie, ohne die

Eph. 5.
Col. 4.

die Abſichten des Königes aufzuhalten, und ihrer Andacht etwas zu vergeben, alle Gefälligkeiten, ſo eine Gemahlinn ihrem Manne ſchuldig, und alle Treue, zu der eine Chriſtinn gegen Gott verpflichtet iſt, beſaß und ausübete?

Von ſolcher Art war der beſtändige Glaube unſerer Königinn, ſo lange ſie im Leben war. Mein Gott! du haſt es geſagt: Wer bis ans Matth. 10. Ende beharret, der wird ſelig; und du haſt es gethan, da du deine Krone und dein Heil dieſer dazu beſtimmten Prinzeßinn geſchenket haſt. Du haſt ſie mitten in ihrer Zufriedenheit, in ihrem Glücke und in ihrer Freude hinweggenommen, und dennoch ihr Herz mit dir beſchäfftiget erfunden. Du haſt ſie durch einen unvermutheten Zufall hinweg gerücket. Wir verehren deine Gerichte und erkennen deine Barmherzigkeit. Das Vertrauen, ſo ſie auf dich geſetzet hatte, mußte durch keine Furcht geſchwächet werden, und die Unſchuld ihres Lebens war eben ſo kräftig, als die Buße der Sterbenden.

Die Königinn hatte ihre Tage mit eben derſelben Aufmerkſamkeit auf ihre Seligkeit zurückgeleget, welche man gemeiniglich in den letzten Stunden bezeiget. Sie hatte, als ein lebendiges Opfer Jeſu Chriſti, mit ihren eigenen Händen den Scheiterhaufen zurecht geleget, auf dem ſie ihre Aufopferung verrichten ſollte: und es war billig, zur Belohnung ihres guten Lebens, Sie der Furcht vor dem Tode zu überheben.

Uns, Herr! die wir so oft dein heiliges Gesetz übertreten, laß lange vorher, ehe wir sterben, empfinden, daß wir sterben. Laß einen Propheten uns von deinetwegen ansagen: Bestelle dein Haus, denn deine letzte Stunde nahet sich! Leite uns Schritt vor Schritt zum Tode, und laß unsre Aufopferung recht lange dauren, uns von unsern Sünden auszusöhnen. Laß unsre Seele Zeit gewinnen, um durch die Schmerzen und Geduld einer Krankheit, sich zu reinigen; und das Bild des Todes, und die Furcht vor deinem künftigen Gerichte, unsre Herzen erschüttern, in uns einen Eifer zur Busse zu erwecken.

Es. 38.

Was blieb noch übrig, meine Herren, von dem Himmel zu erbitten, und auf der Erde zu begehren? Sie sah den König mit aller menschlichen Glückseligkeit überhäuft. Von einigen ward er geliebet, von andern gefürchtet, und von allen hochgeschätzet: er vermag alles, was er will, und will nur das, was er soll; durch seine Ehre schwinget er sich über alles, und durch seine Mäßigung erhebt er sich über seine Ehre selbst.

Sie sah in Eurer Königlichen Hoheit alle ihre Wünsche erfüllet. Dieses Merkmaal

der

der Größe und Güte, der Mäßigung und
Herzhaftigkeit, der Gerechtigkeit und Gottesfurcht; diese Hochachtung, die ihnen der König beständig gegen sie, und die Demuth, welche sie ihnen gegen den König eingeflößet; die
von beyden verknüpften Tugenden, stellen sie als
ein Bild des einen sowohl, als des andern, aus.
Diese so reine und zarte Verbindung mit dieser
durchlauchtigsten Prinzeßinn, die der Himmel
uns scheint gegeben zu haben; den zwiefältigen
Geist der Königinn zu sammlen, und uns ihre
Größe und Frömmigkeit darzustellen; der
Segen, den Gott bereits ausgebreitet hat, und
noch über ihre durchlauchtigste Vermählung ausbreiten wird, das waren die Quellen ihrer Freude und ihres Trostes! Wie sehr wurde ihr Herz
gerühret, wenn sie eure königliche Hoheit in
jenen Lägern sah, wo dero Einsicht, dero Be-
treibsamkeit, dero Geschicklichkeit ihnen an statt
der Erfahrung dienen mußten; wie sie die Vorschriften der Befehle bewerkstelligten, fast, ohne daß sie nöthig hatten, dieselben zu erlernen:
wie sie bereit waren, die Befehle des Königes
zu empfangen, und dieselben an die Armee auszutheilen; wie sie vermögend waren, seine
großen Absichten auszuführen, und seinem grossen Beyspiele nachzufolgen, nämlich ihm allein
zu gehorchen, und der ganzen Welt zu befehlen! Gott wollte, daß dieses hier ihre letzte
Freude seyn sollte. Wie glückselig ist sie nicht,
da sie bereits gesehen, wie weit dero Ehre gelangen

langen kann; ohne daß sie der Furcht ausgesetzet bleibt, die dero große Herzhaftigkeit ihr dereinst hätte verursachen können.

Was konnte sie nach ihrem Tode erwarten? Das Schrecken und die Bestürzung, noch mehr, das Beyleid und den Schmerz der Völker; die Grabmähler, die man ihr zu Ehren aufrichtet; die Gebethe und Opfer, so man für sie bringet, die vergossenen Thränen der Armen; die Zeugnisse, welche man mit öffentlicher Stimme von ihren Tugenden ableget; ihre guten Werke, von denen man zur Erbauung der Gläubigen geprediget hat, alles erhebet, alles segnet ihr Andenken.

Du selbst, großer König! du einziger Gegenstand ihrer Hochachtung und Zärtlichkeit, durchlauchtigster Zeuge ihres tugendhaften und weisen Wandels, du selbst hast sie geliebet; du selbst hast sie beweinet; du selbst hast sie gelobet! Du hast es gesaget: Sie hat mir nie einige Betrübniß verursachet, als da ich sie verlohren. Und wenn ich in den Freuden des Himmels den heiligen Seelen zur Tröstung über diese Welt, noch einige Gedanken übrig bleiben; so ist sie über diese gerühret: und mir deucht, ich sehe jenes Herz, so unempfindlich es auch immer ist, sich wieder ermuntern, und bey dieser Rede erweichen.

Doch, die Ehrenbezeigungen, so sie genossen, und die, so man ihrem Andenken widmet,

met, sind unnütze und schwache Stützen. Das einzige, was uns bey dem plötzlichen Tode dieser Prinzeßinn trösten kann, ist die Gewißheit ihrer Seligkeit. Und das ist es, was uns unterweisen soll, unsre Gefahr voraus einzusehen. Es kommt die Nacht, sagt der Sohn Gottes, in der niemand mehr wirken kann. Eine muthwillige Verblendung, die man sich in dem Laufe vieler Jahre, durch die Unterlassung seiner Pflichten zugezogen, umgiebt uns zugleich mit einer stockdicken Finsterniß. Eine Krankheit übereilet uns, vor der man sich entweder gar zu sehr gescheuet, oder deren Wachsthum man nicht genug vorher besorget hat. Man sieht weder die Wichtigkeit des vergangenen, noch die Folgen des zukünftigen ein. Man hat ohne Scheu gesündiget, und ohne Ueberlegung die Sacramente empfangen. Man schmeichelt sich mit der eiteln Hoffnung der Genesung; oder man läßt sich von vergeblichen Hoffnungen seiner Seligkeit schmeicheln: und man ist bereits todt, ehe man wahrgenommen, daß man sterben könne.

Joh. 9.

Geht uns gleich ein Stral der Erkenntniß auf: so finden die Kräfte der Seelen sich entweder durch den Schmerz gebunden, oder durch den öftern Gebrauch abgenutzet. Man beruhiget sich in einem eiteln Vorsatze einer eingebildeten Bekehrung, und in einem verwegenen

nen Vertrauen auf die göttliche Barmherzigkeit: und in diesen unglücklichen Augenblicken, wo man weder die Tugenden ausüben, noch die Laster überwinden kann, fällt man dem Gerichte Gottes, mit einer Verzweiflung, demselben niemals genug zu thun, in die Hände.

Der Himmel gebe es, meine Herren, daß wir diesen Gefährlichkeiten zuvorkommen; und wenn wir nicht, wie die Königinn, die Verdienste eines reinen und unschuldigen Leben vor uns haben, wir doch zum wenigsten die Vorsichtigkeit der Buße gebrauchen; damit wir durch das Verdienst des Blutes Christi die Barmherzigkeit erlangen, so sie besitzet, und die ich ihnen anwünsche.

Lobrede
des Herrn Fleschiers
auf das Absterben
F R A U E N
Maria Anna Christina
von Bayern,
Dauphine von Frankreich,
so in der Kirche U. L. F. in Gegenwart
Ihro Durchlauchtigkeit des Herzogs von Burgund,
des Herzogs von Orleans, und der Prinzeßinnen
vom Geblüte 1690. den 15. Jun. gehalten worden.

Psalm CII.

Meine Tage sind dahin wie ein Schatten, und ich verdorre wie Gras; du aber, Herr, bleibest ewiglich.

Durchlauchtigster!

So ließ sich vormals ein König nach dem Herzen Gottes vernehmen, als seine abnehmende Tage und seine zunehmende Schwachheiten ihn dem Grabe näher zuführten; und ihm nur einen kleinen Ueberrest von seinem Leben übrig ließen, um so wohl seine Leibesschwachheit und den nahen Untergang zu empfinden, als auch die Größe und ewige Dauer des lebendigen Gottes zu verehren.

Bald sah er sein Leben als einen Rauch an, der in die Höhe steigt, der, indem er sich erhebet, schwächer wird, sich zertheilet und in der Luft verschwindet; bald als den Schatten, der sich ausbreitet, sich einzieht und verschwindet, als ein dunkles, leeres und verschwindendes Schattenbild. Bald verglich er dasselbe mit der Grasesblume, die auf den Wiesen verdorret; ihre frische Kraft, so sie noch des Morgens hatte, bereits an dem Mitttage verliehrt, und durch eben die Sonnenstralen, die sie hervorgebracht, verwelket und erstirbt. Wie viel traurige Vorstellungen beschäfftigen nicht seinen Geist, und wie viel rührende Bilder findet er nicht überall von unserm hinfälligen Vergnügen, und unsrer vorübergehenden Hoheit?

Betrachtet er sich aber in Ansehung Gottes, als ein solches Geschöpf, das zu seinem Lobe gemacht, als einen solchen König, der zu seiner Verherrlichung dienen sollte, so schwebet er zwischen Verwirrung und Zuversicht. Er fordert seine Demuth durch die Ueberlegung seiner Nichtigkeit; er erwecket seine Hoffnung durch die Betrachtung der Güte und Ewigkeit Gottes. Er sieht die vergängliche Eitelkeit und spricht: Herr, du wirst sie verwandeln, und sie werden verwandelt werden. Er entdecket eine unvergängliche Wahrheit und ruffet aus: Du aber, mein Gott, bleibest wie du bist, und deine Jahre nehmen kein Ende. Er erzittert vor dem Dräuen und Zorne des Gottes, der seine Tage verkürzet, der ihn aufgehaben und zu Boden gestoßen hat. Aber er stärket sich auch wieder, durch die Ueberlegung seiner Barmherzigkeit, die insgemein zur Zeit unserer größten Trübsale erwachet.

Pf. 102, 11.

Erkennen Sie nicht, meine Herren, in den Gedanken dieses Prinzen eben diejenigen, welche die Prinzeßinn, so wir jetzo beweinen, hegte? Dünkt es Ihnen nicht, daß sie ihnen mit sterbender Stimme zuruffet: Das Licht meiner Augen verlöschet; ein unendliches Gewölk steigt zwischen mir und der Welt auf; ich sterbe, und ich verschwinde unvermerkt in mir selbsten! O traurige Augenblicke! O unvermeidliches Ziel meiner matten und schwindenden Jugend! Aber, ob ich gleich empfinde, daß mir hier nur eine geringe Anzahl Tage beschieden sind, so weis ich auch, daß mir ewig währende Jahre bestimmet sind. Die Hand, die mich schlägt, wird mich auch unterstützen, und wie ich dem Gesetze dieses

Leibes nach, dieser vergänglichen Welt gehöre:
so gehöre ich der Hoffnung und dem Glauben
nach, dem unvergänglichen Gott.

Wäre ich allhier erschienen, den unverhofften Tod einer irdisch gesinnten Prinzeßinn zu
beweinen, so dürfte ich ihnen nur die Welt mit
ihrer Eitelkeit und ihrer Unbeständigkeit, diese
Menge von Bildern, welche sich unsern Augen
darstellen und wieder verschwinden; diese Verwandelung der Stände und des Glücks, die da
entstehen und ein Ende nehmen, die sich erheben
und wieder verfallen; diese Abwechselung sich erneurender sowohl heimlicher als öffentlicher Verderbnisse; diese Folge von Veränderungen sowohl
an unsern Körpern, durch die Schwäche und Entkräftung der Natur, als an unsern Seelen durch
die Unbeständigkeit unserer Begierden; und endlich diese allgemeine und fest daurende Verrückung der menschlichen Handlungen, welche, so
natürlich und ungekünstelt sie uns auch scheinen,
dennoch ein Werk der allmächtigen Hand Gottes
sind, und die Ordnung seiner Vorsicht anzeigen.

Aber, Gott sey Dank! ich stehe im Begriffe
einer Prinzeßinn die Lobrede zu halten, die weit
größer in Ansehung ihrer Gottesfurcht, als in
Betrachtung ihrer Geburt war; und ihnen an
statt der Hinfälligkeiten der Natur, die beständigen Wirkungen der Gnade, dabey die christlichen
Tugenden, die sie im Geiste und in der Wahrheit ausgeübet; die exemplarische Andacht bey
dem Gebrauche der heiligen Sacramenten; die
aufmerksamen und anhaltenden Gebethe; einen

dem

dem Betragen Gottes gegen Sie unterwürfigen und gleichförmigen Willen; mit dem Leiden des gekreuzigten Heilandes vereinigte Schmerzen; den aus dem Schooße des Vaters der Barmherzigkeit herrührenden Trost, eine unbewegliche und auf den gegründete Hoffnung vorzustellen, der in der Schrift saget: Ich bin der Herr, der sich nicht verändert! Lasset uns dieses zusammenfassen, und daraus ein zwar kurzes, doch ganz nach der Klugheit eingerichtetes Leben, und ein in Verleugnung und Geduld ertragendes Sterben betrachten. Diese beyden Vorstellungen werden das Lob der allerdurchlauchtigsten, großmächtigsten und allervortreflichsten Prinzeßinn, Maria Anna Christina Victoria, von Bayern, Dauphine von Frankreich ausmachen.

I. Theil. Was ist also mein Vorhaben, meine Herren, und von welcher Klugheit soll ich Sie allhier unterhalten? Es ist keinesweges die Klugheit dieser Welt, die sich ängstlich bestrebet und beunruhiget, die sich mit Ränken vereiniget, welche die darinn verborgenen Vortheile ausgrübelt; die sich mit wichtigen Angelegenheiten beschäfftiget; und die Streitigkeiten entweder verursachet oder schlichtet. Sie werden in meiner Rede weder dergleichen heuchlerische Ausschweifungen, so man mit Kunst auf sein Vorhaben und mit Mühe auf die Religion bringet, wahrnehmen; noch solche sinnreiche Abschilderungen, wo die lebhafte und verwegene Einbildungskraft gleichsam in der Entfernung, die gegenwärtigen Beschäfftigungen der Welt, nebst den Vortheilen und

Dauphine von Frankreich.

und Leidenschaften der Großen, so dieselben regieren, vorstellet, bemerken.

Die Begebenheiten unserer Prinzeßinn haben keine Gemeinschaft mit den Angelegenheiten dieser Zeit. Sie hat weder an dem Kriege, noch an dem Frieden der Völker einigen Antheil. Ihre Handlungen haben keinen größern Glanz als denjenigen, den die Tugend ertheilet. Die göttliche Vorsehung bedienete sich derselben, nicht so wohl große Thaten durch sie auszurichten, als vielmehr große Beyspiele zu geben. So geehrt als sie auch war, so wurden dennoch ihre äußerlichen Vorzüge durch ihre Verdienste weit übertroffen. Und wir können von ihr dasjenige in eigentlichem Verstande sagen, was dort der königl. Prophet spricht: Des Königs Toch- Pf. 45. ter ist ganz herrlich inwendig.

Ich rede demnach von derjenigen Klugheit, die einem jeden die Richtschnur und die Wohlanständigkeit seines Standes anzeiget; die die Beurtheilungskraft zur Erkenntniß, und die Klugheit zur Ausübung darreichet; die das Wahre vom Blendwerke unterscheidet; die sich selbst Lebensregeln vorschreibt und dieselben auch wirklich ausübet; mit einem Worte: ich rede von derjenigen Klugheit, von der der heil. Apostel Jacob spricht: Die von oben herabkömmt, Jac. 3. die da keusch, friedsam, gelinde ist, sich sagen läßt, voll Barmherzigkeit und guter Früchte, unpartheyisch und ohne Heucheley ist. Ist dieses die Klugheit, oder ist es die Prinzeßinn selbst, so er lobet? Es mag es aber

Fleschiers Reden. D die-

dieses oder jenes seyn, so ist es fast einerley Sache.

Mit welcher Mäßigung gebrauchte sie die Vortheile, welche ihr ihre Geburt und Stand ertheileten? Wem ist es unbekannt, daß das Bayerische Haus eines der vortrefflichsten sey, wo die Macht, die Tapferkeit und die Gottesfurcht sich vereinigen, und dessen Ruhm auch mit der Zeit selbst nicht veraltet? Könige und Kaiser sind daraus entsprossen, und Kaiserinnen und Königinnen sind in dasselbe wieder getreten. Wie viele Jahrhunderte müßte man nicht zurückforschen, um seinen Ursprung zu entdecken? Wie viel Kronen müßte man vereinigen, um seine Verbindungen zu berechnen? Und wie viele Heldennamen und Thaten würde man anführen müssen, um selbiges in seinem völligen Glanze darzustellen!

Ich gestehe es, unsere Durchlauchtigste Dauphine war bey dieser Art der Ehre nicht unempfindlich; sie ward aber dadurch nicht verblendet. Sie gründete ihre Hoheit mehr auf die Beyspiele als auf die Ehrenbenennungen ihrer Vorfahren. Der Begriff, den sie von ihrer Geburt hatte, erweckte in ihrem Herzen nicht eine stolze Erhebung, sondern eine Nacheiferung der Tugend. Und die Reinigkeit ihrer Abstammung dienete ihr zum Bewegungsgrunde der Reinigkeit ihrer Sitten. Sie wußte, daß Maximilian, ihr Großvater, durch Eifer und Herzhaftigkeit die Altäre, so die Ketzerey erschüttert hatte, unterstützet, und die angetastete und wankende Religion

in

Dauphine von Frankreich.

in Deutschland gerettet hatte. Ihr war nicht unbekannt, daß Wilhelm, ihr Aeltervater, nachdem er seine Staaten weislich regieret, sich der Regierung freywillig begeben, um in einer geheiligten Einsamkeit einer heiligen Ruhe zu genießen. Und dieses eben ist es, woraus sie den Grund der Religion und der Einsamkeit, und das Verlangen, welches sie in ihrer Jugend gehabt hatte, der Welt gänzlich zu entsagen, herleitete.

Gott hatte sie in den Schätzen seiner Vorsehung aufbehalten, um Frankreich durch ihre glückliche Fruchtbarkeit den einzigen Seegen, der ihm noch mangelte, zu geben. Die kluge Adelheid dachte auf dieses edle Vorhaben. Was für Sorgfalt bezeigte sie nicht für die Prinzeßinn in ihrer zarten Jugend, sie, die von der Macht und dem Ansehen unserer Könige, von denen sie abstammte, ganz eingenommen war? Wie oft hat sie nicht den Himmel in ihren Gebethen angeruffen, er möchte die Töchter auf denjenigen Thron erheben, den die Mutter zu besteigen vormals gehoffet hatte? Mit was für Aemsigkeit bildete sie nicht in ihr einen klugen Geist, ein gerechtes Gemüth und ein französisches Herz? Wie glücklich wäre sie nicht gewesen, wenn sie diese Neigungen auch denen übrigen ihres Geschlechts beybringen können? Ihre Wünsche wurden endlich erfüllet, aber sie sah nicht den Tag des Herrn; sie starb, wie Moses auf dem Berge; und Gott begnügte sich, derselben zum Troste, das verheißene Land nur von ferne zu zeigen.

5 B. Mos. 32.

Indessen wuchs das Ansehen dieser jungen
Prinzeßinn mit den Jahren. Ihre bereits be-
währte Klugheit vertrat die Stelle ihrer Auferziehung. Sie verband in ihrem Pallaste die
Unruhen des Hofes mit den Annehmlichkeiten
eines stillen Lebens, und durch die Stärke ihrer
Vernunft hatte sie die Kunst zu reden und zu
schweigen gelernet. Man verspürete schon damals an ihr dasjenige, was wir nachher bewundert haben. Die Mäßigung, so die Einsamkeit einflößet, die Artigkeit der Sitten, so der
Umgang mit der Welt verschaffet; eine edle
Dreistigkeit, so die Hoheit ihrer Geburt entdeckte; eine gewissenhafte Schamhaftigkeit, die sich
auf ihre Tugend gründete; eine Lebhaftigkeit,
wodurch sie denen Gedanken anderer Leute öfters zuvor kam; eine Klugheit, die ihr jederzeit
erlaubte, ihre eigenen Gedanken wohl zu überlegen; eine Gütigkeit, die allemal bereit war, so
wohl das Glück des einen zu befördern, als die
Beschwerden anderer zu erleichtern; eine Aufrichtigkeit, welche sie unfähig machte, weder aus
Ehrfurcht noch aus Schwachheit zu heucheln;
eine unverbrüchliche Treue in ihrer Freundschaft
und in ihren Versprechungen; kurz, eine weder
verdrüßliche, noch nachläßige Frömmigkeit, die
ihr bey allen Ehre, und bey niemanden eine
Furcht zuwege brachte.

Alle diese fürchterlichen Eigenschaften leuch-
teten bey ihrer Ankunft in vollem Glanze. Erinnern sie sich, meine Herren, der glücklichen
Tage, in welchen sie mitten unter dem Wünschen
und

Dauphine von Frankreich.

und Zujauchzen des Volks, an einem prächtigen Höfe, mit einem weder fremden noch gezwungenen Wesen, und einer solchen Annehmlichkeit erschien, die weit schätzbarer und weit rührender war, als die Schönheit selbst. Sie haben gesehen, wie sie die günstige Achtung, so der größte König der Welt gegen sie hatte, mit Empfindung einer stillen Freude und einer tiefen Erkenntlichkeit unterhalten; wie sie das geheiligte Feuer einer keuschen Verbindung, in Gegenwart eines liebenswürdigen und königlichen Bräutigams, an dem Fuße des Altars angezündet, und wie sie die Huldigung, so man ihr geleistet, mit einer Gesichtsbildung, die so lieblich und schmeichelnd, als ihr Glücke war, angenommen hat. Sie fand bey jedermann Beyfall, aber auf ihrer Seite war sie gegen einen jeden holdselig und höflich. Diesem kam sie mit ihrer Anrede zuvor, jenem antwortete sie auf das anständigste. Dem Ansehen und den Verdiensten ließ sie die Vorzüge der Zuneigung und Gerechtigkeit wiederfahren, ohne jemanden misvergnügt oder neidisch zu machen; und von ihrer Hoheit behielt sie nur das, was sie zur Beobachtung des Wohlstandes gebrauchte, und achtete dasjenige für nichts, was sie durch ihre Gütigkeit hieran verlohr.

Aber wie! Vergesse ich meinen traurigen Vorwurf? Und warum verbinde ich anjetzo das Andenken jenes erfreulichen Aufzuges mit den gegenwärtigen Anstalten eines traurigen Leichenbegängnisses? Es ist billig, meine Herren, daß sie den Verlust, welchen sie erlitten, recht zu schätzen wissen; daß sie sowohl die freudigen als traurigen Begebenheiten, welche unsre Dauphine empfunden, einsehen; und daß sie den guten Gebrauch, dazu sie sowohl die guten, als auch die bösen Vorfallenheiten dieses Lebens angewandt, erkennen.

Wie groß war nicht die Mäßigung ihres Verstandes? Soll ich von den Audienzen reden, wo sie bey dem Empfange der fremden Abgesandten, sich in die Staatsabsichten eines jeden einließ, und mit einem jeden die Sprache seines Landes redete: wo sie die ihr erwiesenen Ehrenbezeugungen mit einem Wesen, das sowohl Hoheit als Einsicht zeigte, begleitete, und wo sie jederzeit die Zärtlichkeit der Rede, mit einer angenehmen Sittsamkeit zu verbinden wußte? Soll ich ihnen sagen, wie gründlich sie die Werke des Witzes beurtheilte? Wie richtig, aber auch, wie behutsam war sie dabey? Sie bemerkte alles ohne Tadelsucht, sie gab nach ohne Schmeicheley; sie lobte nach vergängiger Erkänntniß; sie entschuldigte, weil sie dazu geneigt war, und tadelte nur dann, wenn es die Nothwendigkeit erforderte. Sie trauete nicht ihrer eigenen Einsicht; vermöge ihrer klugen Furchtsamkeit war sie allemal bereit, einen Theil ihrer Meynungen zu unterdrücken, und weit entfernet, etwas sogleich zu entscheiden, wie es die meisten Personen ihres hohen Standes und Geschlechts zu thun pflegen, die sich des Ansehens, in welchem sie stehen, und der Gefälligkeit, die man gegen sie hat, bedienen, um ihre Neigungen geltend zu machen.

Weit

Weit behutsamer war sie in Religionssachen. Sie war von allem Vorwitze und Argwohne entfernet; sie wußte nur zwey Dinge, gehorsamen und glauben. Sie entzog sich zwar keinem Unterrichte, aber es war auch eben nicht nöthig, sie zu überzeugen; sie näherte sich vielmehr dem höchsten Wesen, durch die Gelehrsamkeit ihres Herzens, und nicht durch die unruhigen Bewegungen ihrer Vernunft. Der geringste Ruf von einer Spaltung der Kirchen, machte sie furchtsam. Die verschiedenen Meynungen und Streitigkeiten der Gottesgelehrten beunruhigten ihre Gottesfurcht, die um so vielmehr besorgte, je standhafter und wohlgegründeter sie war. Ja, als man ihr einsmals die Verschiedenheit der Meynungen und der Lehrsätze begreiflich machen wollte, so sagte sie: Lasset mir meine glückliche Unwissenheit, und raubet mir nicht das Verdienst und die Ruhe meines Glaubens. Da sie dem heiligen Stuhle und der Kirche Christi durch das Band des Friedens, der Liebe und des Gehorsams verbunden, war: so wußte sie, daß ein jeder Gläubiger seine Vernunft gefangen nehmen müsse; daß, gleichwie 2 Cor. 10. ein enger Weg wäre, der die Sitten in die Regeln des Evangelii einschränkte; es also auch eine andere schmale Straße gebe, so die Vernunft nach dem Glauben der Kirche einrichtete; und daß Gott von Personen ihres Geschlechts weder eine hohe Vernunft, noch eine eingebildete Wissenschaft; sondern eine zärtliche Andacht und einen einfältigen Glauben erfordere, der

D 4   mit

mit einem demüthigen Stillschweigen verbunden wäre.

Ist das nicht der Glaube, nach dessen Anleitung und Vorschrift sie alle Pflichten des christlichen Wandels ausübte? Wie groß war nicht die Ordnung, die Aufmerksamkeit in ihrem Gebethe? Sie bereitete sich dazu durch eine sorgfältige Sammlung der Gedanken; sie unterhielt sie durch die Inbrunst ihres Herzens, und sie brachte es durch die Arten ihres Verlangens, durch gute Entschließungen, und durch die Wachsamkeit, die sie dabey beobachtete, zur Vollkommenheit. Ihre Vorstellungskraft reinigte sich; die weltlichen Bilder entferneten sich auf den geringsten Wink, und aus einer heiligen Gewohnheit kam sie, zu den von ihr selbst dazu bestimmten Stunden, wieder zu sich selbst; oder vielmehr zu Gott, um entweder seine Barmherzigkeit anzuflehen, oder ihn zu loben. Kam sie an die geweihten Oerter, um daselbst den geheiligten Geheimnissen beyzuwohnen, so war sie ehrerbietig, andächtig und stille. Sie brachte zu dem unbefleckten und auf dem Altare geopferten Lamme aufrichtige Wünsche, reine Gedanken, und geistliche Neigungen; die Gabe eines zerknirschten und erkenntlichen Herzens, das Opfer zernichteter oder wenigstens gedemüthigter Leidenschaften.

Was für Hochachtung bezeigte sie nicht gegen die Priester Christi, so sie als Diener seines Gesetzes und Ausspender seines Blutes und seines Worts achtete? Merket das, ihr Spötter und
Frey-

Freygeister! die ihr euch ein Vergnügen machet, diejenigen zu verkleinern, so Gott erhaben hat, und zum Nachtheile ihrer Würde, das lächerliche an ihren Personen hervorzusuchen. Unsre Dauphine litte es nicht, daß man die Gesalbten des Herrn antastete. Sie ehrete dieselben sogar alsdann, wenn sie sich verächtlich zu machen schienen. Sie deckte aus Liebe ihre Fehler zu; und indem sie die Gemüths-und Geistes-Schwachheiten derjenigen, die Gott in seinem Dienste dulden konnte, übersah; so sah sie nur auf die Ehre ihres Berufs, und die Würde ihres Priesterthums. Wie regelmäßig beobachtete sie die Kirchengebräuche? Sie sah dieselben nicht als wohlanständige Gewohnheiten an, oder als Ordnungen einer willkührlichen Zucht, sondern als Vorschriften, und Uebungen des Heils, denen sie sich niemals entzog, ohne die Nothwendigkeit vorher geprüfet, und ihren Seelsorgern die erforderte Ehrerbiethigkeit bezeiget zu haben.

Aus eben diesem Grunde der Religion und Klugheit stammete die so bekannte als geprüfte Gütigkeit. Nur Schade, daß ich ihnen, meine Herren, die großmüthigen Neigungen dieser wohlthätigen, freygebigen und liebreichen Prinzeßinn nicht recht vorzustellen vermag. Wem versagte sie jemals ihren Beystand? Wem erzeigte sie nicht alle das Gute, so nur in ihrem Vermögen stund? Und wem wünschte sie nicht alles dasjenige, was sie nicht selbst ihm erweisen konnte? Hier errege ich, durch den Tod dieser Prinzeßinn verwüstetes Haus! ohne es einst wahrzunehmen, deine Zärtlichkeit und deinen Schmerz, mit dem Andenken der Wohlthaten oder vielmehr der Hoffnung, die dir von dem Schutze einer so gütigen und mächtigen Gebietherinn übrig geblieben. Sie gieng mit einem demüthigen Vertrauen zu der Quelle aller Gnaden. Sie wandte ihr Suchen und ihr Bitten bey dem Könige dergestalt an, daß sie dabey vorsichtig ohne Furchtsamkeit, und dringend ohne Unbescheidenheit war. Sie bezeigte mehr Ungeduld in ihrem Verlangen, als in ihren Forderungen. Sie erwartete die Wohlthaten, so der König ihr zu erweisen geneigt war, mehr von der Güte desselben, als von ihrem eigenen Ansehen. Sie kam allezeit mit Zufriedenheit zurück, sie mochte entweder gegenwärtige Wohlthaten oder Versprechungen aufs zukünftige erhalten haben. Sie war erkenntlich, sowohl wegen desjenigen, was man ihr mit Vergnügen zustund, als wegen dessen, was man ihr mit Mühe versagte.

Wie viele kostbare Lampen, die in den Heiligthümern leuchten; wie viel geweihete Gefäße, die zu Ehren des allerheiligsten Opfers dienen; und wie viel prächtige Geschenke, die man vor den Altären aufgehenket antrifft: sind ewige Denkmaale ihres Glaubens und ihrer freygebigen Frömmigkeit? Wie viel wankende Familien und dem Untergange nahende Gemeinen sind durch den von ihr gereichten Zu-

Job. 31. schub erhalten? Und was kann ich ihnen, mei-
Spr. S. 31. ne Herren, von ihren Liebeswerken anders sagen, als, daß das Mitleiden mit ihr, so zu reden geboh-

gebohren; daß ihre Hand beständig gegen den Armen ausgestreckt gewesen; daß sie die Wittwen und Waisen nicht vergeblich hoffen lassen; daß der Ueberfluß ihrer Allmosen mit der Zärtlichkeit ihres Herzens übereingestimmet; daß sie so vielen Elenden, als sie wahrhaftig elend erkannt, Erleichterung verschaffet; und daß sie endlich nach dem Beyspiele des Gottes, dem sie diente, reich gewesen an Barmherzigkeit. Eph. 2.

Sie war ja so aufmerksam auf das, was ihrem Nächsten schädlich, als auf das, was ihm nützlich seyn konnte. Wer ist unter ihnen, meine Herren, der sie jemals eines ungewissen Gerüchts wegen, von jemanden nachtheilig sprechen gehöret? Machte sie nicht ein Gesetz daraus, ihre Zunge im Zaume zu halten, vernehmlich zu einer solchen Zeit, da man die Laster und Tugenden ohne Unterschied tadelt; wo man sich recht darauf leget, die Fehler anderer Leute zu erforschen; wo die Bosheit des einen, sich über die Schwachheiten des andern freuet; wo durch Zulassung eines gerechten Gerichts Gottes, Thorheit über Thorheit spottet; und wo sogar die Weisesten Mühe haben, sich gegen die unbilligen Urtheile, und gegen die sich einander widersprechenden Zungen zu erhalten? Entfuhr wohl jemals ihrem lebhaften und stets aufgeweckten Geiste, eine von denjenigen Spöttereyen, die desto empfindlicher sind, je scharfsinniger sie sind; die unter wenig Worten viel Gift verbergen, und nach der Sprache der heil. Schrift, beym Lachen den Tod wirken? Pr. S. 10.

Es war ihr Grundsatz, daß ein zu hoch getriebener Scherz denen, die über andere erhaben sind, nicht gezieme, daß die Pfeile desto tiefere Wunden machen, je höher sie fallen; daß es unfreundlich sey, sich an solche Leute zu machen, denen Furcht und Ehrerbietung die Freyheit benimmt, sich zu vertheidigen und zu beklagen, und daß dergleichen Reden, sowohl wegen der Würde dessen, der sie spricht, als wegen des bösartigen und schmeichlerischen Beyfalls derer, so sie anhören, vergiftet sind.

Hatte entweder das Versehen eines Bedienten (denn wer kann allezeit seine Pflichten so genau und treu beobachten?) oder die Stärke ihrer Widerwärtigkeit, (denn wer kann allemal seine Seele in Geduld fassen?) diesem so weisen, so behutsamen Munde, ein nicht sowohl verdrießliches, als vielmehr ernsthaftes Wort gleichsam entrissen; wie sehr bemühete sie sich alsdann, die dadurch gemachte Wunde zu lindern, oder zu heilen? Sie entschuldigte die That; sie lobte die Absicht; sie both ihre Vermittelung an, oder leistete sie so gar in der That, indem sie die Verzeihung auf solche Art bewilligte, als ob sie solche selbst gebethen hätte, und die etwas hitzige Fertigkeit ihrer Gemüthsneigung durch die Beständigkeit und Güte ihres Herzens rechtfertigte.

Aber, so wie sie durch die Klugheit ihre Lippen bewachen ließ, um sie vor verunglimpfender Nachrede zu verschließen, so hatte sie auch, nach dem Rathe des weisen Sittenlehrers, ihre

Ohren

Dauphine von Frankreich. 61

Ohren gleichsam verzäunet, um die Verläum- Sir. 28.
der abzuhalten und zurück zu weisen. Erkennet hieben eure Unwissenheit, oder eure Ungerechtigkeit, ihr, die ihr eure Ohren den Lügen
leihet, und die ihr zwar aus Ehrsucht,
mit Gewissen, Lästerungen auszusprengen Bedenken traget; aber das Recht sie zu glauben,
und das Vergnügen sie zu hören, euch dennoch
vorbehaltet. Was richtet ihr mit eurer Leichtgläubigkeit und Gefälligkeit aus? Ihr muntert
nur die Lästerer auf; ihr erwärmet die Schlange, die da sticht, damit sie desto sicherer ste-
chen könne; ihr wollet keine Meuchelmörder
seyn; und werdet ihre Mitschuldige; es ist vergebens, daß ihr glaubet, an dem Blute eurer
Brüder unschuldig zu seyn, wenn ihr durch
euren Beyfall die Pfeile, womit man dieselben
durchbohret, schärfet, und wenn ihr, an statt
sie zu beschützen, vielmehr den Arm, der sie töd-
tet, stärket. Hüte dich, boshaften Zungen
Gehör zu geben, saget der Weise: überrede
dich nicht, setzet er hinzu, gegen diejenigen
gefällig zu seyn, die von ihrem Nächsten
Böses reden, wenn du nicht willst ihre
Sünden tragen. Und was für ein Merkmahl giebt der heil. Geist von der Gerechtigkeit
und Unschuld eines redlichen Mannes? Ist es
nicht dieses, daß er niemals die Schmähungen
und bösen Nachreden wider seinen Nächsten
günstig aufgenommen? Wer seinen Näch- Ps. 143.
sten nicht schmähet.

Das

Das war die wahre Eigenschaft unserer Dauphine. Von der Leichtgläubigkeit war sie weit entfernet, und hatte nicht einmal bey dergleichen Vorfällen Geduld, es anzuhören. Sie hemmete die Unbilligkeit, und kündigte dem Verläumder den Krieg an. Wie vielmal rettete sie nicht das Ansehen eines Unschuldigen von dem übeln Rufe, den der Haß eines Feindes, oder die Eifersucht eines Mitbuhlers, dawider auszusprengen suchte? Wie vielmal erstickte sie nicht durch ein trauriges Stillschweigen oder durch einen ernsthaften Blick sogleich in ihrer Geburt eine Verleumdung, die unaufhörliche Zwistigkeiten würde verursachet haben? Wie oft hielt sie nicht durch ihr Ansehen die tödtlichen Streiche zurück, die eine boshafte Zunge der Ehre oder dem Glücke eines Geschlechts beyzubringen im Begriffe war?

Was erwarten sie also, meine Herren, auf ein so weises, so christlich geführtes Leben? Das, was die Folge und der Lohn davon ist, nämlich einen mit einer heiligen Verläugnung und einer glücklichen Geduld überstandenen Tod.

Pf. 2. Wir leben oder sterben, so sind wir des Herrn, saget der Apostel. Er ist es, der mich gebildet, er ist es, der mich geschaffen hat, und der mich zu meinem ersten Nichts, ohne daß ich es einmal weis, zurückführet. Ich erkenne bey dem einen, so wohl als bey dem andern seine Obermacht und meine Unterwürfigkeit. Allein, ob wir gleich in Gott leben, und Gott uns das Leben giebt; so scheint es dennoch,

noch, daß wir im Sterben ihm noch mehr zugehören; er strecket seine Hand, und breitet seine Allmacht über uns aus; er gelanget zum ewigen Besitze sowohl unsrer Leiber, als unsrer Seelen; er vollstrecket an uns seine Barmherzigkeit oder sein Gericht; er entreißet uns der Welt, unsern Vergnügungen, ja uns selbst; und in diesem abgesonderten und erniedrigten Stande muß unser Wille in Ansehung seiner, gebuldiger und unterwürfiger seyn.

In einer solchen Gemüthsverfassung befand sich auch unsere Prinzeßinn. Bis hieher, meine Herren, habe ich nur den glücklichen Eigenschaften derselben das gebührende Lob gegeben, und dadurch, so zu reden, nur Blumen gesammlet, die das Opfer schmücken. Nunmehr aber komme ich auf diejenigen Tugenden, welche die Anfechtung hervor zu bringen pflegen, welche das Opfer zubereiten und vollenden. Erwarten sie nicht, meine Herren, daß ich ihre Gemüthsbewegungen schonen, oder durch ausgesuchte Rednerblumen ihrem Schmerze schmeicheln, oder denselben noch mehr erregen werde. Der Tod unserer Dauphine ist ein so schätzbares Absterben, welches einen schönen Lebenslauf krönet: welches zwar die Seufzer erreget, aber sie auch wieder ersticket; und welches, nachdem es uns durch das Mitleiden erweichet, durch die Gottseligkeit wieder aufrichtet und durch die Hoffnung tröstet.

Sie

Sie bereitete sich zu ihrem Tode durch ihre Absonderung von der Welt; sie kannte, wie unnütz und verderbt die Welt ist, und ich weis nicht, was für eine Vorherempfindung ihres nahen Endes brachten ihr einen Ekel davor zuwege. Man sah sie allmählich den Vergnügungen entsagen, und sich eine Einsamkeit verschaffen, wo sie sich ihrer eigenen Hoheit entziehen, und einer stillen Ruhe auch mitten unter dem Getümmel eines unruhigen Hofes genießen konnte.

Ich weis es, meine Herren, daß sie denken: solche Prinzeßinnen, wie sie, wären gemeiniglich nicht zur Einsamkeit gebohren. Sie wären sich vielmehr dem gemeinen Wesen schuldig. Und wenn sie sich auch nur Gott allein widmen wollten, so verbände sie doch ihr Stand, sich zuweilen der Welt zu überlassen, um gleichsam das Band zu seyn, die Beherrscher, mit denen sich ihm nähernden Unterthanen zu verbinden; den Hofleuten an den müßigen Tagen eine Beschäfftigung zu verschaffen, die Beschwerde eines traurigen und verdrießlichen Müßigganges ihnen zu erleichtern; durch anständige und nöthige Lustbarkeiten die geheimen Leidenschaften, so dieselben verzehren, zu besänftigen und aufzuhalten; und bey den täglichen Versammlungen am Throne, den sie verehren, den Frieden und die Einigkeit zu erhalten.

Allein, wer weis es nicht, daß wir nach dem Ausspruche des Apostels, nicht Schuldner sind dem Fleische, daß wir nach dem Fleische

sche Leben, oder daß die Absonderung von der Welt der erste Beruf und das erste Gelübde eines christlichen Herzens sey; und daß der Dienst Jesu Christi ein Dienst der Absonderung und der Einsamkeit sey. Sie werden zwar sagen, meine Herren, es giebt eine Entfernung des Geistes und der Sitten, und eine Einkehrung in sich selbsten; welche in dem Umgange mit den Menschen, unvermerkt die Gerechten von den Sündern absondert, und jene gegen die Zerstreuungen, und die Begierden der andern in Sicherheit stellet.

Allein, wie schwer ist es nicht, daß die Unschuld, wenn sie sich gleich unter so vielen Leidenschaften nicht gänzlich verlieret, sich nicht zum wenigsten schwächen sollte! Je mehr man die Eitelkeiten einsieht, desto mehr gewöhnt man sich, dieselben kennen zu lernen, und zu lieben. Unter so vielen Gegenständen, so die Sinnen rühren, finden sich jederzeit einige, die sich in das Herz einschleichen. Ja selbst die heiligen Väter unterrichten uns, daß es in der Welt unvermerkliche Verführungen gebe; und daß es weniger Stärke bedörfe, ihnen zu entsagen, als sich vor denselben mit der von Gott erforderten Klugheit und Mäßigung zu bewahren.

Heilige Wahrheiten! davon unsere Prinzeßinn durchdrungen war; ach! warum seyd ihr doch nicht, wie soll ich sagen? den betrügerischen, oder vielmehr den betrogenen Seelen bekannt? die, um Gott und den Menschen zugleich zu gefallen, die Religion mit der Weltlust zusammenreimen; die zuweilen den Himmel anblicken, ohne dabey das Irrdische aus dem Gesichte zu verlieren; und sich eine Ehre aus einer solchen Andacht machen, welche weder die Weltgeschäffte, noch die Liebe zu denselben ausschließt: gleich als ob man mit der Gnade Jesu Christi, den Trost und die Freude der Menschen vermischen, und unter dem Getümmel eines verwirrten Babels, des stillen Friedens des heiligen Zions genießen könnte.

Alle diese gefährliche Klippen wollte unsre Dauphine vermeiden. Weder das Spiel, noch die Gesellschaften, noch die Schauspiele, noch sonsten etwas hielt sie von ihrer Einsamkeit zurück. Das neue Beyspiel einer Königinn, die Frankreich bewundern und ewig bedauren wird, schien ihr größer zu seyn, als daß es mit ihrer Tugend erreichet werden könnte. Was bin ich, sagte sie, in Betrachtung einer Heiligen, in der die Gnade alle Empfindungen der Natur geläutert; die sowohl in ihrem strengen, als auch in ihrem gefälligen Wesen gleiche Frömmigkeit bewiesen; und die sogar Gott da zu finden wußte, wo andre ihn oftmals verlieren. In dieser, durch eine matte und verborgene Sehnsucht gewirkten Bescheidenheit, erbauete sie bald ihren Geist durch das Lesen erbaulicher Geschichte, und nährete ihre Frömmigkeit durch den Saft und die wesentliche Kraft der heiligen Schrift. Bald beschäfftigte sie sich mit anständiger Arbeit, und indem sie das Gold mit der Seide künstlich durch-

durchwirkte, wandte sie ihre Geschicklichkeit, oder vielmehr, nach der Sprache des Weisen, den Rath und die Klugheit ihrer königlichen Hände, auf den Schmuck der Altäre, und die Auszierung des Heiligthums. Bald flehete sie die Gnade Gottes an, und brachte ihm ein zerknirschtes und gedemüthigtes Herz; indem sie in ihren täglichen Gebethen, sich bis zu ihrem ersten Nichts herunter ließ, oder in der Kraft des Glaubens und der Betrachtung der göttlichen Geheimnisse sich bis zu dem höchsten Wesen erhob. Spr. Sal. 31.

Hier ist der Ort, o Gott! wo du mit derselben in der Einsamkeit, wohin du sie selbst geführet hattest, dich besprochen. Dein heiliger Wille war es, daß sie nach und nach, und gleichsam stufenweise der Welt absterben, den Geschmack an den Vergnügungen und der Eitelkeit unvermerkt verlieren, und wo sie in deinem Frieden, und in deiner Liebe entschlafen sollte, auch ihr Leben in dir selbst, mit Christo vorher verborgen seyn möchte.

Was aber, meine Herren, war es für ein Leben? Ein leiden- und kreuzvolles Leben. Wie viel traurige Gegenstände stellen sich nicht hierbey meinem Gemüthe dar? Eine Mattigkeit, die im Anfange mehr beschwerlich, als gefährlich schien: Krankheiten, Zufälle, die um so viel beklagenswürdiger waren, je weniger sie vielleicht in der That beklaget wurden, weil man sie noch nicht genugsam kannte: Hülfsmittel, die ja so grausam, als das Uebel selbst waren:

waren: empfindliche und zugleich langwierige Schmerzen: ein niedergeschlagenes Gemüth, das sich mit den Schwachheiten des Körpers verband: abgenutzte Kräfte der Natur, selbst durch die Bemühungen, die man zu ihrer Aufhelfung anwandte: das Unvermögen der Heilungskunst, und die Rettung, dadurch man die Geduld der Prinzeßinn auf die Probe setzte, die aber dennoch ihren Tod beförderte.

Ich scheue mich nicht, die klägliche Erzählung ihrer Schmerzen allhier zu unternehmen. Warum sollte ich das nicht ohne Scheu sagen, was sie, ohne Schwachheit blicken zu lassen, vorhergesehen und erduldet hat? sie machte aus allem sie betreffenden Leiden, ein Büschel Myrrhen, so sie von der Hand ihres Hochgeliebten erhielt; und als ein kostbares Merkzeichen seiner Liebe und Rathschlüsse über sie, in ihrem Busen verwahrete. Sie erwartete die bösen Tage, so der Himmel ihr zubereitete, um mit denselben die Uebungen ihrer Gottesfurcht, und den Fortgang ihrer Buße in Demuth zu verbinden. Sie bemerkte das Maaß ihres Kreuzes, und beschloß, sich demselben ohne Ungeduld zu überlassen, ihr Leben aber zum freywilligen Opfer, wegen der Schuld ihrer Sünden darzustellen. Und da sie von der segensvollen Gnade und Barmherzigkeit ihres Heilandes überzeuget war, so erkannten ihre verklärten Glaubensaugen, selbst durch das Gewölk, welches ein zerbrechlicher und sterblicher Leib, auch bis zum Geiste aufsteigen läßt, die Vaterhand, die sie

Dauphine von Frankreich.

sie schlug, um ihre Treue und ihr Vertrauen auf die Probe zu stellen.

Weit gefehlet, daß sie ihre Absicht auf die betrügliche Hoffnung des Zukünftigen hinaus gesetzet, sagte sie tausendmal zu sich selbst: Der Tag des Herrn ist nahe! Da sie also bereit war, vor dem Richterstuhle seiner Gerechtigkeit zu erscheinen, so trat sie, nach einer genauen Untersuchung ihrer Handlungen und ihrer Gedanken, zum öftern vor den Thron seiner Barmherzigkeit. Ihr Sünden! ihr Neigungen zur Sünde! ja, ihr Schatten- und Scheinsünden! euch verfolgte sie, sogar in den verborgensten Winkeln ihres Herzens. Nichts entrann den Bemühungen und der Einsicht ihrer Buße. Sie fürchtete alles; sie wog alles nach dem Gewichte des Heiligthums ab. Sie hielt dasjenige, was Gott misfallen konnte, für eine Sache von äußerster Wichtigkeit, so geringe es auch an sich selbst scheinen möchte; und sie betrachtete nicht so wohl die Wichtigkeit der Befehle, als die Hoheit Gottes, der sie ertheilet. Bilden sie sich hieben, meine Herren, nicht die Schwäche einer unzeitigen Gewissenhaftigkeit ein; sondern vielmehr eine Zärtlichkeit der Tugend, ein großes Verlangen der Reinigkeit, und eine tiefe Demuth. Drey Tage waren ihr kaum genug, nur das gewöhnliche Bekenntniß ihrer Sünden in Ordnung zu bringen. Und wie viele wandte sie nicht in ihrer fortdaurenden Krankheit an, um alle ihre Lebensjahre mit der empfindlichsten Bitterkeit ihrer Seelen zu überdenken: indem

Es. 13.

sie, so zu sagen, den Schmerzen ihres Uebels alle Zeit raubte, welche sie der Bereuung ihrer Sünden widmen konnte.

Ihr, die ihr bey euren übereilten Sündenbekänntnissen, nur die Oberfläche eurer Seelen untersuchet; die ihr eure Sünden nicht haffen könnet, da ihr euch keine Zeit nehmet, sie zu erkennen; die ihr bey einer Scheinbuße dennoch ein strafbares Herz in euch habet; die ihr euch bey dem Sacramente der Versöhnung nur darum einstellet, um der Kirche eine Lossprechung zu entreißen, die euch doch noch so viel fester bindet; und die ihr, indem ihr einen Theil eurer Fehler zurück haltet, den andern Theil, nur um eure Gewissensbiße zu besänftigen, zu sagen scheinet: verdammet euch heute selbst, aus den Bemühungen und dem genauen Fleiße dieser Prinzeßinn.

Da sie nun solchergestalt in dem Blute des Lammes gewaschen war, so überkam sie neue Kräfte, sowohl das sie drückende Uebel zu ertragen, als den langsam anrückenden Tod zu erwarten. Wenn dieser allezeit bittere, allezeit grausame Tod mit schnellen Schritten herbeyrücket, so hat man nicht Zeit, alles das entsetzliche, so er bey sich führet, einzusehen. Die Sinne haben annoch ihre vollkommene Stärke; man hat, so zu sagen, seine Seele noch ganz bey sich, und hält dem Uebel eine gesetzte Standhaftigkeit entgegen. Die Geduld wird durch die Begierde zum Leben, oder gar durch die Hoffnung zu sterben

ben unterstützet. Wenn man aber eine lange und quälende Entkräftung erdulden muß; wenn sodann das Herz mit harten Schmerzen erfüllet, und sich selbst zur Last wird; wenn man schon durch das Vergangene abgemattet, durch das Gegenwärtige niedergeschlagen, und wegen des annoch bevorstehenden bestürzet ist: wie sehr ist da nicht zu besorgen, daß die Unruhe und die Ungedulb, den Gehorsam und den Glauben, nicht in etwas mindern könnten? Eine langdaurende Buße ist nicht allezeit gleich in eurer Gewalt: und man wird müde, ein Kreuz zu tragen, wenn man es so weit tragen muß.

Unsere Dauphine ist bey aller ihrer Anfechtung niemals, weder aus den Händen Gottes, noch aus der Ordnung seiner Vorsicht gefallen. Sie sah ohne Murren, das ausgemergelte Ueberbleibsel ihres sterblichen Körpers an; und indem sie mit der, ihr von der gütigen Natur dargereichten Stärke, diejenige, so sie durch ihre Gottesfurcht sich erworben, klüglich zu verbinden wußte: so bemerkte sie ganz deutlich, wie weit das menschliche Elend, wie weit die göttliche Barmherzigkeit sich erstrecke. Krankheit oder Gesundheit wurden ihr gleichgültig. Was war es, warum sie Gott in ihren Gebethen anflehete? seine Gnade, und sonsten nichts. Man that tausend Wünsche für ihre Genesung, und man bath sie, ihren Vorsatz damit zu verbinden. Allein sie sagte: Was soll ich anders für einen Vorsatz haben, als daß der

E 4 Wille

Wille des Herrn geschehe! Wie viel Zeit denken sie, meine Herren, daß sie sich bey ihren Beschwerlichkeiten zu haben gewünschet? Nur so viel, als sie ihre Sünden aussöhnen nöthig zu haben glaubte. Wie vielmal vereinigte sie sich nicht im Geiste mit Jesu Christo dem Gekreuzigten? Ihm both sie ihr Herz und ihre Schwachheit dar, damit er jenes stärken, diese aber nach seinem Willen entweder vermehren oder mindern möchte. Wie vielmal rief sie nicht zu Gott in ihrem gedemüthigten, dennoch aber nicht gänzlich niedergeschlagenen Stande, wie der Kranke im Evangelio, mit demüthigem

Matth. 3. Vertrauen: Herr, so du willst, kannst du mich wohl heilen! Aber wie vielmal sagte sie auch nicht die Worte jenes demüthigen und bußfertigen Königes, indem sie Gott als ihren

Ps. 17. Anfang und ihr Ende anbethete: Mein Leben, Herr, stehet in deinem Willen! Solchergestalt erhob sie sich weit über sich selbst, und über den Tod, den sie fürchtete.

Doch was rede ich? Den Tod, welchen sie fürchtete? Thue ich nicht ihrer Religion und ihrer Herzhaftigkeit unrecht? Oder widerspreche ich nicht meinen eigenen Worten? Nein, meine Herren! Diese Furcht der Liebe und der Buße hat nichts niederträchtiges an sich. Sie betrachtete sich, als eine von der Hand Gottes gerührte Sünderinn. Sie wußte, daß selbst die Engel, so geistlich und himmlisch sie auch sind, dennoch in den Augen Gottes nicht vollkommen rein sind. Sie bekannte, daß selbst

bey

Dauphine von Frankreich. 73

bey der Hoheit, ungeachtet sie an sich unschuldig ist, dennoch eine gewisse Art von Hochmuth und von Weichlichkeit wäre; die der Demuth, und dem Leiden, so Christus erfordert, gerade zuwider laufe. Auf solche Art nahm sie zu den Hülfsmitteln der Seelen ihre Zuflucht; zu der Zeit, da sie diejenigen, die ihrem Körper dargereichet wurden, verachtete. Ihr Gewissen vollendete seine Reinigung, und alle Anstalten des Todes dieneten nur, ihren Eifer und ihre Herzensreue zu verdoppeln.

Mit was für Empfindungen der Erkenntlichkeit und der Liebe, nahm sie nicht den heiligen Zehrpfennig? O daß du jetzt an meiner Stelle auf diesem Lehrstuhle stündest, beredter und gottesfürchtiger Prälat! der du dieses lebendige Brod und das Wort des Lebens zur Prinzeßinn brachtest. Du hast es gesehen, und würdest in weit lebhaftern Ausdrücken als ich, sagen können, daß der Glaube, indem er die natürlichen Kräfte wieder belebte, sie die Liebe Jesu Christi lebhaft empfinden ließ; daß sie ihren Heiland durch die geheimnißvollen Decken, die ihn umgeben, gesehen; daß sie gleichsam aus sich selbst gegangen, um vor die Augen des Herrn zu treten: und daß sie nach denen, zu ihrer Aufrichtung vergebens angewandten Kräften, gleichsam unter dem Gewichte der gegenwärtigen Gottheit, mehr aus Ehrfurcht als aus Schwachheit zurückfallend, dieses letzte Unterpfand seiner Liebe, als das Siegel ihrer ewigen Erwählung, empfangen habe.

Mr. Bossuet, Eveque de Meaux.

E 5

O, daß ich vermögend wäre, es auszudrücken, mit welcher Freymüthigkeit sie alle von ihrem Leben ihr annoch übrige kostbaren Augenblicke zu Rathe hielt, um alle Bande zu zerreißen, die sie noch an die Welt fesselten; mit was für reiner Aufrichtigkeit sie ihr Herz dem Könige eröffnete, gegen welchen sie sich erniedrigte; und weil sie Gott allein, vor dem sie jetzt erscheinen sollte, für wirklich groß hielt, nicht sowohl von der Hoheit, Herrlichkeit und Macht des Monarchen; als vielmehr von der Gottesfurcht, der Gerechtigkeit, der Güte und den persönlichen Verdiensten desselben gerühret war! O, daß ich vorstellen könnte, mit welcher Anmuth sie ihre brechenden Augen und ihre zitternde Hände gegen den Dauphin ausgestrecket: Ihre Augen, die sie allezeit auf ihn, als den einzigen Gegenstand ihrer Zärtlichkeit, gerichtet; ihre Hände, welche sie so oft zum Himmel erhoben, wenn er sich den Gefährlichkeiten des Krieges ausgesetzet, und die sie in ihrer inwendigen Entzückung mit Zubereitung der ihm gebührenden Siegeskränze beschäfftiget hatte! Hatte sie in ihrem Herzen noch gegen etwas in der Welt eine Empfindlichkeit geheget: so war es in Ansehung der Liebe, des Ruhms, und am meisten, in Ansehung des Heils dieses Prinzen. Alles wurde hiebey zärtlich erweichet, alles zerfloß in Thränen. Die heilige Salbung, die man ihr gab, die betrübten Gebethe, die man für sie that, das Kreuz Christi, welches sie umarmte, die Vergebung, welche

sie

sie sowohl bey Gott als bey den Menschen suchte, das Mitleiden, welches man gegen sie, und
sie gegen alle ihre Bedienten bezeigte, verursachte einen Schmerz, der zwar etwas tröstend-
des, aber auch zugleich eine Verwirrung der
Seelen bey sich führete. Sie allein aber, meine Herren, nur sie allein blieb ganz geruhig.

Da sie ihres Geistes vollkommen mächtig,
und sogar mitten unter dem Schrecken des Todes, nur mit ihren Pflichten beschäfftiget war:
so wollte sie auch denen jungen Prinzen, ihren
Kindern, ja selbsten demjenigen, welches sie
für ihr Schmerzenskind ansah, den mütterlichen Segen ertheilen. Sie sammlete zu
diesem Ende ihre noch übrige Kräfte und Klugheit, und sagte: Betrachtet, meine Kinder, den
Zustand, worein mich Gott gesetzet hat, und
lasset euch dieses bewegen, ihm zu dienen, und
ihn zu fürchten. Erweiset dem Könige und dem
Dauphin den Gehorsam, den ihr ihnen schuldig
seyd. Erinnert euch des Bluts, aus dem ihr
entsprossen, und begehet nichts, was euch desselben unwürdig machen kann.

Prinz! auf dem anjetzo Frankreichs Hoff- *Der Herzog*
nung und Vergnügen beruhet, was könnte ich *von Bur-*
ihnen wohl rührenders sagen? O, daß diese *gund.*
kräftige und heilige Worte ihrem Geiste ewig
eingepräget werden könnten, zu einer solchen
Zeit, da unter dem Befehle eines Königs, dessen Kriegsheer der Himmel allezeit gesegnet hat,
ihr siegreicher Herr Vater tausend ruhmwürdige
Thaten ausübet, um ihnen den Weg zur wahren

ren Ehre zu zeigen. O! daß das gottselige Andenken einer schwachen und sterbenden Mutter, in ihrem Herzen einen lebhaften Eindruck, von der Furcht Gottes und der christlichen Demuth aufbehalten möchte.

Deine Seufzer, gottselige Prinzeßinn! werden erfüllet werden. Schleuß nur, schleuß deine Augen auf ewig, vor der Eitelkeit zu, die du in deinem Leben gekannt und verachtet hast. Wir aber wollen die unsern eröffnen, das Eitele zu erkennen, und uns aus dem Irrthume zu helfen. Was für Rathschlüsse, was für Bewegungsgründe, was für Beyspiele haben wir nöthig? Wir sehen täglich niedrigere, uns gleiche, und auch höhere, als wir sind, sterben. Wir tragen an uns selbst, wie der 2 Cor. 2. Apostel spricht, das Urtheil des Todes; ein Urtheil, das ausgesprochen, und durch die Schwächung und fortdauernde Verringerung unseres Lebens, ohne Säumniß vollstrecket wird: und dennoch sind wir blind und unempfindlich. Und du, großer König! wurdest durch den Anblick dieses Todes, den wir beweinen, von dem äußersten Schmerze gerühret, und zerflossest in Thränen. Du erkanntest deine Nichtigkeit, Hiob 21. 23. und sagtest: Es ist gewiß, daß unser Leben seqq. ein Ende hat! und das ist es, was uns alle gleich machet. Hiob läßt sich mitten in seinen Unglücksfällen also vernehmen: Dieser stirbt beglückt mit allem Reichthum und in voller Gnüge; jener aber stirbt mit betrübter Seelen, und hat nie mit Freuden

gegessen,

gegessen, und beyde liegen bey einander in demselben Staube. Du aber, o König! wenn deine Hoheit und Macht dich am meisten zu erheben scheinen; giebst deinem Hofe und dir selbst diese heilsame Lehre.

Wir, meine Herren, betrachten vielleicht die gegenwärtigen Traueranstalten, und dieses betrübte Gepränge ohne Nutzen, und ohne unsere Ueberlegung auf uns selbst zu richten! Ein trauriger Augenschein nimmt zwar auf eine Zeit das Gesicht und die Geberden ein; der Geist und das Herz aber bleiben davon ungerühret. Unsere natürliche Neigung führet uns mit angenehmen Vorstellungen; wir widmen uns unsern Vergnügen; die Umstände der gegenwärtigen Zeit reißen uns dahin: der gute oder üble Ausschlag der Sachen, macht uns entweder stolz oder unruhig; wir denken aber weder an den Tod, damit der Höchste uns bedrohet, noch an die Unsterblichkeit, die er uns verspricht. Wären wir als Christen nur zu diesem Leben erschaffen; hätten wir keine andere Güter, als diejenigen zu hoffen, so uns diese Welt darreichet: so wären wir vielleicht zu entschuldigen. So aber sind wir durch die Gnade Jesu Christi, Christen, die zu einem andern Leben bestimmet sind: unsre Hoffnung gründet sich nur allein auf Gott.

Eine äußerliche Traurigkeit.

Lasset uns demnach das Vergängliche und Vorübergehende vergessen; um uns nur an das zu halten, was unser ewiges Erbtheil ist. Und
damit

damit ich meine Rede, so wie ich sie angefangen, auch beschließen möge, so lasset uns nach dem Rathe des heiligen Augustins, ohne Unterlaß ausrufen: Alle Dinge vergehen wie ein Schatten! um uns dadurch zur Buße zu ermuntern; oder unsern Eifer so zu erneuren, damit wir nicht dermaleins vergeblich sagen dörfen: Alle Dinge sind vergangen wie ein Schatten; um uns unsre Schläfrigkeit nicht vorzurücken, oder unsern unwiederbringlichen Verlust zu bedauren. Der Himmel gebe, daß wir uns die Zeit der Gnaden und die Beyspiele, die Gott uns darreichet, zu Nutze machen; und wenn wir mit ihm durch den Glauben vereinigt worden, uns mit ihm in seiner Liebe, in alle Ewigkeit erfreuen mögen.

Lobrede

auf den

Königlichen Französischen General-Feldmarschall,

Grafen von Turenne,

gehalten zu Paris, in der Kirche des Heil. Eustachius, den 10 Jan. 1676.

durch

Esprit Fleschier,

Bischof von Nimes.

---

1 Maccab. IX, 20. 21.

Und alles Volk Israel traurete um Juda lange Zeit, und klagten ihn sehr und sprachen: Ach, daß der Held umkommen ist, der Israel geschützet und errettet hat!

Ich kann ihnen, meine Herren, keinen höhern Begriff von dem traurigen Inhalte meiner heutigen Rede geben, als wenn ich ihnen die herrlichen und nachdrücklichen Worte vorhalte, derer sich die heilige Schrift bedienet, wenn sie das Leben des weisen und heldenmüthigen Maccabäus loben, und seinen Tod beweinen will. Dieser Held, der den Ruhm seines Volkes bis ans Ende der Erden ausbreitete; der sein Lager mit dem Schilde bedeckte, und das feindliche mit dem Degen in der Faust angriff; der die wider sich vereinigten Könige, bis in den Tod kränkete, und das Haus Jacobs durch Tugenden und Thaten erfreuete, deren Gedächtniß ewig unter uns bleiben soll: Dieser Held, der die Städte Juda beschützete, und den Stolz der Kinder Ammon und Esau dämpfete; der mit dem Raube aus Samarien beladen zurücke kam, als er die Götzen fremder Völker auf ihren eignen Altären verbrannt hatte: Dieser Held, den Gott als eine eherne Mauer, rings um Israel gesetzet hatte, daran sich die Kräfte des ganzen Asiens so oft zerstießen; der nach der Zernichtung der zahlreichsten Heere, nach Verwirrung der allergeschicktesten syrischen Feldherrn, dennoch eben so wohl, als der geringste Israelit, mit triumphirenden Händen, jährlich das Heiligthum wieder aufzurichten kam; und der keinen andern Lohn, für die seinem Vaterlande geleiste-

Fleschiers Reden.　　F　　　　ten

ten Dienste, verlangte, als die Ehre, daß er daſſelbe erhalten hätte: Dieſer tapfre Held, der endlich mit unüberwindlicher Herzhaftigkeit, die in einer ſchändlichen Flucht begriffenen Feinde verfolgte, empfieng die tödtliche Wunde, und ward gleichſam in ſeinem Triumphe begraben. Bey dem erſten Gerüchte von dieſem traurigen Zufalle, bewegten ſich alle Städte in Judäa. Ströme von Thränen lieſen aus den Augen aller ihrer Einwohner. Eine Zeitlang waren ſie ſtill, ſtumm, unbeweglich. Der Schmerz durchbrach endlich dieſe lange und traurige Stille, vermittelſt einer mit Seufzern unterbrochenen Stimme; welche in ihren Herzen Mitleid, Trauren und Furcht erweckte. Sie riefen: Ach! daß der Held umkommen iſt, der Iſrael geſchützet und errettet hat! Bey dieſem Geſchreye verdoppelte Jeruſalem ſeine Thränen: die Gewölber des Tempels bebeten; der Jordan ward trübe, und alle ſeine Ufer ertöneten von dem Klange dieſer traurigen Worte: Ach! daß der Held umkommen iſt ꝛc.

Ihr Chriſten! die eine Trauer-Ceremonie allhie verſammlet hat, erinnert euch euer Gedächtniß nicht deſſen, was ihr geſehen, deſſen, was ihr fünf Monate her, empfunden habt? Erkennet ihr euch ſelbſt nicht in der Betrübniß, die ich euch jetzo vorgeſtellet habe? Und ſetzet ihr nicht in Gedanken, an die Stelle des Helden, von welchem die Schrift redet, denjenigen, von welchem ich

jetzo

jetzo reden werde? Sie sind ja einander an Tugend und Unglück ähnlich: und diesem letzten fehlt heute nichts mehr, als eine ihm anständige Lobrede. O! wenn der göttliche Geist, der Geist der Stärke und der Wahrheit, meine Rede mit solchen lebhaften und natürlichen Vorstellungen erfüllet hätte, welche die Tugend nicht nur abschildern, sondern auch ins Herz drücken könnten! Mit was für edlen Gedanken würde ich nicht eure Seelen anfüllen, und was für einen Eindruck würde nicht die Erzählung so vieler erbaulichen und preiswürdigen Thaten in euren Herzen machen?

Was für eine Materie ist jemals fähiger gewesen, alle Zierrathen einer männlichen und gründlichen Beredsamkeit anzunehmen, als das Leben und der Tod des durchlauchtigsten und großmächtigsten Fürsten und Herrn, Herrn Heinrichs, de la Tour d'Auvergne, Vicomte de Turenne, Königlichen Französischen General-Feldmarschalls, und Generalobersten der leichten Reuterey? Wo leuchten alle herrliche Wirkungen der Tapferkeit, Führungen der Heere, Belagerungen der Plätze, Eroberungen der Städte, mit mehrerm Glanze hervor? Wer hat über mehr Ströme gesetzet? Wer ist kühner im Angriffe, lobwürdiger im Weichen gewesen? Wer hat seine Läger besser angeordnet, mehr Kriege geführet, mehr Schlachten gewonnen? Wer hat mehr Feinde durch die Macht bezwungen, durch die Geschicklichkeit zerstreuet, durch eine kluge und edle Geduld müde gemacht und aufgerieben? Wo findet man so viele, und so kräftige Beyspiele, als in den Verrichtungen eines weisen, bescheidenen, freygebigen, und von allem Eigennutze befreyeten Mannes? der dem Dienste des Königes und des Vaterlandes ergeben war, der im Unglücke durch seine Herzhaftigkeit, im Glücke durch seine Bescheidenheit, in Schwierigkeiten durch seine Klugheit, in Gefahr durch seine Stärke, in der Religion durch seine Gottesfurcht groß gewesen ist?

Welche Materie kann uns aufrichtigere und rührendere Gedanken bringen, als ein plötzlicher und erstaunlicher Todesfall, der den Lauf unserer Siege gehemmet, und die allersüßeste Hoffnung des Friedens unterbrochen hat? Ihr Feinde Frankreichs lebet, und die christliche Liebe verblendet mich, euch den Tod zu wünschen. Möchtet ihr nur die Gerechtigkeit unserer Waffen erkennen, und den Frieden annehmen, den ihr bey allem eurem Verluste so oft von euch gestoßen habet! Möchtet ihr doch durch den Ueberfluß eurer Thränen die Kriegsflammen auslöschen, die ihr so unglücklich entzündet habt! Behüte Gott, daß ich was mehrers wünschen sollte! Die Gerichte Gottes sind unerforschlich. Aber ihr lebet, und ich beklage auf dieser Kanzel einen klugen und tugendhaften Feldherrn, dessen Absichten rein waren,

und

und dessen Tugenden ein weit längeres, und dauerhafteres Leben zu verdienen schienen.

Hören sie auf zu klagen, meine Herren, denn es ist Zeit, sein Lob anzufangen, und ihnen zu zeigen: wie dieser mächtige Held über die Feinde des Staats durch seine Tapferkeit; über die Neigungen seines Gemüths durch seine Weisheit; und über die Irrthümer und Eitelkeiten der Welt, durch seine Gottesfurcht, triumphiret hat. Wenn ich diese Ordnung meiner Rede unterbrechen sollte; so vergeben sie mir ein wenig Verwirrung in einer Materie, welche so viel Unordnung verursachet hat. Ich werde vielleicht bisweilen den Feldherrn, mit dem weisen Manne, und diesen mit dem Christen vermischen. Bald werde ich die Siege, bald auch die Tugenden loben, dadurch er sie erlanget hat. Wenn ich nicht so viel Thaten erzählen kann; so werde ich sie in ihren Quellen entdecken. Ich werde den Herrn der Heerschaaren anbethen; ich werde den Gott des Friedens anrufen; ich werde den Vater der Barmherzigkeit preisen: und ich werde alle ihre Aufmerksamkeit erlangen, nicht durch die Kraft der Beredsamkeit; sondern durch die Wahrheit, und durch die Größe der Tugenden, davon ich zu reden mich anheischig gemacht habe.

Denken sie nicht, meine Herren, daß ich der Gewohnheit der Redner nachkommen, und den Marschall von Turenne, nach Art gemeiner

ner Leute loben werde. Wenn sein Leben nicht
so herrlich wäre, so würde ich mich bey der
Größe und dem Adel seines Hauses aufhalten:
und wäre sein eigenes Bild nicht so schön, so
wollte ich die Gemählde seiner Vorfahren hervor bringen. Aber die Vortrefflichkeit seiner
Thaten verdunkelt den Glanz seiner Geburt:
und das geringste Lob, was man ihm geben
kann, ist dieses, daß er aus dem erlauchten
Hause von Auvergne entsprossen ist, welches
sein Geblüt mit Kaisern und Königen vermischet hat; welches der Landschaft Guienne Herren, allen europäischen Höfen Prinzeßinnen,
und Frankreich selbsten Königinnen, gegeben
hat.

Allein, was sage ich?. Man muß ihn deswegen nicht loben; nein, man muß ihn beklagen. So herrlich auch der Stamm war, daher er entsprossen war, so hatte ihn doch die
Ketzerey der letzten Zeiten angestecket. Er empfieng zugleich mit diesem edlen Geblüte Grundsätze der Irrthümer und Lügen: und unter den
Exempeln seines Geschlechts traf er auch solche
an, welche die Wahrheit theils nicht erkannten,
theils gar bestritten. Laßt uns derowegen daraus kein Lob für ihn machen, welches ihm Anlaß zur Buße gegeben hat; und laßt uns vielmehr diejenigen Ehrenstufen sehen, welche ihn
die göttliche Vorsehung betreten lassen, ehe ihn
seine Barmherzigkeit von den verderbten Irrwegen seiner Väter zu sich gezogen.

Schon

Schon vor seinem 14ten Jahre fieng er an, die Waffen zu tragen. Belagerungen und Schlachten dienten seiner Kindheit zur Uebung; und seine allererften Ergötzlichkeiten waren die Siege. Unter der Anführung des Prinzen von Oranien, seines Oheims, lernete er die Kunst zu kriegen, als ein gemeiner Soldat: und weder der Hochmuth, noch die Trägheit, entfernte ihn von denen Bedienungen, die mit Arbeit und Gehorsam am genauesten verknüpft sind. Man sah, daß er in der untersten Stufe des Soldatenstandes, keine Beschwerlichkeit floh, und keine Gefahr fürchtete. Er that das aus Ehrliebe, was andere aus Nothwendigkeit thaten; und suchte sich von ihnen durch nichts, als durch eine größere Liebe zur Arbeit, und durch eine edlere Erfüllung seiner Pflichten zu unterscheiden. So fieng sich ein Leben an, dessen Fortsetzung so herrlich seyn sollte: nicht anders als die Ströme, welche desto breiter werden, je mehr sie sich von ihrer Quelle entfernen; und endlich allenthalben, wo sie durchfließen, die Bequemlichkeit und den Ueberfluß mitbringen. Von der Zeit an, hat er nur der Ehre, und der Wohlfahrt des Staats gelebet. Er hat alle Dienste geleistet, die man von einem gesetzten und thätigen Geiste hoffen kann, der in einem starken und gesunden Leibe wohnet. In der Jugend hat er alle Klugheit des reifen Alters, und im reifen Alter alle Munterkeit der Jugend besessen. Sein Leben hat eine völlige Dauer bekommen; wie die

Schrift redet: und wie er seine junge Jahre nicht in der Zärtlichkeit und Wollust zugebracht hatte; so war er auch nicht gezwungen, die letzten im Müßiggange und in Schwachheit zuzubringen.

Wo ist wohl unter Frankreichs Feinden ein Volk, welches nicht die Wirkungen seiner Tapferkeit empfunden hätte? Und welcher Theil von unsern Grenzen hat nicht zum Schauplatze seiner Ehren gedienet? Er steiget über die Alpen, und thut sich in den berufenen Schlachten bey Casal, bey Turin, und Quiers durch seine Herzhaftigkeit und Klugheit hervor. Italien sieht ihn für eines der fürnehmsten Werkzeuge an, in solchen großen und wunderwürdigen Verrichtungen, die man inskünftige in den Geschichten kaum wird glauben wollen. Von den Alpen geht er auf die pyrenäischen Gebirge, um die Eroberung zweener wichtigen Plätze zu befördern; dadurch eine unsrer schönsten Landschaften gegen alle Bemühungen der Spanier gesichert wird. Er geht über den Rhein, die Ueberbleibsel eines zerstreueten Heeres zu versammlen: er bemächtiget sich der Städte, und träget mit dazu bey, daß Schlachten gewonnen werden. Also erhebt er sich durch seine eigene Verdienste, stuffenweise zum Feldherrn, und zeiget in seinem ganzen Lebenslaufe, was ein Feldherr zur Beschützung eines Königreichs beytragen kann, der sich durch den Gehorsam zum Herrschen geschickt gemacht; der
die

die Tapferkeit mit der Aemsigkeit, und eine natürliche Fähigkeit mit der Erfahrung verbunden hat.

Damals ist sein Verstand und Wille am allergeschäfftigsten gewesen. Er mochte nun entweder die Händel anfangen, oder entscheiden; muthig nach dem Siege streben, oder ihn geduldig erwarten; er mochte entweder dem Vorhaben der Feinde, durch Herzhaftigkeit zuvorkommen, oder die Furcht und Eifersucht der Bundsgenossen durch Klugheit zerstreuen; er mochte sich entweder im Glücke mäßigen, oder in unglücklichen Kriegen standhaft bleiben: so war doch seine Seele allezeit gleichmüthig. Veränderte sich das Glück, so wechselte er nur seine Tugenden. Er war glücklich ohne Stolz; unglücklich und doch ansehnlich; und fast eben so wunderwürdig, wann er mit Vernunft und Klugheit die Ueberbleibsel derer zu Marienthal geschlagenen Heere erhielt: als da er selbst die kaiserlichen und die Bayern schlug, und mit siegenden Heeren ganz Deutschland nöthigte, Frankreich um Frieden zu bitten.

Man hätte gedacht, daß eine glückliche Friedenshandlung allen europäischen Kriegen ein Ende machen würde: als Gott, dessen Gerichte unergründlich sind, Frankreich durch sich selbst strafen wollte; und dasselbe in alle die Unordnungen gerathen ließ, welche die bürgerlichen und innern Unruhen in einem Staate anrichten können. Erinnern sie sich, meine Herren,

ren, dieser verwirrten Zeiten, da der finstere Geist der Uneinigkeit, die Pflicht und die Leidenschaft, das Recht und den Eigennuß, die gerechte und die böse Sache durch einander mengete; da fast die allerhellsten Sterne verfinstert wurden, und die allergetreuesten Unterthanen sich wider ihren Willen durch den Strom widriger Parteyen hingerissen sahen. Wie die Schiffer, so bald sie merken, daß der Sturm sie mitten auf dem Meere ergreift, gezwungen werden, ihre vorgesetzte Fahrt zu verlassen, und sich auf eine Zeitlang der Wuth der Stürme und des Ungewitters zu überlassen: so verhält es sich mit der Gerechtigkeit Gottes, und, mit der natürlichen Schwachheit der Menschen. Aber ein Weiser kömmt leicht wieder zu sich selbst: und es giebt in der Politik, wie in der Religion, eine gewisse Art der Reue, die weit rühmlicher ist, als die Unschuld selbst; welche ein wenig Schwachheit durch außerordentliche Tugenden, und durch einen immerwährenden Eifer vortheilhaft ersetzet.

Allein, wo blieb ich stehen, meine Herren? Ohne Zweifel stellen sie sich den Herrn Turenne schon so vor, wie er an der Spitze der königlichen Heere steht. Sie sehen ihn, wie er den Aufruhr bekämpfet und zerstreuet; die durch Irrthümer Verführeten zurecht bringet; die durch Furcht Erschreckten stärket; und wie ein anderer Moses, den Thoren Israels zurufet: Her zu mir, wer zum Herrn gehöret! Wie
groß

groß war damals nicht seine Standhaftigkeit
und seine Klugheit! Bald eilet er, an dem Ufer
der Loire, in Begleitung weniger Befehlhaber und
Bedienten, eine Brücke zu vertheidigen, und
steht gegen ein ganzes Heer. Es sey nun, daß
die Herzhaftigkeit dieses Unterfangens; oder die
einzige Gegenwart dieses Helden; oder die sichtbare Beschirmung des Himmels, die Feinde
unbeweglich gemacht; so erschreckte er doch
durch seinen Entschluß diejenigen, die er mit
Gewalt nicht hätte zurücke halten können; und
half durch diese kluge und glückliche Verwegen-
heit dem Staate wieder auf, der sich doch schon
zum Untergange neigete. Bald bedienet er sich
aller Vortheile, die ihm Zeit und Ort darbie-
then: er hemmet mit wenigen Völkern das
Heer, so nur eben gesieget hatte; und verdienet
sogar das Lob seines Feindes, der in jenen ab-
göttischen Zeiten, für den Kriegesgott würde
gehalten worden seyn. Bald nöthiget er am
Rande der Seine, einen fremden Fürsten, dessen heimlichste Absichten er erforschet hatte,
durch Tractaten, daß er aus Frankreich weichen muß; und zwinget ihn, sich der Hoffnung
zu begeben, die er sich machte, aus unsern Unordnungen Vortheil zu ziehen.

Ich könnte hier noch die eroberten Plätze,
die über die Rebellen befochtenen Siege hinzu-
setzen. Aber laßt uns lieber dem Ruhme unsers Helden etwas entziehen, als länger das
traurige Bild unsers vormaligen Elendes be-
trach-

trachten. Laßt uns von andern Thaten reden, die eben so vortheilhaft für Frankreich, als für ihn selbst gewesen; und wobey unsere Feinde keine Ursache gehabt haben, sich zu erfreuen. Es ist genug, wenn ich sage, daß er durch seine Aufführung das Ungewitter gestillet, dadurch unser Königreich bestürmet ward. Ward die Frechheit gezäumet; ward der öffentliche und heimliche Haß gestillet; bekamen die Gesetze ihre alte Kraft wieder; ward Ordnung und Ruhe in Städten und Landschaften wieder hergestellet; wurden die Glieder mit ihren Häuptern wieder vereiniget: so hast du es ihm zu verdanken, o Frankreich! ... Ich irre mich: Gott hast du es zu verdanken; der nach seinem Wohlgefallen, aus den Schätzen seiner Vorsehung, die großen Seelen hervorbringet, die er zu sichtbaren Werkzeugen seiner Macht ersehen hat; um mitten aus den Ungewittern eine allgemeine Stille und Ruhe hervor zu bringen, den Staaten aus ihrem Verfalle aufzuhelfen, und wenn seiner Gerechtigkeit ein Gnügen geschehen ist, die Völker mit ihren Beherrschern zu versöhnen.

Sein Heldenmuth, der sich bey dem Unglücke seines Vaterlandes ungern sehen ließ, schien in auswärtigen Kriegen immer hitziger zu werden, und man sah, daß sich seine Tapferkeit verdoppelte. Verstehen sie doch, meine Herren, durch dieses Wort nicht eine eitele, unbesonnene und aufgebrachte Freyheit, welche

die

Gräfen von Turenne.

die Gefahr um ihrer selbst willen suchet, die sich ohne Nutzen waget, und nichts als den Ruhm und die Hochachtung der Leute zum Zwecke hat. Ich rede von einer weisen und wohleingerichteten Kühnheit, die sich vor dem Anblicke ihrer Feinde anfrischet, in der Gefahr selbst alles durchschauet, und ihren Vortheil beobachtet: aber welche sich nach ihren Kräften mißt; zwar schwere Dinge unternimmt, aber keine unmögliche angreift; welche nichts von demjenigen dem blinden Glücke überläßt, was durch Tugend erlanget werden kann; die endlich in Ermangelung guter Anschläge alles wagen kann, und bey der Beobachtung ihrer Pflicht bereit ist, entweder im Siege zu sterben, oder im Unglücke zu leben.

Ich gestehe es, meine Herren, daß ich hier unter der Last meiner Materie zu Boden sinke. Die große Anzahl der Thaten, davon ich reden soll, macht mich verwirrt. Ich kann sie nicht alle beschreiben; und doch wollte ich nicht gern eine einzige auslassen. O! daß ich die Kunst nicht kann, ihren Gemüthern einen sichtbaren Entwurf von Flandern und Deutschland einzuprägen! Dadurch würde ich in ihren Gedanken alles dasjenige ohne Unordnung entwerfen können, was dieser große Feldherr verrichtet hat, und kürzlich bey jedem Orte sagen: Hier eroberte er Bollwerke, und kam einer belagerten Statt zu Hülfe. Da überfiel er den Feind, oder schlug ihn in offenem Felde.
Diese

Diese Städte, wo sie die Lilien gepflanzet sehen, sind entweder durch seine Wachsamkeit beschützet, oder durch Standhaftigkeit und Heldenmuth eingenommen worden. Dieser Ort, den Wald und Strom bedecket, ist der Platz, wo er nach einer rühmlichen Zurückziehung das bestürzte Heer wieder anfrischete. Hier trat er aus den Linien, um ein Treffen zu liefern, und gewann auf einmal eine Stadt und eine Feldschlacht. Dort theilte er den Rest seines eigenen Geldes aus, und vollendete dadurch nicht nur eine Belagerung; sondern gieng auch zu gleicher Zeit weiter, eine andre feindliche aufzuheben und zu verhindern.

Ich würde ferner sehr vieler Vortheile Meldung thun, und sie derjenigen übeln Nächte erinnern, darüber der König in Spanien geklaget; auch des durch Tractaten und Bündnisse gesuchten Friedens, gedenken, ohne welchen du, o Flandern! du blutiger Schauplatz so vieler Trauerspiele, du traurige Gegend, die du viel zu enge bist, so viele Kriegsheere die dich verwüsten, in dich zu fassen! du, sage ich, würdest längst die Zahl unsrer Landschaften vermehret haben; und an statt, daß du itzo eine unglückliche Quelle unsrer Kriege bist, würdest du heute die ruhige Frucht unsrer Siege seyn. Ich könnte ihnen, meine Herren, am Ufer des Rheinstromes eben so viel Siegeszeichen darstellen, als an der Schelde und der Sambre. Ich könnte beschreiben, wie er Schlachten gewonwonnen; vor den Augen der Feinde über Flüsse, und durch enge Päße gezogen; Felder mit ihrem Blute gefärbet; unersteigliche Berge überstiegen, um sie fern von unsern Grenzen zu treiben. Allein die geistliche Beredsamkeit ist nicht geschickt, Kriege und Schlachten zu beschreiben. Die Zunge eines Priesters, die zum Lobe Jesu Christi, des Heilandes aller Menschen bestimmet ist, soll nicht von einer Kunst reden, die nur zu ihrem Verderben gereichet: und ich will euch keine Abbildung von dem Metzeln und Morden machen, weil wir vor den Altären stehen, wo man dem Herrn der Heerschaaren, nicht mehr das Blut der Farren, sondern dem Gott der Barmherzigkeit und des Friedens, ein unblutiges Opfer darzubringen pfleget.

Was aber? Giebt es denn keine christliche Tapferkeit und Herzhaftigkeit? Lehret uns die Schrift, die uns doch befiehlt die Kriege zu heiligen, nicht selber, daß die Frömmigkeit mit den Waffen gar wohl beysammen stehen könne? Soll ich eine Lebensart verdammen, die die Religion selbst nicht verdammet, wenn man nur ihre Gewaltthätigkeit zu mäßigen weis? Nein, meine Herren! Ich weis, daß die Fürsten das Schwerd nicht umsonst tragen; daß die Gewalt statt findet, wenn sie mit Billigkeit vereinbaret ist; daß der Herr der Heerschaaren selbst der schrecklichen Gerechtigkeit vorsteht, die sich die Könige selbst verschaffen; daß das Recht der Waffen zur Erhaltung der Gesellschaft

schaft nöthig ist; und daß die Kriege erlaubt sind, sich des Friedens zu versichern, die Unschuld zu schützen, der ausbrechenden Bosheit zu steuren, und die Begierden in den Schranken der Gerechtigkeit zu erhalten. Ich weis auch, daß Sanftmuth und Liebe die Kriege der Christen regieren müssen; daß die Feldherren, so sie führen, Diener der göttlichen Vorsehung sind, die allezeit weislich handelt, und der Macht ihrer Könige, die niemals ungerecht seyn soll; daß sie ein sanftes und liebreiches Herz haben müssen, wenn gleich ihre Hände blutig sind; und daß sie innerlich den Schöpfer anbethen sollen, wenn sie sich gleich trauriger Weise genöthiget sehen, seine Geschöpfe zu verderben.

Hier, meine Herren, nehme ich die ganze Welt zum Zeugen: und wenn ich von der Gelindigkeit und Sanftmuth des Marschalls von Turenne rede, berufe ich mich auf alle die, so jemals unter seiner Anführung gefochten haben. Hat er sich wohl ein Vergnügen gemacht, sich seiner Macht zum Schaden derer zu bedienen, die man für seine Feinde ansieht? Wo hat er erschreckliche Denkmäler seines Zornes, oder seiner besondern Rache hinterlassen? Welchen Sieg hat er nach der Anzahl derer Elenden geschätzet, die er unterdrücket, oder dergleichen, die er auf der Wahlstadt liegen lassen? Wessen Leben hat er aus Eigennutz oder Ehrsucht in Gefahr gesetzet? Welchen Soldaten hat er nicht als einen Unterthan seines Herrn, und als ein Mitglied

glied des gemeinen Wesens geschonet? Welchen Blutstropfen hat er vergossen, der nicht zur Beförderung des gemeinen Nutzens gedienet? In der berühmten Schlacht bey Dünes, hat man gesehen, wie er den fremden Soldaten die Waffen aus den Händen gerissen, die vermöge einer natürlichen Grausamkeit die Ueberwundenen niederhieben. Man hat gesehen, daß er alle das Unheil beseufzet, welches der Krieg nothwendiger Weise nach sich zieht, welches man zuweilen nicht sehen, leiden, ja selbst verursachen muß. Er wußte, daß ein weit höheres und heiligeres Gesetz vorhanden sey, als dasjenige, welches das Glück und der Stolz den Schwachen und Unglücklichen auferlegt; und daß diejenigen, die unter dem Gesetze Jesu Christi leben, das Blut derer, die mit seinem Blute erlöset worden, so viel möglich ist, sparen, und das Leben derer schonen müssen, die er erkaufet hat. Er suchte die Feinde zu bezwingen, nicht zu vertilgen. Er hätte gewünschet, sie angreifen zu können, ohne ihnen zu schaden; sich zu vertheidigen, ohne sie zu beleidigen; und diejenigen zu Recht und Billigkeit zu nöthigen, denen er seiner Pflicht nach, Gewalt anthun mußte.

Endlich hatte er sich eine gewisse Soldatenmorale gemacht, die ihm ganz eigen war. Seine Hauptneigung war die Bemühung nach dem Ruhme seines Königes, das Verlangen nach dem Frieden, und der Eifer für die gemeine

meine Wohlfahrt. Er wußte von keinen andern Feinden, als von dem Hochmuthe, der Ungerechtigkeit, und der eigenmächtigen Beherrschung fremder Länder. Er war gewohnt, ohne Zorn zu streiten, ohne Hochmuth zu siegen, ohne Eitelkeit zu triumphiren, und bloß die Tugend und Weisheit zur Richtschnur seiner Thaten zu machen. Das soll ich ihnen nun in diesem andern Theile vor Augen stellen.

Die Tapferkeit ist nichts, als eine blinde und gewaltsame Macht, welche sich selbst verwirret und übereilet, wenn sie nicht von der Redlichkeit und Klugheit erleuchtet und geleitet wird. Und ein Feldherr ist nicht vollkommen, wenn er nicht zugleich ein rechtschaffener und weiser Mann ist. Was kann der für eine Kriegszucht im Felde anordnen, der weder sein Gemüthe, noch seine Aufführung einzurichten weis? Und wie würde der nach seinen Absichten, so viel verschiedene Gemüthsbewegungen erwecken und stillen können, der über seine eigenen nicht Meister ist? Der Geist Gottes selbst lehret uns in der Schrift, daß ein Weiser besser ist, als ein Starker; daß die Klugheit mehr vermag, als die Waffen der Kriegsleute; und daß ein Geduldiger und Sanftmüthiger bisweilen höher zu schätzen ist, als derjenige, der Städte und Schlachten gewinnet.

Hier machen sie sich, meine Herren, ohne Zweifel weit edlere Vorstellungen in ihren Gemüthern, als ich ihnen geben kann. Indem ich von dem Marschall von Turenne rede, muß ich gestehen, daß ich sie nicht über sich selbst erheben kann; und der einige Vortheil, den ich habe, ist dieser, daß ich nichts sagen kann, was sie nicht glauben sollten; und daß ich große Dinge sagen kann, ohne ein Schmeichler zu werden. Ist wohl jemals ein weiserer und vorsichtigerer Mann gefunden worden, der einen Krieg mit mehr Ordnung und Verstand geführet; der mehr Vorsichtigkeit und Anschläge gehabt; der thätiger und behutsamer gewesen; der alle Sachen besser nach ihrem Endzwecke eingerichtet; und seine Unternehmungen so geduldig zur Reife kommen lassen? Seine Anschläge waren fast untrüglich: und indem er nicht nur dasjenige entdeckte, was die Feinde gethan hatten, sondern auch was sie noch zu thun willens waren; so konnte er zwar unglücklich, aber niemals überraschet werden. Er wußte die Zeit zum Angriffe, und zur Vertheidigung zu unterscheiden. Er wagte niemals was, als wenn sehr viel zu gewinnen, und fast gar nichts zu verlieren war. So gar, wenn er zu weichen schien, konnte er sich furchtbar machen. Endlich war seine Geschicklichkeit so groß, daß man die Ehre seiner Siege bloß seiner Klugheit zuschreiben mußte, und wenn er verlohren hatte, den Fehler bloß dem Unglücke zueignen konnte.

Erinnern sie sich, meine Herren, des Anfanges und der Fortsetzung desjenigen Krieges, der, da er erstlich nur ein Funken war, jetzo ganz Europa verzehret. Alles erkläret sich wider Frankreich. Man wiegelt die Fremden auf, man macht die Bundsgenossen abtrünnig, man macht die Freunde furchtsam, man muntert die Ueberwundenen auf, man bewaffnet die Misgünstigen. Wegen eingebildeter Gefahr, und eines künstlich beygebrachten Mistrauens, wird der wahre Vortheil verkennet, wird die Treue verletzet, werden alle Tractaten verachtet. Ich gestehe es, so vielen vereinigten Heeren auf einmal zu widerstehen, dazu gehörten eben solche tapfre Kriegsheere und so erfahrne Heerführer, als die unsrigen gewesen. Aber nichts war fürchterlicher anzusehen, als da das ganze Deutschland, dieser große und ungeheure Körper, der aus so vielen verschiedenen Völkern und Nationen besteht, alle seine Fahnen fliegen ließ, und an unsre Grenzen rückete; um uns durch die Macht zu überwältigen, nachdem er uns durch die Macht schon erschrecket hatte. So vielen Feinden mußte man einen Helden entgegen setzen, der von einem standhaften und geprüften Muthe, einer großen Fähigkeit, und einer vollkommenen Erfahrung war; der die Ehre des Königreichs erhielt, und die Kraft desselben schonete; der nichts nützliches und nothwendiges vergaß, auch nichts überflüßiges vornahm; der nach Gelegenheit sich seiner Vortheile zu bedienen,

nen, und sich seines Schadens zu erholen mußte; der bald der Schild und bald das Schwert
seines Landes war; vermögend, sowohl die erhaltenen Befehle zu vollziehen, als von sich
selbst in mancherley Zufällen einen Entschuß
zu fassen.

Sie wissen, meine Herren, von wem ich
rede; sie wissen auch den Verlauf seiner Thaten, ohne daß ich es sagen darf. Mit dem
Kriegsheere, welches allein wegen seiner Tapferkeit, und seines Vertrauens gegen seinen Feldherrn, merkwürdig war, hemmet und reibet er
zwey große Heere auf, und zwinget diejenigen
Friede zu machen, welche dem Kriege nicht anders, als mit unserm gänzlichen und plötzlichen
Untergange, ein Ende machen wollten. Bald
widersetzet er sich der Vereinigung so vieler zu-
sammengesuchten Hülfsvölker; und unterbricht
den Lauf derjenigen Ströme, die ganz Frankreich hätten überschwemmen können. Bald
schwächet oder zerstreuet er sie, durch wiederholte Schlachten. Bald treibt er sie über ihre
eigene Flüsse zurück, und hemmet sie allezeit
durch kühne Unternehmungen, wenn er seiner
Ehre wieder aufhelfen soll; durch Gelindigkeit
aber, wenn er dieselbe nur erhalten darf. Ihr
Städte! die unsre Feinde schon unter sich
getheilet hatten, ihr seyd noch in dem Umkreise
unsers Reichs. Ihr Landschaften! die sie in
Gedanken schon verheerten, ihr habt eure Ernte noch halten können. Ihr von Natur und

Kunst befestigte Plätze! die sie zu verwüsten entschlossen waren, ihr steht noch itzo, und ihr habt nur vor den verwegenen Anschlägen eines eingebildeten Siegers gezittert, der nur die Zahl unserer Soldaten zählete; aber die Klugheit ihres Heerführers nicht in Betrachtung zog.

Die Klugheit war die Quelle so vieler herrlichen Glücksfälle. Sie unterhielt die Einigkeit der Soldaten mit ihrem Haupte, welche eine Armee unüberwindlich machet. Sie gab den Heeren Kraft, Muth und Zuversicht, dadurch sie alles erduldeten, und in der Ausführung seiner Absichten alles unternahmen. Sie machte endlich auch die gröbste Gattung von Leuten der Ehrbegierde fähig. Denn was ist ein Kriegsheer? meine Herren! Es ist ein Körper, der durch unzählig viele verschiedene Neigungen getrieben wird, und den ein geschickter Mann, zur Vertheidigung seines Vaterlandes, in Bewegung setzet. Es ist eine Schaar bewaffneter Menschen, welche den Befehlen ihres Oberhaupts blindlings folget, ob sie gleich seine Absichten nicht weis. Es ist eine Menge mehrentheils geringer und für Geld gedungener Seelen, welche, ohne an ihre eigene Ehre zu gedenken, nur den Ruhm der Könige und Ueberwinder zu befördern suchen. Es ist eine verwirrte Versammlung unbändiger Leute, die man zum Gehorsame bringen muß: es sind Verzagte, die man in den Streit führen; Verwe-
aene.

gene, die man zurück halten; und Ungeduldige, die man zur Standhaftigkeit gewöhnen muß. Was für Klugheit gehöret nicht dazu, so viel verschiedene Absichten und Begierden zu leiten, und zum einzigen Nutzen des gemeinen Wesens unter einen Hut zu bringen! Wie kann man sich furchtbar machen, ohne sich in die Gefahr zu setzen, gehasset, ja oft gar verlassen zu werden? Wie kann man sich beliebt machen, ohne ein wenig Ansehen zu verlieren, und von der ordentlichen Schärfe etwas nachzulassen?

Wer hat jemals diese rechte Mittelstraße besser getroffen, als der Prinz, den wir beweinen? Diejenigen, die man insgemein nur durch Furcht und Strafe zurück halten muß, wußte er durch Ehrfurcht und Freundschaft zu fesseln: und durch seine Gelindigkeit brachte er sich einen leichten und willigen Gehorsam zuwege. Er redet, und ein jeder höret seine Aussprüche. Er befiehlt, und ein jeder gehorcht ihm mit Freuden. Er rücket dem Feinde entgegen, und ein jeder glaubt, daß er auf der Ehrenbahn laufe. Man sollte fast sagen, daß er wie Abraham, bloß mit seinen Hausgenossen auszöge, die verbundenen Könige zu schlagen; daß diejenigen, so ihm folgten, seine Soldaten und Bedienten seyn müßten; ja daß er Feldherr und Hausvater zugleich sey. Ihren Bemühungen kann auch nichts widerstehen. Sie finden kein Hinderniß, so sie nicht überwältigen; keine Schwierigkeit, die sie nicht überwinben; keine Gefahr, die sie erschrecket; keine Arbeit, die sie ermüdet; kein Unternehmen, das sie in Erstaunen setzet; keine Eroberung, die ihnen schwer zu seyn scheint. Und was hätten sie einem Feldherrn abschlagen können, der seinen Bequemlichkeiten entsagte, um ihnen den Ueberfluß zu verschaffen; der ihrer Ruhe halber seine eigene verlohr; der sie in ihren Bemühungen aufrichtete, und selbst keine von sich ablehnete; der sein eigenes Blut verschwendete, und nur das ihrige schonete?

Durch was für unsichtbare Ketten band er also ihre Neigungen? Mit eben der Güte, womit er sie eines theils muthig machte, entschuldigte er die andern, und gab allen Mittel an die Hand, weiter zu kommen, ihr Unglück zu überwinden, oder ihre Fehler zu verbessern. Dieses that er sonderlich durch den Mangel des Eigennutzes, dadurch er geneigt war, den Nutzen des Staats seiner eigenen Ehre vorzuziehen; durch die Gerechtigkeit, die in Vertheilung der Aemter ihm nicht zuließ, mehr auf seine Neigung, als auf Verdienste zu sehen; durch diesen Adel des Herzens und Gemüthes, welcher ihn über seine eigene Größe erhob; und durch so viel andere Eigenschaften, welche ihm die Hochachtung der ganzen Welt zuwege brachten.

Wie gern möchte ich doch in die Ursachen und Bewegungsgründe seiner Thaten eindringen! Wie gern wollte ich eine so ordentliche und

und einförmige Aufführung; ein so herrliches, von Uebermuth und Praleren so befreytes Verdienst; solche große und aus noch größern Grundsätzen abstammende Tugenden; eine allgemeine Redlichkeit, die ihn bewog, allen seinen Pflichten nachzukommen, und sie alle nach ihren rechtmäßigen und natürlichen Absichten einzurichten; und eine so glückselige Fertigkeit in der Tugend, doch nicht um der Ehre willen, sondern bloß, weil es billig ist, tugendhaft zu seyn. Aber das ist zu viel für mich, bis in den Grund dieses großmüthigen Herzens einzudringen: und das ist für einen beredtern Mund, als der meinige ist, aufbehalten, alle seine Bewegungen und innerlichen Neigungen auszudrücken.

So viele Tugenden durch eine außerordentliche Belohnung zu vergelten, mußte er einen großen König finden, der dafür hielte, daß er etwas nicht verstünde, und der vermögend wäre, solches selbst zu bekennen. Weg von hier! mit den schmeichlerischen Sätzen, daß die Könige geschickt auf die Welt kommen, und andre es erst werden müssen; daß ihre mit besondern Vorrechten begabte Seelen, ganz weise und verständig aus der Hand des Schöpfers kommen; daß sie keine Proben, keine Lehrstücke machen dörfen; daß sie tugendhaft ohne Arbeit, und ohne Erfahrung klug werden. Wir leben unter einem Prinzen, der, so groß und erlaucht er auch ist, dennoch die Kunst zu herrschen, hat erler-

erlernen wollen; der sich auf der Ehrenbahn ei=
nen treuen Führer zu wählen gewußt; und da=
für gehalten, daß es ein Zeichen seiner Weis=
heit seyn würde, wenn er sich der Klugheit eines
andern bedienete. Was für eine Ehre ist
es für einen Unterthan, seinen König zu be=
gleiten, ihm zum Rathe, ja, wo ich es sagen
darf, in einer wichtigen Heldenthat zum Mu=
ster zu dienen: eine desto größere Ehre, weil
die Gewogenheit keinen Theil daran hatte; weil
sie sich bloß auf seine überall bekannte Verdien=
ste gründete; und weil die Eroberung der vor=
nehmsten Städte in Flandern darauf erfolgte.

Was hätte nicht ein geiziger und hochmü=
thiger Mann, nach dieser herrlichen Probe der
Hochachtung und des Vertrauens, für An=
schläge gemacht? Wie viel Schäße und Ehren=
Stellen würde er nicht zusammen gerafft, und
wie theuer würde er seine Arbeiten und Dienste
nicht verkauft haben? Allein dieser weise
Mann, der ohne Eigennuß mit dem Zeugnisse
seines Gewissens zufrieden, und an Zufrieden=
heit reich war, findet in dem Vergnügen Gutes
zu thun, die Belohnung seiner Tugenden.
Ob er gleich alles erhalten kann, so bittet er,
so begehret er doch nichts. Er wünschet sich,
wie Salomon, nur sein bescheidenes und mäßi=
ges Theil, zwischen Armuth und Reichthum:
und man mag ihm anbiethen was man will, so
erstrecket sich doch sein Verlangen nicht weiter,
als seine Nothdurft es erfordert, und schließt
sich

sich in die Grenzen des einen Nothwendigen. Nur eine einzige Ehrliebe konnte ihn rühren, nämlich die Hochachtung und Gewogenheit seines Herrn zu verdienen. Dieser Ehrliebe geschah ein Gnügen, und die itzige Welt hat einen Unterthan gesehen, der seinen König nur um seiner großen Eigenschaften, nicht aber um seiner Würde, nicht um seines Glückes halber liebete; und einen König, der seinen Unterthan mehr, der in ihm erkannten Verdienste halber; als um der Dienste wegen, die er von ihm genoß, werth gehalten.

Diese Ehre verminderte seine Bescheidenheit nicht. Ich weis nicht, was für eine Gewissensangst mich bey diesem Worte stutzig machet. Ich fürchte hier diejenigen Lobsprüche bekannt zu machen, die er so oft verworfen hat; und nach seinem Tode eine Tugend zu beleidigen, die er in seinem Leben so sehr geliebet hat. Allein laßt uns nach Recht und Billigkeit handeln, und ihn zu der Zeit ohne alle Furcht loben, da wir weder der Schmeicheley halber verdächtig, noch einige Eitelkeit zu begehen, fähig seyn können. Wer hat jemals solche große Thaten gethan? Wer hat mit mehrerer Bescheidenheit davon geredet? Erhielt er einen Vortheil, so hörte man aus seinen Erzählungen nicht, daß er geschickt dabey gewesen; sondern daß der Feind sich dabey versehen habe. Gab er Nachricht von einer Schlacht, so vergaß er nichts zu sagen, als daß er sie gewonnen hätte.

hätte. Erzählete er etliche von seinen Thaten, dadurch er so berühmt geworden, so hätte man denken sollen, er wäre ein bloßer Zuschauer dabey gewesen; ja man zweifelte, ob er, oder ob das Gerücht hierinn einen Irrthum begangen? Kam er von seinen herrlichen Feldzügen zurücke, die seinen Namen unsterblich machen werden; so floh er den Zuruf des Volkes. Er erröthete über seine Siege; er nahm die Lobsprüche nicht anders auf, als man es mit Vertheidigungsschriften machet, und erkühnte sich fast nicht, dem Könige aufzuwarten: weil er aus Ehrerbietung, die Lobeserhebungen erdulden mußte, womit seine Majestät ihn ohn Unterlaß beehrete.

Damals geschah es, daß dieser Prinz in der süßen Ruhe eines stillen Privatlebens, sich aller, in währendem Kriege erworbenen Ehre begab, sich in die kleine Gesellschaft auserlesener Freunde einschloß, und sich ohn alles Geräusch in den bürgerlichen Tugenden übete. Hier war er aufrichtig in seinen Reden, schlechtweg in seinen Verrichtungen, getreu in seiner Freundschaft, genau in seinen Pflichten, ja in seinen geringsten Handlungen dennoch groß. Er verbirgt sich; allein sein Ansehen entdecket ihn. Er geht ohne Bedienung und Gefolge, aber ein jeder setzt ihn in Gedanken auf einen Triumphwagen. So bald man ihn sieht, zählet man die Feinde, die er überwunden, nicht aber die Diener, so ihm folgen: und wenn er
gleich

gleich allein ist: so stellet man sich doch rings um ihn her, die Tugenden und Siege vor, die ihn begleiten. In dieser ehrbaren Einfalt ist, ich weis nicht was Edles anzutreffen; und je weniger er stolz ist, desto ehrwürdiger wird er.

Es würde seinem Ruhme was gefehlet haben, wenn er zwar allenthalben Bewunderer gefunden, aber nirgends einige Neider erwecket hätte. So groß ist die Ungerechtigkeit der Menschen! Die allerreineste und am besten erworbene Ehre verletzet sie. Alles, was sich über sie erhebet, das wird ihnen verhaßt und unerträglich; und das Glück, so von allen gelobet wird, und am allerbescheidensten ist, hat sich niemals von dieser schnöden und boshaften Gemüthsneigung befreyen können. Das ist das Schicksal großer Leute, davon angefallen zu werden; und ein Vorrecht des Herrn von Turenne, daß er sie hat überwinden können. Die Misgunst wird gedämpfet, entweder durch seine Verachtung, oder durch seine unaufhörlich wachsende Ehre und Größe. Aus seinen Verdiensten hatte sie ihren Ursprung; seine Verdienste machten ihr auch ein Ende. Diejenigen, so ihm am wenigsten wohl wollten, erkannten doch, wie unentbehrlich er dem Staate war. Diejenigen, so seine Erhöhung nicht leiden konnten, sahen sich endlich genöthiget, ihren Beyfall dazu zu geben; und indem sie sich nicht unterstunden, sich über die Wohlfahrt eines Menschen zu erfreuen, der ihnen niemals

das

das elende Vergnügen gemacht hatte, sie durch einen seiner Fehler zu belustigen: so vereinigten sie ihre Stimme, mit dem öffentlichen Rufe; und glaubten, daß sie Feinde von ganz Frankreich werden müßten, wenn sie seine Feinde werden wollten.

Allein wozu hätten so viel heldenmäßige Eigenschaften gedienet, wenn Gott nicht die Macht seiner Gnade über ihm hätte erscheinen lassen; und wenn derjenige, dessen sich die göttliche Vorsehung so edel bedienet hatte, ein ewiger Gegenstand seiner Gerechtigkeit geworden wäre? Gott allein konnte seine Finsterniß zerstreuen, und hielt den glücklichen Augenblick in seiner Hand, den er bestimmet hatte, ihn in seinen Wahrheiten zu erleuchten. Es erschien dieser glückliche Augenblick, derjenige Punct, darauf seine wahrhafte Ehre ankam. Er erblickte die Schlingen und Fallgruben, die ihm seine Vorurtheile bisher ganz verdecket hatten. Er fieng an, mit Vorsichtigkeit und Furcht auf den Irrwegen zu wandeln, darauf er einmal gerathen war. Gewisse Stralen der Gnade und Erleuchtung lehrten ihn begreifen, daß er vergebens die besten Plätze in den Geschichten anfüllen würde, wenn nicht sein Name im Buche des Lebens angeschrieben stünde; daß er vergebens die ganze Welt gewinnen würde, im Falle er seine Seele verlieren sollte; daß nur ein Glaube und ein Jesus, und eine unzertrennliche einfache Wahrheit sey; welche
sich

sich nur denen zeiget, die sie mit demüthigem Herzen, und einem von allem Eigennutze entfernten Willen suchen. Er war noch nicht erleuchtet, aber er fieng an gelehrig zu werden. Wie oft hat er doch gelehrte und treue Freunde zu rathe gezogen! Wie oft hat er aus brünstigem Verlangen, nach dem lebendigen und kräftigen Lichte, welches einzig und allein über die Irrthümer des menschlichen Gemüthes triumphiret, mit dem Blinden im Evangelio, zu seinem Heilande geseufzet: Herr hilf, daß ich sehen möge! Wie oft suchte er mit unvermögender Hand die verdrüßliche Binde abzureißen, die seine Augen vor der Wahrheit verschloß? Wie oft gieng er bis an die alten und reinen Quellen zurücke, die Christus seiner Kirche gelassen hat, um daraus mit Freuden das Wasser der heilsamen Lehre zu schöpfen?

Gewohnheit, Ausflüchte, Verbindungen, Scham wegen der Veränderung, Vergnügen für das Haupt der Vertheidiger Israels angesehen zu werden; ihr eiteln und scheinbaren Ursachen des Fleisches und Blutes! ihr alle konntet ihn nicht zurücke halten. Gott zerriß alle diese Bande; versetzte ihn in die Freyheit seiner Kinder; und nahm ihn aus dem Reiche der Finsterniß in das Reich seines geliebten Sohnes, welchem er durch seine ewige Gnadenwahl zugehörete. Hier stellet sich eine neue Art von Sachen vor meine Augen. Ich sehe weit größere Thaten, weit edlere Bewegungsgründe,

und

und einen weit sichtbarern Schutz Gottes. Inskünftige werde ich von einer Weisheit reden, die eine Begleiterinn der wahren Tugend ist, und von einer Herzhaftigkeit, welche der Geist Gottes stärket. Erneuren sie derowegen ihre Aufmerksamkeit in diesem letzten Theile meiner Rede, und ersetzen sie in ihren Gedanken dasjenige, was meinen Ausdrückungen und Worten fehlen wird.

Wenn der Herr von Turenne nur hätte schlagen und siegen gekonnt; wenn er nicht über alle menschliche Tugenden wäre erhoben gewesen; wenn seine Tapferkeit und Klugheit nicht wären durch einen Geist des Glaubens und der Liebe belebet gewesen: so wollte ich ihn mit den Fabiern und Scipionen in eine Classe setzen. Ich würde der Eitelkeit die Mühe überlassen, die Eitelkeit zu verehren; und würde nicht an diese heilige Stäte getreten seyn, einem unheiligen Menschen eine Lobrede zu halten. Wenn er seine Zeit in Blindheit und Irrthum beschlossen hätte, würde ich vergebens die Tugenden rühmen, die Gott nicht gekrönet hätte. Ich würde ganz unnütze Thränen bey seinem Grabe vergießen; und wenn ich von seinem Ruhme reden sollte, so würde es nur in der Absicht, sein Unglück zu beweinen, geschehen. Aber Christo sey Dank! ich rede von einem Christen, der durch das Licht des Glaubens erleuchtet war; der aus Antrieb einer reinen Religion handelte, und durch eine aufrichtige

Fröm-

Frömmigkeit alles besiegte, was dem Hochmuthe und Stolze der Menschen schmeicheln konnte. Also kehren alle Lobsprüche, die ich ihm geben kann, zu Gott zurücke, der die Quelle derselben war: und wie die Wahrheit ihn geheiliget hat; so ist es auch eben dieselbe, die ihn lobet.

Wie vollkommen war doch seine Bekehrung, meine Herren! und wie sehr war sie von denjenigen unterschieden, die aus eigennützigen Absichten die Ketzerey verlassen! die zwar die Meynungen, aber nicht die Sitten verändern; die nur darum in den Schooß der Kirchen kommen, um sie durch ein ärgerliches Leben desto näher zu verletzen; und nicht eher aufhören, ihre geschworne Feinde zu seyn, als bis sie ihre widerspenstige Kinder geworden. Obgleich sich sein Herz schon von den Unordnungen befreyet hatte, die gemeiniglich von den Neigungen verursachet werden; so strebte er doch noch heftiger, dasselbe wohl einzurichten. Er hielt dafür, daß die Unschuld seines Lebens mit der Reinigkeit seines Glaubens überein kommen müßte. Er erkannte die Wahrheit; er liebete sie; er folgte ihr. Mit was für einer demüthigen Ehrerbiethung wohnte er unsern heiligen Geheimnissen bey? Mit was für einer Lehrbegierde hörte er nicht die heilsamen Unterweisungen der evangelischen Prediger? Mit was für Unterthänigkeit bethete er nicht

Fleschiers Reden. H die

die Werke Gottes an, die der menschliche Verstand nicht begreifen kann? Ein wahrhafter Anbether im Geiste und in der Wahrheit, der nach dem Rathe des weisen Mannes, den Herrn mit einfältigem Herzen suchte! Ein unversöhnlicher Feind der Gottlosigkeit; der von allem Aberglauben entfernet und unvermögend war, eine Heucheley zu begehen!

Kaum hatte er die gesunde Lehre angenommen, als er schon ihr Beschirmer ward. So bald er mit den Waffen des Lichts angethan ist, streitet er wider die Waffen der Finsterniß. Er sieht den Abgrund, daraus er gestiegen ist, mit Zittern an, und reichet denen die Hände, die er noch darinnen gelassen hatte. Man sollte gedacht haben, es wäre ihm auferleget, alle diejenigen in den Schooß der Kirche zu bringen, die durch die Spaltung davon abgesondert waren. Er ladet sie ein, durch seine Anschläge: er locket sie, durch seine Wohlthaten: er unterrichtet sie, durch seine Gründe; er überzeuget sie, durch seine Erfahrung: er zeiget ihnen die Klippen, wo die menschliche Vernunft so oft Schiffbruch leidet, und weiset ihnen hinter sich, wie Augustinus redet, die Brücke der göttlichen Barmherzigkeit, über welche er selbst gegangen ist. Bald entzündet er den Eifer der Lehrer, und ermahnet sie, dem Uebermuthe der Lügen die Kraft der Wahrheit entgegen zu setzen. Bald entdecket er ihnen die

leiblieblichen und schmeichelnden Mittel, welche das Herz gewinnen, um den Verstand hernach einzunehmen. Bald giebt er nach seinem Vermögen, die benöthigten Kräfte an die Hand, denenjenigen beyzustehen, welche alles verlassen, um Jesu Christo, der sie rufet, zu folgen. Ihr Bischöffe, wisset es, denen er seinen Eifer vertrauet hat! So sehr er auch in dem Laufe seiner letzten Kriegsthaten beschäfftiget ist, so sehr überlegt er mit euch gewisse Unternehmungen in der Religion, und vergißt nichts von allem, was entweder dienen kann, diejenigen zu unterrichten, welche ein langes Vorurtheil verblendet; oder diejenigen zu gewinnen, welche die Begierde und der Eigennutz noch in ihren Irrthümern zurücke halten. Ein würdiger Sohn derjenigen Kirche, deren Liebe sich auf alles erstrecket; worinnen sie der Liebe Gottes nachahmet, und ihren Kindern, außer einem ewigen Erbe, auch den Trost ihrer zeitlichen Bedürfnisse zuwege gebracht!

Dieses war die Beschaffenheit seiner Seele, meine Herren, als die göttliche Vorsehung zuließ, daß der auf eine gerechte Weise gereizete König eine ungerechte und undankbare Republik mitten in ihren Staaten bekriegete, und die Verächter seiner Gnade, die sich seiner Ehre widersetzen wollten, die Macht seiner Waffen empfinden ließ. Damals ergriff unser Held wiederum den Harnisch, folgte seinem

Könige, stund selbst vor der Spitze des Heeres, und setzte sein Blut in einem Kriege in Gefahr, der nicht nur glücklich, sondern auch heilig war: wo der Sieg kaum der Geschwindigkeit des Ueberwinders folgen konnte, und wo Gott selbst mit dem Prinzen triumphirte. Wie sehr erfreuet war er, als er nach Bezwingung der Städte, seinen erlauchten Neffen, der mehr Glanz von seiner Tugend, als von seinem Purpur hatte, die Kirchen öffnen und wieder einweihen sah! Unter den Befehlen eines so mächtigen und frommen Königes, sah man den einen die Waffen glücklich führen, und den andern die Religion ausbreiten. Der eine schlug die Befestigung nieder; der andere richtete die Altäre wieder auf: der eine beraubte die Länder der Philister; der andere trug die Bundeslade durch die Gezelte Israel: Hernach vereinigen sie beyde ihre Wünsche, so wie ihre Herzen vereiniget waren. Der Neffe hatte Theil an denen Diensten, die sein Vetter dem Staate leistete; und der andre hatte Theil an denjenigen, die sein Neffe der Kirchen gethan hatte.

Laßt uns diesem Prinzen in seine letzte Feldzüge nachfolgen! laßt uns so viele schwere Unternehmungen, so viel preiswürdige Thaten, als Proben seines Heldenmuths, und als Vergeltungen seiner Frömmigkeit ansehen. Seine Tage mit Gebeth anzufangen; die Ruchlosigkeit

keit und Gotteslästerungen zu hemmen; heilige Personen und Oerter wider den Geiz und Uebermuth der Soldaten zu schützen; und in allen Gefährlichkeiten den Herrn der Heerschaaren anzurufen, das ist die gewöhnliche Pflicht und Beschäfftigung aller Feldherren. Er aber geht weiter. So gar, wenn er Heeren Befehle austheilet, siehet er sich als einen gemeinen Streiter Jesu Christi an. Er heiliget seine Kriege durch die Reinigkeit seiner Absichten, durch das Verlangen nach einem glücklichen Frieden, durch die Gesetze einer Christlichen Sittenzucht. Er sieht seine Soldaten als seine Brüder an, und achtet sich verbunden, auch in einer grausamen Lebensart, wo man oft die Menschlichkeit selbst verlieret, die Liebe auszuüben. Durch solche wichtige Triebe erwecket, übertrifft er sich selbst, und zeiget, daß die Herzhaftigkeit gesetzter ist, wenn sie von den Grundsätzen der Religion unterstützet wird; daß es eine fromme Großmuth giebt, die einen glücklichen Erfolg nach sich zieht, wenn gleich Gefahr und Hindernisse ihr zuwider sind: und daß ein Kriegsmann unüberwindlich wird, wenn er im Glauben streitet, und dem Gott, der alle Schlachten regieret, reine Hände zu Werkzeugen darleihet.

Wie er nun alle seine Herrlichkeit von Gott hatte, so eignet er ihm auch dieselbe gänzlich zu; und fasset keine andre Zuversicht, als die

sich auf den Namen des Herrn gründet. O
könnte ich ihnen doch hier eine von den wichtigen Gelegenheiten erzählen, da er mit sehr weniger Mannschaft die Kriegsmacht von ganz Deutschland angegriffen! Er marschirt drey Tage; setzt über drey Ströme; findet den Feind; greift ihn an, und macht ihm viel zu schaffen. Da die Anzahl auf einer, und die Tapferkeit auf der andern Seiten ist; so ist das Glück sehr lange zweifelhaft. Endlich hemmet der Heldenmuth die Menge; der Feind wird irre, und fängt an zu weichen. Es erhebt sich eine Stimme, die da rufet: Gewonnen! Hier hemmet dieser Feldherr alle die Regungen, so ihm die Hitze des Treffens erwecket, und rufet mit einer ernsthaften Stimme: Haltet ein! unser Schicksal steht nicht in unsern Händen; und wir werden selbst überwunden werden, wenn uns der Herr nicht gnädig ist. Bey diesen Worten hebt er die Augen gen Himmel, daher seine Hülfe kömmt; er fähret fort, seine Befehle zu geben, und erwartet in Demuth zwischen Furcht und Hoffnung, daß die Verordnungen des Himmels erfüllet werden sollen.

Wie schwer ist es, meine Herren, ein Sieger, und doch zugleich demüthig zu seyn! Das Kriegsglück läßt im Herzen so ein rührendes Vergnügen zurück, welches man nicht beschreiben kann; welches aber dasselbe erfüllet, und gänzlich einnimmt. Man eignet sich einen

Vor-

Vorzug an Kraft und Stärke zu; man krönet sich selbst mit eigener Hand; man richtet sich einen heimlichen Triumph an; man sieht die Lorbern, die man mit Mühe gesammlet, und die mit seinem Blute befeuchtet hat, als sein Eigenthum an: und wenn man gleich Gott dem Herrn öffentlich Dank abstattet, und die zerrißnen und blutigen Fahnen an die heiligen Gewölber seiner Tempel aufhänget, die man von dem Feinde erobert hat; wie schwer ist es nicht, daß nicht der Stolz einen Theil der Erkenntlichkeit ersticke; daß man nicht unter die Gelübde, die man Gott bezahlet, ein Frohlocken mische, welches man sich selber schuldig zu seyn glaubt; und daß man nicht zum wenigsten etliche Körner von dem Weihrauche für sich behalte, den man auf seinen Altären anzünden wollte!

In solchen Gelegenheiten äußerte sich der Herr von Turenne seiner selbst, und gab alle Ehre demjenigen, dem allein sie rechtmäßiger Weise zukömmt. Rücket er fort; so erkennet er, daß Gott ihn leitet und führet: vertheidigt er Festungen; so weis er, daß man sie vergebens beschützet, wenn Gott sie nicht bewachet: verschanzet er sich; so dünkt es ihm, Gott schlage die Wagenburg, um ihn dadurch vor allen Anfällen sicher zu machen: streitet er; so weis er, woher er alle seine Stärke hat: und triumphiret er; so glaubt er, im Himmel eine unsicht-

unsichtbare Hand zu sehen, die ihn krönet. Indem er dergestalt jede Gnade ihrer Quelle zuschreibet, so zieht er sich daher immer eine neue zu. Er zählt nicht mehr die Feinde, so ihn umgeben; er erschrickt nicht über ihre Menge oder Macht, und spricht mit dem Propheten: Diese verlassen sich auf die Anzahl ihrer Krieger und Wagen; wir aber trauen auf den Schutz des Allmächtigen. In dieser gläubigen und gerechten Zuversicht verdoppelt er seinen Muth, unternimmt große Thaten, führt wichtige Dinge aus, und fängt einen Feldzug an, der dem Reiche das Garaus zu drohen scheint.

Er geht über den Rhein, und hintergeht die Wachsamkeit eines geschickten und vorsichtigen Feldherrn. Er beobachtet die Bewegungen der Feinde. Er stärket den Muth der Bundesgenossen. Er unterhält die verdächtige und wankende Treue der Nachbarn. Einem benimmt er den Willen; dem andern die Mittel, zu schaden: er macht sich alle diese wichtigen Umstände zu Nutze, die ihm zu großen und preiswürdigen Thaten den Weg bahnen, und läßt dem Glücke nichts von dem allen übrig, was die menschliche Klugheit demselben immer mehr entziehen kann. Der verwirrte und bestürzte Feind wütete schon vor Verdruß in seinem Lager. Er dachte schon auf die Flucht ins Gebirge; dieser Adler, dessen beherzter Flug unsre Provinzen schon erschrecket hatte.

Die

Die ehernen Donner, so die Hölle zum Verderben der Menschen erfunden, knalleten schon von allen Seiten, um diesen Abzug entweder zu befördern, oder zu beschleunigen. Und das zweifelhafte Frankreich erwartete den Erfolg eines Unternehmens, welcher nach allen Regeln der Kriegskunst unausbleiblich war.

Ach! wir wußten alles, was wir zu hoffen hatten, und dachten nicht daran, was wir befürchten sollten. Die göttliche Vorsehung verhielt uns ein größeres Unglück, als der Verlust einer Schlacht ist. Es sollte ein Haupt kosten, welches ein jeder von uns durch sein eigenes hätte retten wollen; und alles, was wir gewinnen konnten, war weniger werth, als was wir verlieren sollten. O schrecklicher Gott! der du aber in deinen Rathschlüssen über die Menschen gerecht bist! Du hast sowohl die Sieger, als die Siege in deinen Händen. Deinen Willen zu erfüllen, und deine Gerichte furchtbar zu machen, stürzet deine Macht auch dasjenige, was deine Macht selbst erhoben hatte. Du opferst deiner unumschränkten Hoheit große Opfer auf; und schlägst, wenn dirs gefällt, auch die erlauchten Häupter, die du so oft selber gekrönet hast.

Erwarten sie nicht, meine Herren! daß ich ihnen hier eine Trauerbühne eröffnen soll; daß ich ihnen diesen großen Held auf seinen Siegeszeichen entseelet vorstellen werde; daß ich

ihnen noch den blaſſen und blutigen Körper zeigen ſolle, bey welchem der Blitz noch rauchet,
der ihn getroffen; daß ich ſein Blut ſchreyen
laſſe, wie das Blut Abels, und ihren Augen die
traurigen Bilder der klagenden Religion und
des bethränten Vaterlandes zeigen werde. In
mittelmäßigen Trauerfällen erſchleicht man ſich
dadurch das Mitleiden der Zuhörer, und zieht
durch gekünſtelte Bewegungen zum wenigſten
etliche eitle und erzwungene Zähren aus ihren
Augen. Aber einen Tod, den man ohne Ver-
ſtellung beweinet, beſchreibt man auch ohne alle
Kunſt. Ein jeder findet dieſe Quelle der
Schmerzen in ſich ſelbſt; man reißt ſeine Wunden ſelbſt wieder auf; und das Herz darf durch
keine bewegte Einbildungskraft gerühret und
aufgebracht werden.

Es fehlt nicht viel, daß ich hier nicht ſte-
cken bleibe. Ich werde irre, meine Herren.
. . Turenne ſtirbt! . . Alles kömmt in
Unordnung. Das Glück wanket; der Sieg
wird müde; der Friede entfernet ſich; die guten
Abſichten der Bundesgenoſſen werden matt;
die Herzhaftigkeit der Soldaten wird durch den
Schmerz niedergeſchlagen, und durch die Rach-
gier wieder ermuntert. Das ganze Lager bleibt
unbeweglich. Die Verwundeten denken an den
erlittenen Verluſt; nicht aber an die empfangenen Wunden. Die ſterbenden Väter ſchicken
ihre Söhne, den entſeelten Feldherrn zu beweinen.

.nen. Das traurende Heer ist mit seinem Leichenbegängnisse beschäfftiget; und das Gerücht, welches ungewöhnliche Fälle so gern in der Welt ausbreitet, erfüllet dieselbe mit der Erzählung von dem herrlichen Leben dieses Prinzen, und von seinem bedaurenswürdigen Tode.

Was für Seufzer, was für Klagen, was für Lobsprüche erschalleten nicht damals in Städten und auf dem Lande! Der eine sieht seine Saat wachsen, und preiset das Andenken desjenigen, dem er die Hoffnung seiner Ernte zu danken hat. Der andere geneußt noch in Ruhe seines väterlichen Erbes, und wünschet demjenigen den ewigen Frieden, der ihn vor der Unordnung und Grausamkeit des Krieges geschützt hat. Hier opfert man das anbethenswürdige Opfer Jesu Christi, für die Seele dessen, der sein Blut und Leben für das gemeine Beste aufgeopfert hat. Dort bauet man ihm ein Trauergerüst, wo man ihm Triumphbogen aufzurichten gedachte. Ein jeder suchet sich die herrlichste Stelle aus einem so schönen Leben aus. Alle unterfangen sich, ihn zu loben, und ein jeder, der sich durch seine eigene Seufzer und Thränen unterbricht, bewundert das Vergangene, beklaget das Gegenwärtige, und zittert vor dem Künftigen. So beweinet das ganze Königreich den Tod seines Beschützers, und der Verlust eines einzigen Mannes, ist ganz allein eine allgemeine Trübsal.

War-

Warum, o Herr! wenn ich mich erkühnen darf, mein Herz vor dir auszuschütten, ich, der ich nur Staub und Asche bin, warum verlieren wir ihn doch in der größten Noth, mitten in seinen großen Thaten, auf dem höchsten Gipfel seiner Tapferkeit, in der vollen Reife seines Verstandes? War denn nach so vielen der Unsterblichkeit würdigen Thaten, nichts sterbliches mehr für ihn zu thun übrig? War denn die Zeit schon da, wo er die Früchte so vieler christlichen Tugenden sammlen, und die Krone der Gerechtigkeit von dir empfahen sollte, die du für diejenigen aufhebst, so ihren Lauf rühmlich vollendet haben? Vielleicht hatten wir gar zu viel Vertrauen auf ihn gesetzt; und du verbeutst uns in deinem Worte, auf keinen fleischernen Arm zu vertrauen, und uns nicht auf Menschenkinder zu verlassen. Vielleicht ist dieses eine Strafe unsers Hochmuths, unsers Stolzes, unsrer Ungerechtigkeit! Wie aus den Abgründen tiefer Thäler grobe Dünste aufsteigen, daraus die Donnerkeile entstehen, so auf die Berge schlagen: so kömmt aus dem Herzen des Volkes eine Bosheit, die du auf die Häupter der Regenten und Beschützer desselben fallen läsfest. Ich will weder, o Herr! die Tiefen deiner Gerichte ergründen, noch die heimlichen und unsichtbaren Bewegungsgründe entdecken, die entweder deine Barmherzigkeit oder Gerechtigkeit wirksam machen. Ich will und muß dieselben bloß anbethen. Aber du bist gerecht.

recht. Du betrübest uns; und in einer so verderbten Zeit, als die jetzige ist, dürfen wir die Ursachen unsers Elendes, sonst nirgends, als in der Verderbniß unsrer Sitten suchen.

So laßt uns denn, meine Herren, so laßt uns denn aus unsern Schmerzen Bewegungsgründe zur Buße herleiten, und die wahren und kräftigen Aufrichtungen nirgend anders, als in der Frömmigkeit dieses großen Mannes suchen. Bürger, Fremde, Völker, Könige, Kaiser, Feinde, beklagen und verehren ihn: aber was können sie zu seiner wahren Wohlfahrt beytragen? Sein König selbst, und was für ein König ist derselbe nicht! beehret ihn mit seiner Betrübniß und mit seinen Thränen. Das ist ein großes und hochschätzbares Kennzeichen seiner Zärtlichkeit und Hochachtung gegen einen Unterthan: aber es ist ganz unnütz für einen Christen. Es ist wahr, in dem Herzen und Andenken der Menschen wird er leben: aber die Schrift lehret mich, daß die Gedanken der Menschen, ja der Mensch selbst lauter Eitelkeit ist. Eine prächtige Gruft wird seinen traurigen Rest einschließen: aber er wird aus diesem Grabmaale hervor gehen, nicht seiner Heldenthaten halber gepriesen; sondern wegen seiner guten und bösen Werke gerichtet zu werden. Seine Asche wird mit der Asche so vieler Könige vermischet werden, die dieses Land regieret haben, welches er so großmüthig beschüschützet hat: aber was haben auch selbst die Könige von den Ehrenbezeugungen der Welt, von der Menge ihrer Hofbedienten, von dem Glanze und Prachte ihres Standes anders übrig, als daß sie ein ewiges Stillschweigen, eine fürchterliche Einsamkeit, und ein schreckliches Gericht Gottes, unter diesen kostbaren Marmorsteinen, davon sie bedecket sind, erwarten? Die Welt mag also die menschliche Hoheit verehren, wie sie will: Gott allein ist der Lohn christlicher Tugenden!

O gar zu plötzlicher Tod! den man aber durch die Barmherzigkeit Gottes längst vorher gesehen. Wie viel erbauliche Reden, wie viel heilige Exempel hast du uns entrissen? Wir hätten mitten unter Siegen und Triumphen einen demüthigen Christen sterben gesehen: und welch ein Anblick wäre das nicht gewesen! Mit was für einer Aufmerksamkeit hätte er seine letzten Augenblicke angewandt, seine vormaligen Irrthümer innerlich zu beseufzen, sich vor der Majestät Gottes zu vernichten, und den Beystand seines Armes, nicht mehr wider sichtbare Feinde; sondern seines Heils anzurufen. Sein lebendiger Glaube und seine brennende Liebe würden uns ohne Zweifel gerühret haben, und wir würden ein Muster einer Zuversicht ohne Sicherheit, einer Furcht ohne Schwachheit, einer Buße ohne Verstellung, einer Beständigkeit ohne Zwang, und eines Todes, der Gott und Menschen theuer wäre, bekommen haben.

Sind

Grafen von Turenne.

Sind diese Muthmaßungen nicht gerecht, meine Herren? Was sage ich Muthmaßungen? Das war sein wirklich gefaßtes Vorhaben. Er hatte sich entschlossen, so heilig zu leben, als ich vermuthe, daß er gestorben ist. Da er bereit war, alle seine Kronen zu den Füßen Jesu Christi zu werfen, wie jene Sieger in der Offenbarung; da er bereit war, alle seine Ehre zusammen zu nehmen, um sich derselben freywillig zu entschlagen: so gehörte er schon nicht mehr zur Welt, ob ihn die Vorsehung gleich noch darinn erhielt. In dem Tumulte der Kriegsheere unterhielt er sich mit der süßen und geheimen Hoffnung seiner Einsamkeit. Mit der einen Hand zerschmetterte er die Amalekiter; und die andre hub er schon empor, ihm selber den himmlischen Segen zu erbitten. Dieser Josua im Streite verrichtete schon das Amt Mosis auf dem Berge, und trug unter den Waffen eines Kriegers, das Herz und den Willen eines Bußfertigen verborgen.

Herr! der du die finstersten Winkel unsrer Gewissen erleuchtest, und in unsern heimlichsten Absichten dasjenige siehst, was noch nicht vorhanden ist; empfange doch in dem Schooße deiner Herrlichkeit diese Seele, die in kurzem mit nichts anders, als mit Betrachtungen deiner Ewigkeit, erfüllet gewesen seyn würde. Sieh doch das Verlangen an, welches du ihm selbst eingegeben hattest. Es hat ihm an Zeit gefehlet,
nicht

nicht aber an Muthe, dasselbe zu erfüllen. Willst du nebst seinem guten Willen auch Werke haben: sieh die Liebesbezeugungen an, die er theils schon ausgeführet; theils allbereits zum Heil und Troste seiner Brüder bestimmet hatte. Sieh die verirrten Seelen an, die er durch seinen Beystand, durch seine Rathschläge, durch sein Exempel wieder zurecht gebracht hat. Sieh das Blut deines Volkes an, welches er so oft geschonet; sieh sein eigenes an, welches er so großmüthig für uns vergossen hat. Und damit ich noch mehr sage; sieh das Blut an, welches Jesus Christus für ihn vergossen hat.

Ihr Diener des Herrn! vollendet das heilige Opfer. Ihr Christen! verdoppelt eure Gelübde und euer Gebeth; damit ihn Gott zur Belohnung seiner Arbeit und Mühe, in den Aufenthalt der ewigen Ruhe aufnehme, und demjenigen im Himmel einen unaufhörlichen Frieden gebe, der uns auf Erden denselben dreymal zuwege gebracht; und der, ob er wohl nichts beständiges, dennoch allezeit was süßes und erwünschtes gewesen ist.

Lobrede
auf
FRAUEN
Julien Lucinien
von Angennes, von Rambouillet,
Herzoginn von Montausier, Staatsdame
der Königinn,

Die in Gegenwart ihrer Schwestern, der Aebtißinn
zu St. Stephan in Reims, und der Aebtißinn von
Hiere, in der Kirche der Abtey zu Hiere den
2. Jan. 1677. gehalten worden.

Spr. Sal. XXXI, 10.

Wer wird eine tapfere Frau finden? Ihr Preis übersteiget alles, so von den entlegensten Orten herzu geführet wird.

Fleschiers Reden.   J

Meine gnädige Frauen,

Der weiseste unter allen Königen, welchen das Licht des Geistes Gottes erleuchtet und angetrieben, der Nachwelt das Bild einer Heldinn zu überlassen, stellet uns dieselbe vor, mit Stärke und Anmuth bekleidet; beschäfftiget mit wichtigen Sachen, ohne die Bescheidenheit ihres Geschlechtes zu überschreiten; gesegnet mit Gütern des Glücks, aber allezeit bereit, dieselben der Armuth in den Schooß zu schütten; durchdrungen von der wahren Furcht Gottes, und überzeuget von der Eitelkeit der menschlichen Hoheit; wie sie ihre Ehre in der wahren Tugend suchet, und nicht in dem betrüglichen Scheine einer vergänglichen Schönheit; und mit ruhigem und freundlichem Gesichte stirbt; würdig in den Himmel aufgenommen zu werden, woselbst sie sich in Begleitung ihrer guten Werke und mit ihren gesammleten Schätzen der Ehre und Gnade darstellet; wie sie endlich, nach ihrem Tode der Wehklage und der Lobeserhebung ihres Gemahls würdig ist, dessen Zärtlichkeit und Vertrauen sie sich zuvor in ihrem Leben erworben. Aber bevor er uns ein so gesetztes, standhaftes und großmüthiges Frauenbild abschildert, benachrichtiget er uns, daß es schwer halte, sie anzutreffen. Er giebt uns von ihr einen Begriff: aber es scheinet, als wenn er niemals davon ein Beyspiel angetroffen. Er stellet sie sich in seiner Einbildung vor, und indem er in Zweifel steht, daß man sie in der Natur finden könne, so rufft er aus: Wer wird eine solche finden!

Diese erhabene Tugend aber, welche er vergeblich gesuchet, und deren, wie es scheinet, das damalige Weltalter nicht fähig war, hat man in der Person der Erlauchten Julia Lucinia von Angennes von Rambouillet, Herzoginn von Montausier angetroffen. Im ganzen Laufe ihres Lebens und in ihren Handlungen hat sie dieses vollkommene Urbild, durch ihre angestammte Großmuth, durch den guten Gebrauch der Güter, und der Gunst; durch die Erkenntniß ihres eigenen Nichts, und der Hoheit Gottes; durch ein aufrichtiges Bekenntniß der menschlichen Schwachheiten und Eitelkeiten; durch einen süßen und sanften Tod, unter einem allgemeinen Wehklagen aller derjenigen, die sie gekannt haben, ausgedrücket. Es mag denn Salomo immerhin zweifeln, ob ein so standhaftes und herzhaftes Weibesbild auszufinden: wir können uns rühmen, selbiges gefunden zu haben.

Aber ach! diese heilige Pflichten, die man ihrem Gedächtnisse widmet; diese Gebethe, diese Aussöhnungen, dieses Opfer, diese Trauerlieder, welche unsere Ohren rühren, und vermögend sind, die Traurigkeit bis in das Innerste unseres Herzens zu senken; diese traurige Zubereitung der heiligen Kirchenanstalten; diese ungegeheuchelten Merkzeichen des Schmerzens, so die Liebe ihren Gesichtern eindrücket, erinnern mich, daß wir Sie verlohren haben. So ist denn aller Glanz ihres Glückes in die Feyer eines prächtigen Leichenbegängnisses verwandelt worden! So ist denn von dem allem, was sie gewesen, leider! nichts, als der traurige Gedanken übrig, daß sie aufgehöret habe zu seyn! Selbst die Freundschaft und der Name einer Schwester, die Fleisch und Blut ihnen so annehmlich vorgestellet, sind zu ihrem vorigen Ursprunge eingegangen, und haben sich in dem Schooße der göttlichen Liebe verlohren. Nichts bleibet ihnen mehr übrig, als die Betrübniß über ihren Verlust, und das Andenken ihres tugendhaften Lebens; und sie haben nur gar zu viel Ursache, die Worte meines Textes zu wiederholen: Wer wird ietzt eine solche tapfre Frau finden? Indessen wenn ich erwäge, daß Christen nicht sterben; daß sie nur aus einem Leben in das andre übergehen; daß der Apostel uns ermahnet, diejenigen, die im Frieden einschlafen, nicht zu beweinen, wie die so keine Hoffnung haben; daß der Glaube uns belehret, daß die Gemeine im Himmel und die auf Erden nur einen Leib ausmachen; daß wir, es sey im Leben oder im Tode, ganz dem Herrn angehören, da er sich durch seine Auferstehung und Wiederauflebung eine Oberherrschaft über Todte und Lebendige erworben; wenn ich erwege, sage ich, daß diese, deren Tod wir beklagen, in Gott lebe: wie kann ich denn wohl glauben,

1 Thess. 4, 3.

J 3 daß

daß wir sie verlohren haben? Nein, nein, wir haben genug ihr Abscheiden beweinet; es ist Zeit, an ihren glücklichen Zustand zu gedenken. Der Schmerz muß dem Glauben weichen, und die mit der Natur verknüpfte Traurigkeit muß dem Troste der Christen Raum machen.

Mein Vorsatz ist, ihnen heute ihr sterbliches Leben vorzustellen, um sie von ihrer glücklichen Unsterblichkeit völlig zu überzeugen. Ich will ihnen das Andenken der ihr von Gott erwiesenen Gnade erneuren, damit sie die Barmherzigkeit preisen mögen, welche er ihr anjetzt erzeiget. So viel Tugenden sie ausgeübet, so viele Ursachen haben wir, der Güte Gottes zu vertrauen, der mit der größten Lust diejenigen belohnet, die er selbst ihm zu dienen angetrieben. Betrachten sie mit mir demnach ihr Leben nach einem dreyfachen Unterschiede. Untersuchen sie ihre Seligkeit in ihrem Privatstande; ihre Mäßigung bey den größten Ehrenstellen des Hofes, und ihre Geduld in einer langwierigen und beschwerlichen Krankheit. Bewundern sie diese kluge Frau, die den Schwachheiten ihres Geschlechts von ihrer Kindheit an, dem Hochmuthe in ihrer größten Erhebung, und dem Schmerzen in ihrer gänzlichen Entkräftung und in ihrem Tode selbst widerstanden. Dieß ist der ganze Inbegriff meiner Rede. Ich habe nicht nöthig, mich weder ausgesonnener Worte, noch übertriebener Rednerkünste, oder schmäuchelnder Lobeserhebungen zu zu bedienen. Ich stehe vor dem Angesichte des Gottes der Wahrheit, ich rede zu reinen und aufrichtigen Seelen, die sogar vor dem Verdachte des Eitelen und Unwahren einen Abscheu tragen; und ich mache ihnen die Tugenden einer solchen vorstellig, deren Elend und Vergänglichkeit ich zu gleicher Zeit beweine.

Hätte ich vor Personen zu reden, welche durch Hochmuth oder falsche Ehre sich an die Welt binden ließen: so würde ich mich ihrer Schwachheit und der Gewohnheit bequemen, und bey Erhebung der Geburt unsrer erlauchten Herzoginn, in den alten Geschichten den Ursprung des edlen Geschlechts von Angennes aufsuchen, dessen Ruhm, Hoheit und Alterthum genugsam bekannt ist. Ich würde bis auf die letzten Jahrhunderte zurückgehen, da man auf einmal fünf Brüder dieses erlauchten Hauses, drey als Ritter des königl. Ordens, einen Cardinal und einen Bischoff, sämmtlich zugleich als Abgesandte gesehen, welche durch den Glanz ihrer mannichfaltigen Tugenden fast alle europäische Höfe erfüllet. Ich würde ihnen erzählen, daß ihre Großmutter Julia Sarelli, aus einer der ältesten Familien Italiens entsprossen; daß sie Könige, Helden und Päbste unter ihren Vorfahren, drey von unsern Königen aber unter ihre Anverwandten zählen können. Ich würde sie sodann unvermerkt reizen, die Tugenden derjenigen nachzuahmen, deren Adel sie hoch gehalten, und unter dem Scheine, ihrer Eigenliebe

liebe zu schmeicheln, würde ich Ihnen Beyspiele der Bescheidenheit und Klugheit beybringen.

Aber, darf ich sie, meine gnädige Frauen, von einer Ehre unterhalten, der sie sich bereits entschlagen haben? Ist es mir denn unbekannt, daß, da sie der Welt abgesaget haben, um ein weit heiligeres und verborgenes Leben in der Stille zu führen, sie nach nichts mehr, als nach der Ehre streben, zur Freundschaft Christi zu gehören? Es ist genug, wenn ich ihnen sage, daß der Adel des Geistes weit höher, als der Adel des Geblütes ist; der uns nur großmüthige Neigungen und allen ersinnlichen Nacheifer einflößet, und durch eine beglückte Reihe schöner Beyspiele die Tugenden der Väter auf die Kinder abstammen läßt. Die weise Julia von Angennes schien diese geistliche Erbschaft mit einander empfangen zu haben; und die Ehre, die gemeiniglich stolz und trotzig machet, ertheilete ihr nur bescheidene Meynungen und feurige Begierden, denenjenigen beyzustehen, die ihrer Hülfe nöthig hatten.

So wie sie nun die Bewegungen ihres Herzens einzurichten wußte, so richtete sie nicht minder die Regungen ihres Geistes ein. Wer unter uns weis es nicht, wie sie in einem Alter, in dem andere noch nicht bekannt sind, schon bewundert worden? Wie sie zu einer solchen Zeit weise gewesen, da man fast noch nicht vernünftig zu seyn pfleget; wie man ihr die allerlerwichtigsten Geheimnisse anvertrauet, sobald sie nur in den Jahren war, solche zu verstehen; wie ihre angebohrne glückliche Fähigkeit ihr in ihrem zartesten Alter statt einer Erfahrung gedienet, und wie sie zu einer solchen Zeit guten Rath an die Hand zu geben vermögend gewesen, da andere kaum im Stande sind, selbigen anzunehmen. Eine so glückliche Geburt erwarb ihr gleichsam die Zuneigung der Allertugendhaftesten und Vornehmsten des Hofes. Man machte sich eine Ehre daraus, an ihrer Freundschaft Theil zu haben. Sie hatte das Glück, Königinnen zu gefallen. Prinzeßinnen von ausbündigen Verdiensten, Vornehme ihres Geschlechts, welche die Gunst fast denen Prinzeßinnen gleich gemacht, verlangten sie um die Wette zu ihrem Lieblinge: und ihre Geschicklichkeit war hiebey so groß, daß, ohne sich einiger, ihrer besondern Herzhaftigkeit unanständiger Mittel zu bedienen, sie sich jederzeit in ihrer Vertraulichkeit, selbst mit Beyfall derjenigen, die es ihr etwa hätten streitig machen können, unterhalten. So viel Annehmlichkeiten besaß ihr Geist, und so sehr wußte sie sich selbst über den Neid zu erheben.

Und wenn gleich die Natur ihr alle die Vorzüge versaget hätte, so hätte sie dennoch dieselben aus ihrer Erziehung hernehmen können: und um vortrefflich zu seyn, war es schon genug, daß sie von der Frau Gräfinn von Rambouillet erzogen worden. Dieser Name, wel-

welcher vermögend ist, allen Seelen eine Ehrfurcht einzuprägen, bey denen annoch eine Artigkeit zu finden ist; dieser Name, welcher, ich weis nicht, was für eine Vereinigung der römischen Hoheit und der Französischen Höflichkeit in sich schließt; dieser Name, sage ich, ist er nicht der kurze Inhalt des vollkommenen Lobes sowohl derjenigen, die ihn geführet, als auch derjenigen, die von ihr abstammen? Von ihr kam es, daß die bewundernswürdige Julia diese Hoheit der Seelen, diese ganz besondere Gütigkeit, diese vollkommene Klugheit, diese aufrichtige Frömmigkeit, diesen hohen Geist und diese vollkommene Kenntniß der Sachen besessen, die ihr Leben so berühmt machten.

Soll ich es ihnen sagen, wie sie in ihrer Kindheit die ganz verborgenen Fehler der vortrefflichsten Schriften eingesehen, und wie sie von denselben die feinesten Stellen zu beurtheilen gewußt, so, daß niemand das Lobenswürdige besser zu schätzen, oder dasjenige, was sie hochhielt, besser zu loben gewußt, als sie? und daß man ihre Briefe als wahre Muster der vernünftigsten Gedanken und der Reinlichkeit unsrer Sprache angesehen? Erinnern sie sich nur der artigen geschlossenen Gesellschaften, die man annoch mit so großer Ehrerbiethung hochhält, wo man mit der Ausbesserung des Verstandes beschäfftiget war, wo die Tugend unter dem Namen der unvergleichlichen Artenice verehret ward;

ward; wo so viele Personen von Vorzügen und Verdiensten sich zusammmen gefunden, die einen auserlesenen Hof ausmachten, der sonder Unordnung zahlreich, sonder Zwang bescheiden, sonder Hochmuth gelehrt, sonder Ruhmredigkeit artig gewesen? Da wurde sie schon als ein Kind bewundert, selbst von denjenigen, die damals die Zierde und Verwunderung ihrer Zeiten waren.

Es ist sonst was gewöhnliches bey Personen, denen der Himmel Geist und Lebhaftigkeit verliehen, der empfangenen Gaben zu misbrauchen. Sie bestreben sich, sich in Gesellschaften vor andern durch ihre Artigkeit des Verstandes sehen zu lassen, alles nach ihrem Sinne zu verlangen, und anderer Meynungen durch unumschränkte Gewalt denen ihrigen zu unterwerfen. Ein gezwungenes Wesen, Hoheit, Einbildung, verderben ihre schönsten Gedanken: und der Verstand, welcher, wenn er rechtschaffen wäre, sie in die Schranken der Bescheidenheit einschließen sollte, verleitet sie entweder zu einer ungewöhnlich sonderlichen Aufführung; oder zu einem lächerlichen Hochmuthe; oder zu einer gefährlichen Unbescheidenheit. Hat man aber jemals auch nur den geringsten Schein dieser Fehler an der Person gemerket, der wir heute eine Lobrede halten? Hat man jemals ein angenehmeres, ein dienstfertigeres und leutseeligeres Gemüth, als das ihrige gesehen? Hatte man sich jemals in Gesellschaft vor Ihr zu scheuen?

en? Hielt sie sich zuweilen von dem Hofe entfernet, in den Landstädten und Provinzen von Frankreich auf: so hätte man glauben sollen, daß sie zu einer von Hofe entferneten Lebensart allein gebohren wäre. Verließ sie wiederum diese Provinzien; so erkannte man gleich, daß sie für den Hof gemacht wäre. Sie bediente sich täglich ihrer Einsicht, um die Wahrheit der Sachen einzusehen, und die wahre Menschenliebe zu unterhalten: und sie glaubte, daß es eben so viel sey, gar keinen Verstand zu besitzen, als ihn nicht zur Ausübung seiner Pflichten und zu einem friedsamen Leben mit seinem Nächsten anzuwenden.

Und was ist denn, in der That, der Witz, darauf die Menschen so sehr pochen? Wenn wir denselben natürlich betrachten, so ist er ein Feuer, das eine Krankheit oder ein Zufall allgemach auslöschen. Er ist ein zärtlich gemischtes Wesen, welches leicht in Unordnung geräth; eine glückliche Uebereinstimmung von Werkzeugen, welche nach und nach abgenutzet werden; eine Vereinigung und eine gewisse Bewegung der Lebensgeister, welche sich erschöpfen und zerstreuen. Er ist der lebhafteste und feineste Theil der Seelen, der stumpf wird, und zugleich mit unserm Körper veraltet. Er ist ein feines Wesen der Vernunft, das da ausduftet, und uns so viel schwächer und der Gefahr, ganz zu verschwinden, so viel mehr unterworfen ist, so viel zärtlicher und feiner

er

er gebildet worden. Wenn wir ihn aber gegen Gott betrachten, so ist er ein Theil des Menschen, der vielmehr eine Wißbegierde als ein wahres Wissen in sich hält, und sich dabey in seinen Gedanken verwirret. Er ist eine hochmüthige Kraft, die der christlichen Demuth und Einfalt öfters zuwider war, und im Wählen Lügen für Wahrheit hielt; und der nur unwissend ist in dem, was er wissen sollte, und nur das weis, was er nicht wissen sollte.

Diese großmüthige Tochter schwung sich weit über die gemeinen Meynungen. Bey den Irrthümern und falschen Urtheilen der Welt, bemühete sie sich, den Punkt der Wahrheit zu entdecken, welches die Eitelkeit der menschlichen Dinge darstellet; und von ihr galt, was der Weise sagen wollte: daß ihre Leuchte auch in der Nacht nicht erlösche. Man hält die zeitlichen Güter hoch; und sie glaubte, daß man selbige von der Vorsehung Gottes annehmen, und durch die Liebe austheilen müßte. Man suchet die Ehre; und sie hielt dafür, es wäre genug, sich derselben würdig zu machen. Man liebet das zeitliche Leben; und sie hat dasselbe verachtet, so bald sie es kennen gelernet. Halten sie es mir zu gut, meine gnädige Frauen, daß ich mich bey diesen letztern Worten aufhalte; daß ich mich ihrer völligen Aufmerksamkeit bediene, und daß ich hier eine ihrer berühmtesten Handlungen lobe, bey der die Stärke des Geistes und die christliche Liebe auf gleiche Art ausgebrochen. Gott, der die Furcht seiner Gerichte

in

in den Herzen der Menschen von Zeit zu Zeit durch öffentliche Strafen eindrücket, betrübte die Hauptstadt dieses Königreichs mit einer ansteckenden Krankheit. Das Uebel breitete sich alsbald unter das Volk aus; es drang in die Häuser der Großen ein; es näherte sich den Pallästen der Könige; es verschonete so gar ihre Familie nicht, und raubte Ihnen einen Bruder in einem annoch zarten Alter, fast vor den Augen ihrer liebreichen Mutter. Ach! bin ich denn dazu bestimmet, alle Wunden ihrer Familie wieder aufzureißen, und wie muß ich das Andenken so vieler Todesfälle bey Gelegenheit eines einzigen bey ihnen erneuren? Bey dieser Gelegenheit geschah es, daß diese starke und beherzte Tochter ein denkwürdiges Beyspiel ihrer Standhaftigkeit ablegete. Das Schrecken des Todes bewog sie nicht einmal, ihr Haus zu verlassen; sie wollte diesem sterbenden Bruder beystehen, ohne den tödtlichen Hauch zu fürchten, dessen Gift bis in die Herzen zu dringen pfleget.

Sie wissen, wie man sich scheuet, die ansteckenden Seufzer einzunehmen, die aus der Brust eines Sterbenden gehen, um die Lebenden auch zu tödten. Das Uebel, so den einen aufreibet, drohet dem andern; die Gefahr ist fast gleich bey dem, der da leidet, und bey dem, der ihm Hülfe leistet, und man kann, indem man diese Gattungen von Kranken wartet, nur den unglücklichen Trost haben, dieselben sterben zu sehen,

hen, oder aber die traurige Hoffnung, dieselben einige Tage zu überleben. Die Natur geht bey dieser Gelegenheit von ihren Rechten und ordentlichen Verbindungen ab. Die Gesetze, so Fleisch und Blut gegeben, sind nicht so stark, als das Schrecken eines fast unvermeidlichen Todes. Selbst die Religion befreyet diejenigen von diesen mit tödtlicher Gefahr verknüpften Pflichten, die sich nicht dazu durch einen besonderen Charakter verbindlich gemacht haben. Es ist erlaubet, Hülfe zu kaufen, und sich derer Leute zu bedienen, die entweder der Geiz der grösten Gefahr unterwirft, oder eine überfließende Liebe dem gemeinen Besten gewidmet hat. Aber Julia erhebet sich weit über die Meynungen einer gemeinen Frömmigkeit. Sie scheint gebohren zu seyn, Heldenthaten zu unternehmen. Sie opfert willig ein so angenehmes, glückliches, und von den ersten Jahren schon merkwürdiges Leben auf, und bleibt durch eine bewundernswürdige Standhaftigkeit, mitten in der Gefahr, so die Herzhaftesten zitternd macht, unbeweglich.

Sie bewundern ohne Zweifel diese Standhaftigkeit, welche Gott mit so hohem Wohlergehen und mit großer Gnade vergolten hat; und sie würden glauben, meine gnädige Frauen, daß dieses Opfer ihres eigenen Lebens das größte Kennzeichen ihrer Beständigkeit gewesen; wenn ich sie nicht erinnerte, daß, da sie endlich ein Verdienst, und ein Herz, so so ihrer würdig war, angetroffen, sich annoch Gefährlichkeiten gefunden, vor welchen sie sich mehr, als vor ihren eigenen, gefürchtet. Es gab noch ein Leben, welches sie noch lieber, als ihr eigenes, hatte.

Sie denken schon an die Schlacht, an die Wunder, an die Siege ihres erlauchten Gemahls. Sie wiederholen in ihrem Gedächtniße diese Beyspiele der Treue, die sie zu einer Zeit der Verwirrung und der Empörung wahrnehmen lassen; einer, in Bezwingung der Städte durch seine Tapferkeit, die andere in Gewinnung der Herzen durch ihre Geschicklichkeit; einer in Wiederbringung der Aufrührer, durch das Schrecken und durch die Gewalt seiner Waffen, die andere in Erweckung der Treue; in dem Gemüthe des Volks durch die Ehrfurcht, welche man für sie hegte; einer in Durchdringung ganzer Schwadronen, ohne weder die Macht, noch die Menge, noch die Gefahr, noch den Tod selbst zu fürchten: die andere in Erblickung ihres aus einer rühmlichen Schlacht, voller Blut und Wunden zurückkommenden Gemahls; ohne, daß ihr die häusliche Betrübniß im Wege gestanden, an der öffentlichen Sicherheit und Ruhe zu arbeiten.

Niemals ist ein Herz von einem heftigern Schmerze so eingenommen gewesen, als das ihrige; niemals ist ein Herz so standhaft gewesen! Die Traurigkeit verhinderte sie, nicht, vorsichtig zu seyn, bey dem sie dem Ansehen

nach

nach verlieren sollte, vergaß sie nicht für das zu sorgen, was sie behalten sollte. Die zärtliche Liebe gegen ihren Gemahl vereinigte sich in ihr mit den Sorgen für das gemeine Wesen. Wenn sie die tödtlichen Wunden des einen verbunden, und die gefährlichen Bewegungen des andern gestillet hatte: so beobachtete sie zu gleicher Zeit alle Pflichten, als eine getreue Gattinn und als eine treue Unterthaninn. Dieses ist genug, ihnen zu zeigen, wie sie den Schwachheiten ihres Geschlechts widerstanden; nun ist noch übrig, ihnen zu zeigen, wie sie auch dem Hochmuthe bey ihrer Erhebung widerstanden.

Einer der Alten sagte vormals, daß die Männer zur Arbeit und zu weltlichen Geschäfften gebohren wären, und daß die Götter sie mit einer Tapferkeit im Streite, mit einer Klugheit in ihren Rathschlägen, mit einer Mäßigung im Glücke, und mit einer Standhaftigkeit im Unglücke ausgerüstet hätten; daß das Frauenzimmer nur zur Ruhe und zur Einsamkeit gebohren wäre; daß alle ihre Tugend wäre, unbekannt zu seyn, ohne sich Verachtung oder Lob zuwege zu bringen; und daß die ohne Zweifel die tugendhafteste wäre, von der man das wenigste geredet hätte. So schloß er sie vom gemeinen Wesen aus, um sie in der Dunkelheit ihres Hauses einzuschränken. Von allen sittlichen Tugenden wollte er ihnen nur die schüchterne Schamhaftigkeit zugestehen. Er nahm ihnen so gar den guten Ruf, welches

Fleschiers Reden. K mit

mit der Zucht ihres Geschlechts verbunden zu seyn scheint: und da er sie zu einer Läßigkeit, die er für lobenswürdig hielt, angewiesen, ließ er ihnen die einzige Ehre übrig, gar keine zu haben.

Die Unbilligkeit dieser Meynung ist leicht einzusehen. Denn außer dem, daß die Weltweisheit uns belehret, daß der Verstand und die Klugheit bey beyden Geschlechtern anzutreffen sind; daß Seelen von einer Art einerley Bewegungen haben, und daß sie bey einerley Sätzen der Vernunft und der natürlichen Billigkeit, auch einerley Tugenden fähig sind: so belehret uns auch die Erfahrung zur Gnüge, daß Gott von Zeit zu Zeit tapfere Weibsbilder erwecke, die er weit über die gewöhnlichen Schwachheiten der Natur erhebt; welchen er, wie es scheint, eine besondere Leibes- und Gemüthsbeschaffenheit ertheilet, und sie würdig machet, wichtige Geschäffte auszurichten, und ihren Zeiten zum Beyspiele und zur Zierde zu dienen.

Von solcher Art war die unvergleichliche Julia, die ganz Frankreich so lange Zeit bewundert hat, und die ganz Franckreich heute bedauret. Sie besaß alle natürliche Eigenschaften, die ein vortreffliches Verdienst ausmachen, und die eine öffentliche Verehrung und Hochachtung nach sich ziehen. Ach! daß ich nicht im Stande bin, ihnen diese Art der Hoheit, und diese mit so vielen Annehmlichkeiten verknüpfte Majestät zu beschreiben; den so gesetzten und zugleich feinen Geist; die so aufgeklärte Beurtheilungs-

kraft,

kraft, die niemals von einem Vorurtheile konnte eingenommen werden; die so edle und großmüthige Seele; dieses Herz, so auch gegen die Ehre und das wahre Lob so empfindlich war. Ach, daß ich ihnen nicht ihre wohlthätige Neigung anzeigen kann, die niemals eine Gelegenheit verabsäumet, denenjenigen zu dienen, die ihrer Hülfe benöthiget waren; die höfliche, leutselige und dienstfertige Begegnung, womit sie so viele Herzen gewonnen; diese Art, sich so richtig als natürlich auszudrücken; die ganz besondere Art des Verstandes, die ihren Umgang so anmuthig machte; diese Gedanken, die jederzeit auf die Grundsätze der Vernunft und auf die Erfahrung der Vornehmsten und Größten in der Welt gegründet waren, deren Sinn und Gedanken, deren Vortheile und Sitten sie so wohl kannte! Ach, daß ich endlich ihnen nicht das erzählen kann, was sie besser wissen würden, als ich: wenn nicht der Schmerz bey ihrem Verluste sie auf eine Zeitlang das Vergnügen vergessen ließ, welches sie gehabt, sie zu besitzen.

Wenn sie gleich nicht den Namen, noch die Geschichte derjenigen Person, von der ich rede, wüßten; wenn sie allen Ruhm ihres Hauses vergessen hätten: so würden sie dennoch in diesem Bilde, das ich ihnen vorstellig gemacht, alle Züge einer durchlauchtigen Frauen erkennen, die fähig ist, den Geist und das Herz der Kinder des größesten Weltmonarchen zu bil-

bilden, ihnen nur ihrem Stande und ihrer Geburt geziemende Worte und Gedanken beyzubringen, und ihrem annoch zarten Gemüthe dergleichen erhabene Meynungen einzudrücken, so die königlichen Seelen von den gemeinen unterscheiden; sie die Kunst zu lehren, ihrer Unterthanen Liebe zu gewinnen, ehe sie noch wissen, sich ihren Feinden furchtbar zu machen; die Ehre und Hoffnung eines großen Königreichs zu unterstützen; mit einem Worte, Hofmeisterinn eines Dauphins von Frankreich zu seyn. Man konnte aus dem, was man an ihr wahrnahm, dasjenige erkennen, was man von ihr zu hoffen hatte; ja schon zur Zeit der Geburt dieses jungen Prinzen, war es leicht zu urtheilen, daß Gott, dessen Vorsicht über die Könige und Königreiche wachet, sie zu seiner Auferziehung bestimmet hatte; und daß der König, dessen Wahl so vernünftig ist, sie unter allen Personen am Hofe zu einem so wichtigen Amte erwählen müssen.

Er erwählte sie wirklich, meine gnädige Frauen, um ihr dieß königliche Kind anzuvertrauen, welches heute die Lust und Freude der Völker ist. Weder der Ehrgeiz, noch ein blindes ohngefähr hatten Theil an dieser Wahl. Ganz Frankreich war derselben durch ein Wünschen und Verlangen schon zuvor gekommen, und der König hatte sie mit Einsicht und Billigkeit getroffen. Zu der Zeit, als er selbst die Last der Reichsgeschäffte zu übernehmen anfieng,

fieng, als er auf die glorreichen Unternehmungen bedacht war, die er hernach zur Erfüllung gebracht, die Ungerechtigkeit zu unterdrücken, gute Zucht wieder herzustellen, die Misbräuche, die sich in die Gesetze selbst eingeschlichen, abzuschaffen, den Frieden in seinen Provinzen zu befestigen, und in seine Rechte, entweder als ein Ueberwinder, oder als ein friedliebender Prinz, einzutreten. Zu dieser Zeit, sage ich, da er von den so großen Regeln der Billigkeit, die er seitdem in die Uebung gebracht, eingenommen, die Verdienste seiner Unterthanen von sich selbst zu vergelten anfieng, war er der Meynung, daß er keinen größeren Begriff seiner Beurtheilungskraft und seiner Gerechtigkeit von sich geben könnte, als wenn er der getreuesten und erleuchtetsten Person seines Königreichs die wichtigste Sorge seines Staats anvertrauete.

Sie ist es demnach, so die Ehre gehabt, die ersten Gedanken und die ersten Worte dieses jungen Prinzen zu bilden. Konnte er wohl anständiger denken, konnte er wohl anständiger reden? Sie unterwies ihn, reine und unschuldige Hände gen Himmel aufzuheben, und seine ersten Blicke nach seinem Schöpfer zu lenken; sie hat ihm seine ersten Gelübde und erste Gebethe beygebracht; sie hat die erstern Seufzer aus seinem Herzen gezogen. Wie oft hat sie, bey Abtrocknung seiner Thränen, Gott gebethen, daß er ihm eine zärtliche Liebe gegen sein Volk einflößen möchte? Wie oft hat sie, bey Ausbesserung

rung seiner Fehler, für ihn um ein kluges und den himmlischen Einflüssen folgsames Herz gebethen? Wie oft hat sie Gott, der die Herzen der Könige in seiner Hand hat, angerufen, aus ihm einen Prinzen nach seinem Herzen zu bilden. Und wie oft hat sie mit dem Propheten gebethet: Gott, gieb dein Gericht dem Könige und deine Gerechtigkeit des Königes Sohne! Ich übergehe die so nutzbaren Anweisungen, die sie ihm nachdem beygebracht; ich gedenke auch nicht an diejenigen, die sie ihm hätte beybringen können, wenn Gott den Lauf ihrer Jahre verlängert hätte. Ich begnüge mich zu sagen, daß man niemals eine festere Zuneigung angetroffen, als diejenige, die sie gegen diesen Prinzen bezeigete. Wer kann die Freude ausdrücken, die sie verspüret, als sie seine guten Neigungen hervorkommen, seine gute Geschicklichkeit zunehmen, und diesen kostbaren Saamen der Ehre und Tugend, den sie mit so vieler Sorgfalt in sein Herz geleget, hervor keimen sah? Aber, wer kann den Schmerz beschreiben, den sie bey sich empfunden, als die Vorsehung Gottes sie von diesem Amte abgezogen, an welches sie sowohl durch Neigung und Zärtlichkeit, als durch Pflicht und Treue gebunden war?

Fürwahr, es ist nichts liebenswürdiger, als die Kindheit der zur Regierung bestimmten Prinzen, wenn sie die Merkmale einer glücklichen Gemüthsart von sich geben. Man wird an ihnen Stralen der göttlichen Majestät mit untermischten Stralen der menschlichen Schwachheit gewahr. Sie sind die aufgehenden Sonnen, so die Augen ergötzen, und doch nicht verblenden. Ein jeder sucht in ihrem Angesichte die Vorbedeutungen seines künftigen Glückes. In ihren geringsten Handlungen glaubt man die Gründe der öffentlichen Hoffnung zu finden. Sie werden desto mehr geliebt, weil sie nichts haben, wodurch sie sich furchtbar machen, und sie beherrschen so viel stärker die Herzen, da sie noch nicht in ihren Staaten regieren.

Die Majestät der Könige erwecket mehr Ehrfurcht als Zärtlichkeit. Es giebt eine Art der bürgerlichen Religion und des weltlichen Gottesdienstes, die uns die Züge verehren heisset, welche Gott der Stirne derer eingedruckt, die er seiner Gewalt theilhaftig zu machen würdiget. Sie mögen sich noch so sehr zu uns herunter lassen, wir dürfen es doch nicht wagen, uns bis an sie zu erheben. Sind sie gleich Väter der Völker, so sind sie doch ihre Herren und Beherrscher. Was für Schwachheiten sie auch an sich haben, so verbirgt sich doch, so zu reden, der Mensch hinter dem Monarchen: und so gütig als die Könige sich bezeigen, so steht doch immer der Glanz einer königlichen Hoheit ihnen zur Seite. Wenn sie aber nur diese Annehmlichkeit der Jugend noch an sich haben, wenn aus ihren Augen und ihrem Gesichte nichts als Leutseligkeit und Unschuld hervorleuchtet; wenn sie annoch die Wahrheit ertra-

K 4 gen

Xenophon.

gen können, und an statt einer einzigen Annehmlichkeit, welche Gott, wie einer der Alten saget, einem jeden Weltbeherrscher ertheilet, um die Strenge seiner Hoheit zu mäßigen, es das Ansehen hat, als wenn alle Annehmlichkeiten zusammen sich bey ihnen einfänden: alsbann machen sie einen Eindruck der Liebe und Zärtlichkeit in dem Herzen derjenigen, die um sie sind; noch mehr aber bey denen, die für ihre Auferziehung sorgen, und die erstern Werkzeuge der allgemeinen Glückseligkeit seyn sollen.

Hat man jemals eine eifrigere Hofmeisterinn gehabt? Hat man jemals einen liebenswürdigern jungen Prinzen angetroffen? Urtheilen sie daraus, wie empfindlich ihr diese Trennung gewesen. Sie konnte sich durch nichts, als durch den Gehorsam trösten, den sie dem allergrößten und allerweisesten aller Könige erwies; und durch die Ehre, daß sie in den Dienst der allergrößten und allerfrömmsten Königinn der Welt treten sollte.

Aber, ach! sie mußte sich noch zu weit betrübtern und empfindlichern Trennungen anschicken. Grausamer Tod! warum ließest du ihr nicht länger das Vergnügen, die Früchte ihrer Arbeit zu sehen? Warum hat sie denn den größten Theil ihrer Hoffnung in Erfüllung gesehen? Warum hat sie nicht diese große Eigenschaften hervorleuchten gesehen, dazu sie den Grund geleget? Himmlische Seele! die du nunmehr in dem Schooße des Friedens und der ewigen

gen

Stille ruhest; ich bin gewiß, daß dieses die einzige Annehmlichkeit ist, um welcher du noch zu leben gewünschet hast! Aber, wa du noch einige Empfindung gegen die Welt hast, welche du bereits verlassen: so gedenke, daß diese wachsenden Tugenden immer mehr Stärke gewinnen; daß deine Arbeit von Tage zu Tage vollkommener wird; daß ein Theil deiner selbst dasjenige vollführet, was du angefangen hast; daß ein erlauchter Gemahl zu dieser so wichtigen Erziehung eben den Witz anwende, den du so hoch gehalten; eben die Seele, die so ganz genau mit dir verbunden gewesen; eben das Herz, in welchem du noch lebest: und daß auch mitten in dem Schmerze über deinen Verlust ihm annoch der Trost bleibt, etwas von dir in dem Geiste und in den Handlungen dieses bewundernswürdigen Kindes zu finden, welches er so sorgfältig erziehet.

Jedoch, warum wollen wir, meine gnädige Frauen, durch diese traurigen Vorstellungen die ruhmvolle Erzählung ihrer Vorzüge und Ehrenstellen unterbrechen? Hier wäre der Ort, ihnen dieselbe in dem größten Glanze ihres Lebens vorzustellen, wie sie mit der Hochachtung und dem Vertrauen ihrer Obern beehret, mit allen Gnadenbezeugungen, welche nur immer auf sie selbst, oder auf ihr Geschlecht fallen konnten, überhäufet, und von allen Kennern wahrer Verdienste, oder von Anbethern der Günstlinge umgeben war. Aber, ich bin gewiß, daß sie auf keinen, als auf Gott allein, ihr Vertrauen jemals gesetzet; und ich bescheide mich, daß ich zu Verlobten Christi rede, die ein demüthiges und bußfertiges Leben führen, und bey denen alle menschliche Hoheit, nichts als Eitelkeit ist. Lasset uns demnach dieser Ehre, dieses Ruhms und dieser Würden, zu keinem andern Ende erwähnen, als zu erwägen, wie gut und herrlich sie dieselben angewandt.

Die Ehrenstellen sind zur Vergeltung der Verdienste, zur Ausübung der Klugheit, und zur Gelegenheit Wohlthaten zu erweisen, eingeführet: und von rechtswegen kommen sie keinen, als sittsamen, gerechten und mildthätigen Seelen zu, welche dieselben ohne ein ämsiges Bestreben annehmen, ohne Hochmuth besitzen und ohne Eigennutz behalten. Aber, der Weltsinn hat den wahren Gebrauch derselben verkehret. Man bringt sich darnach, ohne sie zu verdienen; man misbrauchet sie, so bald man sie erhalten: und, wenn man dieselben besitzt, so suchet man darinn nur seinen eigenen Nutzen. Der Ehrgeiz trachtet, sie so gar durch lasterhafte Mittel zu erhalten. Die Eitelkeit siehet sie als Vorrechte und Vorzüge vor dem übrigen Theile der Menschen an, und die Ungerechtigkeit machet, daß man allen Nutzen davon, den man andern hätte mittheilen sollen, nur für sich allein behält. Unsre durchlauchte Herzoginn ist diesen gefährlichen Klippen ausgewichen; sie hat nach keinen Ehrenstellen getrachtet, ob sie gleich derselben

ſelben würdig geweſen; ſie hat ſich nicht allemal ihres völligen Anſehens bedienet, ſo wie ſie es wohl hätte thun können; ſie hat alle ihr Vermögen angewandt, denen, die ihrer Hülfe benöthiget waren, Beyſtand zu leiſten.

Wäre die Hoheit und ihr ſtiller Geiſt weniger bekannt geweſen: ſo würde ich ihnen nur ſagen, daß ſie ſich keines von dieſen Kunſtgriffen bedienet, ſo die Ehrſüchtigen eine Weltwiſſenſchaft und das Geheimniß hoch zu ſteigen nennen; und daß ſie ſich weder durch ein dringendes Anhalten noch durch niederträchtige Schmäucheleyen bey Hofe beliebt gemacht. Aber, ich kann noch höher gehen, und behaupte, daß ſie ihren Geiſt weit über die falſchen Begriffe der Sterblichen erhoben; daß ſie die von höherem Stande ohne Neid, und die von geringerem Glücke ohne Verachtung angeſehen; daß ſie der Tugend um ihrer eigenen Würdigkeit, nicht aber, um des ſie begleitenden Ruhmes und der Vergeltung willen, nachgetrachtet; und daß überhaupt ſie von der Ehre, nicht aber die Ehre von ihr, geſuchet worden.

Denken ſie, meine gnädige Frauen, ein wenig zurück, und erinnern ſich des Anfangs zu ihren Ehrenſtellen. Sie war von einer gefährlichen Krankheit überfallen, und wie hätte ſie für ihr Glück Gelübde thun ſollen, ſie, die ſolche faſt nicht einmal zu ihrer Geneſung anwendete? Wie ſollte ſie wohl eine Sehnſucht nach irrdiſcher Hoheit an ſich verſpüret haben, da ſie

der

der himmlischen Hoheit so nahe war? Wie hätte man besorgt seyn sollen, ihr viele Würden zu verschaffen, da man nur bemühet seyn mußte, ihre übrige Lebenstage zu erhalten. Man dachte an alle diese Glückseligkeiten nicht; es war Glück genug, sie ncht zu verlieren: und in der Gefahr, in der sie schwebte, war man um nichts besorgt, als nur den Himmel für sie anzurufen. Gott erhörte auch das Flehen der Ihrigen zu eben der Zeit, als er die Wünsche von ganz Frankreich erfüllete. Er ließ einen Prinzen gebohren werden, der von diesem großen Königreiche Erbe seyn sollte, und verhinderte den Tod derjenigen, die seine Vorsehung ihm zur Führerinn bestimmte.

Es ist nicht genug, Ehrenstellen zu betreten, sondern man muß dieselben mit Mäßigung besitzen. Diejenigen, die ihre Begierden in Ordnung zu halten wissen, wissen nicht allemal dem Ansehen, worinn sie stehen, Schranken zu setzen. Der Hochmuth, welcher von der Gunst der Großen fast unzertrennlich ist, führet ein fliegendes und durchbringendes Gift bey sich, welches sich allgemach in die Seele der Hohen einschleicht, und selbst diejenigen, die in einem mittelmäßigen Stande keinen Ehrgeiz besaßen, werden zuweilen unanständig stolz, so bald sie sich auf einer höhern Stuffe befinden. Die unvergleichliche Julia aber ließ sich nicht von dem Glanze vergänglicher Hoheit blenden. Je mehr sie erhaben war, je mehr stralte die Beschei-

Schönheit an ihr hervor. Sie kannte die Quelle aller Eitelkeit, und ihr mit so reifen Ueberlegungen angefülltes Gemüth, welche den Geist wider alle falsche Meynungen der Welt stärken, machte, daß sie einsmals sagte: Was rühren wir denn aus, was wollen wir mit unserm Hochmuthe? Alle unsere Ehrenstellen werden bald mit uns dahin fallen. Der Tod wird bald den Staub derjenigen, die bey Hofe ein großes Ansehen machen, mit der Asche derer vermengen, die da unbekannt in ihrer Eingezogenheit leben, und der ganze Unterschied besteht in etwas mehr oder weniger Ehrenbenennungen, die man uns auf unsre Grabmähler setzet. Ihr ganzes Trachten gieng nur dahin, ihr geltendes Ansehen mit rechtem Nutzen anzuwenden; und man kann von ihr mit Wahrheit sagen, daß, ob sie gleich nach der Welt Art, Anlaß, und öfters bequeme Gelegenheiten gehabt, das ihr zugefügte Unrecht empfindlich zu ahnden, sie dennoch jederzeit die Begierde sich zu rächen, der Großmuth aufgeopfert, und niemals schaden wollen; auch selbst denjenigen nicht, von welchen sie glauben konnte, daß es ihre Feinde, oder besser zu sagen, ihre Neider waren. Wie wäre es auch möglich gewesen, daß sie jemanden hätte Schaden zufügen können, sie, deren Haupteigenschaft es war, gutthätig zu seyn, und die, um mich der Worte jenes berühmten Römers zu bedie- *Val. M. L. 4 c. 8.* nen, nicht so wohl eine sterbliche Frau, als

viel-

vielmehr eine allen Unglückseligen günstige Gottheit vorstellete? Sie wußte, daß diejenigen, die einen freyen Zutritt bey gekrönten Häuptern haben, denselben nach ihrem Vermögen das Flehen und die Thränen ihrer Unterthanen vorstellen sollen: nach Art der Friedensengel, welche das Sehnen der Gerechten und den Weihrauch ihres Gebeths, vor den Thron des Allerhöchsten bringen. Sie wußte, daß die Grossen um so vielmehr das Ebenbild Gottes sind, je mehr Mittel Gutes zu thun, sie in Händen haben: und daß sie nur gebohren zu seyn scheinen, Mildthätigkeit auszuüben. Sie wußte endlich auch, daß ohne Fürsprecher und Gunst niemand bey Hofe fortkommen könne, wo das Unrecht die Wohlthaten überwiegt; wo man die vom Glücke verlassenen verachtet; wo lauter Neid die Mächtigen antastet, und gar kein Mitleiden den Schwachen beysteht; wo man endlich meynet, den Unglücklichen schon Gnade zu erzeigen, wenn man sie nicht gänzlich unterdrücket.

Sie wollte lieber ihr Ansehen zum besten anderer, als zu ihrem eigenen Nutzen anwenden. Die Beysorge, Undankbare zu finden, oder das Misvergnügen, solche schon gefunden zu haben, hat sie niemals abgehalten, neue Wohlthätigkeiten auszuüben. Kam es darauf an, ein billiges Gesuch zu unterstützen, ein unerkanntes Verdienst hervorzuziehen, eine noch zweifelhafte Verzeihung auszuwirken, eine verdächtig gemachmachte Treue zu entschuldigen, einen geleisteten Dienst in seinem Werthe vorzustellen, einen verzeihlichen Fehler zu beschönigen, einen heilsamen Rath zu ertheilen, und jemanden nur zu seinem kleinen Glücke zu verhelfen, so war sie jederzeit zur Fürsprache bereit. Sie ward denen Strömen gleich, welche mit ihren stolzen Wellen auch dürre und unfruchtbare Gegenden befeuchten, und, nachdem sie die sonst in den Feldern nur versiegenden Gewässer gesammlet, dem Meere sowohl das Silber ihrer eigenen Fluthen, als auch den Beytrag kleiner Bäche, als einen Zoll zuführen.

Ihre liebreiche Art wohlzuthun, war iedoch angenehmer, als die Wohlthat selbst. Sie gab, ohne überdrüßig zu werden, auch selbst den Unverschämten Gehör, und ihre Weigerungen waren mit einer Annehmlichkeit begleitet. Ihre Klugheit wußte die glücklichen Stunden zum Bitten zu erwählen, und ich behaupte das von ihr, was der Weise von seiner Heldinn saget, daß ein Gesetz der Lieblichkeit ihre Zunge lenkte, und ein Geist der Weisheit und Ueberlegung ihre Worte regierte: sie that ihren Mund auf mit Weisheit, und auf ihrer Zunge war holdselige Lehre: Daher hat man auch zu der Zeit, als Gott sie der Welt, auf welcher sie sich so unentbehrlich gemacht, und die ihr Andenken im Segen erhält, entriß, und da ein jeder von seinem Nächsten ein freyes Urtheil zu fällen, da man alle gute und böse

Spr. S. 31, 26.

böse Eigenschaften der Sterbenden zu wiederholen, und da ein jeder in seinem Sinne, so wie er nach seinen Leidenschaften damit entweder zufrieden zu seyn, oder sich zu beschweren Ursache gehabt, ihnen eine Grabschrift nach seiner Art zu setzen pfleget, nichts als aufrichtiges Wehklagen, ungeheuchelte Lobsprüche und öffentliche Zeugnisse der Hochachtung und Erkenntlichkeit gehöret. Diejenigen, derer Verlangen oder Klagen sie sich mitleidig angenommen, biethen heute für sie von allen Seiten die Opfer ihrer Thränen, oder ihres Gebeths dar. Die Geschlechter, denen sie Beystand geleistet, und die ihr die Ruhe, so sie genießen, zu verdanken haben, wünschen ihr ohne Aufhören die ewige Ruhe bey Gott. Die volkreichsten Städte versammlen ihre Einwohner, ihr Leichenbegängniß mit aller Pracht zu begehen. Die Länder, welche sie durch ihre Frömmigkeit und reichlich ausgetheilte Allmosen erbauet, erschallen von ihren Lobsprüchen. Die Priester welhen für sie auf den Altären das Opfer Jesu Christi; und die Armen, denen sie beygestanden, bitten Gott für sie um eben die Barmherzigkeit, die sie ihnen hat wiederfahren lassen.

Hätten sie, meine gnädige Frauen, nach ihrer von Jugend auf habenden Kenntniß von denen Gefährlichkeiten dieser Zeit, deren anstekendes Gift sie allezeit gescheuet haben, wohl gedacht, daß man die Welt so gut gebrauchen könne, und daß man die Mittel

seines

seines Heils aus diesem Glanze und aus dessen Ueberflusse ziehen können, welcher zum Verderben und zum Verluste der Seelen so oft Gelegenheit giebt. Glauben sie doch nicht, daß ich ja, um ihren Schmerz zu lindern, oder dem ... zu schmäucheln, die Tugend derjenigen, die ... beweinen, habe vergrößern und sie zugleich mit der Welt allhie rechtfertigen wollen. Gott behüte mich, Gründe zum Lobe, mit Hindansetzung der Wahrheit zu suchen, und durch eine geheuchelte Gefälligkeit den Weltsinn mit Christi Sinne wider die Vorschrift des Evangelii, gleichstimmig zu machen.

Ich weis, daß ihr Leben gesetz- und regelmäßig gewesen, aber, mag es auch wohl rein, christlich und von der Welt entfernet genug gewesen seyn? Gott hat sie vor den Ausschweifungen, die von der Gunst und dem Glücke fast unzertrennlich sind, befreyet: aber hat sie auch die der Natur anklebenden Schwachheiten, die weltlichen Lüste, davon der heilige Paulus redet, die menschlichen Gefälligkeiten, die halb guten halb bösen Absichten, die oft zu weichherzigen Willfährigkeiten, die Wirklosigkeit des Lebens und den kaltsinnigen Trieb für das Heil ihrer Seelen vermieden? Ist sie von denen Fehlern befreyet gewesen, die in dieser Welt unvermeidlich sind; wo die Gewinnsucht auch die uneigennützigsten Gemüther beherrschet; wo selbst die gesetztesten Geister durch Beyspiele und Gewohnheiten hingerissen werden; wo, wenn man sich nicht ganz verliert, wenigstens doch öfters auf Irrwege geräth, und wenn man sein Herz dem Schöpfer nicht gänzlich vorenthält, es wenigstens zwischen ihm und den Geschöpfen theilet?

Also dörfte aller von unserer Erblaßten angemerkten Tugenden ungeachtet, noch ein vieles für sie zu fürchten seyn. Aber, außer dem, daß sie diese gefährlichen Jahre, bey einer, so sehr ihrer Frömmigkeit, als ihres Standes und ihrer Geburt wegen erhabenen Königinn, zugebracht; welche öfters die Stufen des Altars, als den Thron betritt, und von der man Tugenden lernen kann, die selbst den Hof zu heiligen vermögend sind: so erwege ich, daß sie ihre Sündenschuld durch die insgeheim in den Schooß der Armen gelegten Allmosen getilget, und durch eine lange mit vieler Strenge vollbrachten Buße ausgesöhnet hat. Und das ist der dritte Theil meiner Rede.

Wenn diese durchlauchtige Herzoginn, die wir in ihrem größern Wohlergehen gesehen, ihre Tage in den Ergötzlichkeiten und in der Weltfreude beschlossen hätte; wenn sie mitten im blendenden Glanze ihres Glückes, die finstere und schreckensvolle Gruft hätte betreten müssen; wenn ihr Gang aus dem königlichen Pallaste, sie so fort zu dem Richterstuhle Gottes geführet hätte: so würde ich von ihrem Tode nicht anders, als mit zittern reden, und sie, meine gnädige Frauen, zu beweinen selbst anreizen; sollte gleich der Fortgang dieser Trauer- und Lobrede

durch

durch dero Seufzer und Thränen gehemmet werden.

Ich weis zwar wohl, daß die Kirche, die den Werth und die Kraft des Blutes Jesu Christi kennet, niemals an der Seligkeit derer, die im Glauben, und in dem Gebrauche ihrer Sacramente sterben, zweifelt; daß Gott nach seinem heiligen Willen seine Auserwählten mit Barmherzigkeit richtet; daß er mit seiner lebendigen und durchdringenden Gnade, in weniger Zeit alle Befleckung, die der Umgang der Menschen und der ansteckende Dunst der Welt in den Herzen noch übrig läßt, vertilget; und daß wenige zur Ausübung der Liebeswerke glücklich angewandte Augenblicke ganzen Jahren der Buße gleich wiegen. Ich weis aber, daß man mit Jesu Christo muß gelitten haben, um mit ihm zu herrschen; daß man sich mit Gott durch Gebeth, Thränen, und durch eine Absonderung von der Welt, wenn man ihr als seinem Feinde gefolget hat, versöhnen müsse. Und dann weis ich auch, daß die Buße derjenigen, die solche bis auf die Todesstunde versparen, sehr verdächtig ist; daß ihre Traurigkeit oftmals mehr in einer Bedaurung, daß sie sterben müssen, als in einer Bereuung, übel gelebt zu haben, bestehe; daß sie mehr von ihrer geschwächten Natur, als von dem wahren Eifer einer brünstigen Liebe niedergeschlagen sind; und daß ihre Seufzer mehr die Wirkungen einer menschlichen Furcht, als Früchte einer rechtschaffenen Buße sind.

Ich

Ich danke unserm Heilande, daß er uns von allen diesen Besorgnissen befreyet hat. Ich rede mit zuversichtlichem Vertrauen von einem christlichen Tode, zu welchem die Vorbereitungen in schmerzhaften und niederschlagenden Krankheiten, in Verläugnung aller Wollust und menschlichen Trostes, in einer zerknirschenden Traurigkeit, in einer gänzlichen Unterwerfung in den Willen Gottes, und in einer anhaltenden Geduld bestanden haben.

Die heiligen Kirchensatzungen verordneten vor Zeiten den Sündern, viele Jahre in dem Stande der Aussöhnung zu leben, ehe sie zum Gebrauche der geheimnißvollen Sacramente gelassen wurden. Sie opferten sich selbst, um an dem Opfer Jesu Christi Theil zu haben. Sie blieben kniend vor den Thüren der geheiligten Tempel liegen, bevor sie sich dem innern Heiligthume nähern durften: und sie waren mehr als glücklich, daß sie durch Thränen und durch Leiden zu ihres Herrn Freude eingehen, und seine Gerechtigkeit zu versöhnen sich bemühen durften, ehe sie seiner Gnade theilhaftig werden konnten. Was hierinn die Lehrsätze der Kirchen eingeführet, solches, meine gnädige Frauen, hat die Vorsehung Gottes an dero so tugendhaften Schwester vollführet. Gott hat die Bande, welche sie an die Welt verknüpften, zerrissen, um sie in das himmlische Jerusalem zu ziehen. Er hat sie durch die Ausübung ihrer Geduld gereiniget, daß sie würdig wäre, in seine Herrlichkeit einzugehen.

gehen. Er hat sie vor Menschen gedemüthigt, um sie bis zu sich zu erhöhen, und durch beyjährige Buße hat er sie zum Genuße der ewigen Glückseligkeit vorbereitet.

Soll ich ihnen hier ihre zunehmenden Leibes-Schwachheiten, ihre täglich abnehmende Lebens-Kräfte, die allein Gott bekannte Last, so sie unvermerkt unterdrückte, und die unvermuthete Hinfälligkeit, so sie mitten in ihren großen Beschäfftigungen aufhielt, vorstellen? Soll ich ihnen sagen, wie sie mehr denn tausendmal ihre noch übrige Kräfte gesammlet, ihren gewöhnlichen Pflichten sich zu unterziehen; wie ihr Herz die Mattigkeit ihres Körpers niemals empfunden; wie ihr Eifer sie bey der Ohnmacht der Natur erhalten; wie sie ihre Gesundheit, so schwach und abgenutzt sie auch war, dennoch der Ehre, um eine große Königinn zu seyn, aufgeopfert; und wie sie bey der Größe ihrer Schmerzen, über nichts so sehr, als über ihre Unvermögenheit, ihr zu dienen, getrauret? Lasset uns vielmehr diese Umstände, daran die Eitelkeit noch einigen Theil hat, bey Seite setzen, und von dem Weltlichen zu denen von ihr ausgeübten christlichen Tugenden schreiten.

Ihre Absonderung war der Anfang ihrer Buße, und die Gewalt, die sie sich durch die Entfernung vom Hofe anthat, wo die Gewohnheit, die Ehre, die Gnadenbezeugungen, selbst die ehrerbietige zärtliche Neigung für den Prinzen, sie so genau verbunden hielt: dieser

L 3 Zwang,

Zwang, sage ich, war das erste Opfer, so sie für Gott brachte. Ach, wie schwer ist es, sich in die Einsamkeit zu begeben, wenn man lange Zeit an den Höfen der Könige gelebet? Die Augen, welche zu dem Anschauen der vergänglichen Welt von der Seite, da sie am prächtigsten scheint, gewöhnt sind, schließen sich gern zu, wenn sie nichts antreffen, was ihrer Neugierde oder ihren Lüsten schmäuchelt. Der mit lauter prächtigen Vorstellungen angefüllte Geist, welcher ein Wohlgefallen hat, in seinen ausschweifenden Gedanken sich zu verlieren, wird unmuthsvoll, so bald er sich in sich selbst eingeschränket, und in geringen ihn nur obenhin rührenden Gegenständen eingeschlossen sieht. Die Seele, welche gewohnet ist, von großen und sie lebhaft rührenden Leidenschaften gereget zu werden, hat an diesen schwachen und schlechten Eindrücken, die sie in der Einsamkeit erhält, keine Empfindung mehr. Daraus entsteht die verbindende Zuneigung, so man zu diesem Leben hat, ob es gleich voll Beschwerlichkeit und verworrener Unruhe ist, die, so sich täglich mit grosser Beredtsamkeit darüber beklagen, finden doch endlich einen Gefallen daran. Die Geduld wird in denselben durch das Verlangen, und das Verlangen durch die Hoffnung unterstützet. Dieses ist eben die bezaubernde Reizung,

B. Weish. 4. von der der weise Mann redet. Man macht sich fast wider Willen verbindlich; man erkennet seine Dienstbarkeit, und man fürchtet doch nichts so sehr, als seine Freyheit: und mit was für

für Mühe und Kummer man auch darinn wollet, so ist es doch unerträglich, davon entfernet zu seyn. Es steht allein, mein Gott, in deiner Macht, die Ketten dieser Gefangenen zu zerbrechen, den Zauberdunst, der ihre Augen umnebelt, zu zertheilen, und die Gemüther und Herzen derer, welche von den Eitelkeiten der Welt, die du bereits besieget, eingenommen sind, mit deiner anbethungswürdigen Wahrheit zu erfüllen.

Diese Gnade hat Gott dieser durchlauchten Verstorbenen, so wir anjetzt beweinen, wiederfahren lassen. Gott hat sie in die Einsamkeit geführet, um mit ihrem Geiste in geheim und in der Stille reden zu können. Sie ist aus Aegypten durch die dürre und unfruchtbare Wüsten gegangen, und in dieses glückselige Land, da Milch und Honig fleußt, eingetreten. Sie hat ihre letzten Lebensjahre, als ein Ueberbleibsel eines vorhin zwischen Gott und der Welt getheilten Lebens angesehen, und welche sie nunmehr nur Gott allein aufopfern wollte. Ihre sonst muntere Einbildungskraft stellete ihr die Welt nur in der Entfernung vor. Ihr ehemals hurtiges und jederzeit fertiges Gedächtniß war anjetzo von den weltlichen Handlungen und Vorstellungen ganz entfernt. Gott vermittelte durch eine betrübte, aber zu ihrem Besten ausschlagende Schwermuth, daß sie nur an ihn allein gedenken, nur allein seiner sich erinnern, und nur von ihm allein gerühret seyn sollte.

sollte. Nach dieser Absonderung bestrebte sie sich, nur die drückende Last ihrer Leibesschwachheiten mit einem christlichen Muthe zu erdulden: und ihr hoher Geist, welcher in allen Handlungen ihres Lebens hervor geleuchtet, ließ sich auch selbst in ihrem Leiden sehen. Vielleicht möchte iemand sagen, daß sie nicht solche unerträgliche Schmerzen, um welcher willen man den Tod für einen Trost, und das Leben für eine Strafe achtet, empfunden; daß ihr Kreuz mehr unbequem als beschwerlich gewesen; und daß diese Mattigkeit, von der sie unvermerkt verzehret wurde, mehr aus einer Beraubung des Wohllebens, als aus einem wirklichen Schmerze entstanden. Es ist wahr, daß sie nicht solche grausame peinigende Schmerzen erlitten, welche den Leib ausmergeln, und die Seele durchdringen, und in einem Augenblicke alle Standhaftigkeit eines Kranken erschöpfen. Aus einem Mistrauen zu ihren eigenen Kräften hat sie Gott zum öftern angerufen, daß er sie davon befreyen möchte, und es scheint, daß er auch ihr Flehen erhöret habe. Aber, wenn gleich so eine Barmherzigkeit die Strenge ihrer Buße gemildert, so hat doch auch seine Gerechtigkeit sie desto länger währen lassen. Und diese lange Prüfung auszustehen, hat nicht weniger Stärke erfordert, als wenn sie kürzer und heftiger gewesen wäre.

In der That, in den stärksten Anfällen sammlet die Natur ihr ganzes Vermögen zusammen,

sammen, das Herz waffnet sich mit aller möglichen Standhaftigkeit; die Empfindung ist so viel schwächer, weil die Heftigkeit des Leidens uns die Empfindlichkeit benimmt: und wenn auch das Leiden groß ist, so giebt die Hoffnung doch allezeit den Trost, daß es nicht von langer Dauer seyn werde. Auszehrende Krankheiten aber sind um so viel beschwerlicher, je weniger man ihr Ende sieht. Man muß das Uebel selbst, und auch die so unangenehmen Gegenmittel ertragen. Die Natur wird von Tage zu Tage mehr abgemattet, die Kräfte nehmen jeden Augenblick ab, und die Geduld schwächet sich zugleich mit dem, der da leidet. Hier können wir gar wohl das auf unsre Selige ziehen, was Salomon von seiner Heldinn anführet: Sie gürtet ihre Lenden fest und stärket ihre Arme; daß sie nämlich ihre Kräfte zusammen genommen, um die widerwärtige und schmachtende Mattigkeit, die ihr ohne Unterlaß einen Theil ihres Lebens nach dem andern raubete, und täglich ihrer Brust tödtliche Wunden beybrachte, zu bestreiten. Pr.Sal. 31, 17.

Ist wohl iemals ein dreyjähriges Leiden mit gleicher Geduld ertragen worden? Hat der Schmerz wohl jemals aus ihrem Munde oder aus ihrem Herzen, ich will nicht sagen, eine bittere Klage, ein mürrisches Wort; sondern nur ein Merkmahl der Ungeduld; oder eine unruhige Rede gepresset? Hat sie ihre Züchtigung für allzulang, oder für allzustrenge angesehen?

Hat sie geglaubet, daß ihr Kreuz zu hart oder zu empfindlich gewesen? Ihr heiligen Seelen! von denen ich rede, die ihr gewohnet seyd, das Joch eures Heylandes von euren zartesten Jahren an zu tragen; die ihr an den Stufen der Altäre, unter dem Schatten des Kreuzes Jesu Christi erzogen worden; die ihr euer Leben in Ausübung einer strengen Buße zugebracht habet. Erduldet ihr wohl mit größerer Standhaftigkeit und Glauben die Strafen, die euch Gott zuschickt? Ich nehme eure Herzen und Gewissen zu Zeugen! Unterhaltet ihr wohl in eurer Einsamkeit den innerlichen Frieden mit mehrerem Glaubenseifer, als sie gethan hat? Nein, nein, sie hat allen Vorzügen, als die Vorsehung Gottes sie von der Welt abgesondert, mit eben solcher Großmuth entsaget, als ihr bey Meidung derselben bewiesen habt. Nach ihrem Ausgange aus dem königlichen Pallaste, hat sie dergleichen Tugenden ausgeübet, die man meinem Bedünken nach, nur in den Klöstern lernet; und nachdem sie allen Pflichten bey Hofe ein völliges Genügen gethan, so hat sie eben das, was ihr in euren Zellen erduldet, ohne Murren und Wehklagen erlitten! Doch, meine gnädige Frauen, was sage ich, ohne Wehklagen? Vergesse ich auch die aus dem Innersten ihres Herzen gestiegenen Seufzer, ihre mit Furcht und Leiden untermengten Worte, die ich selbst gehöret, und die auf ihrem Gesichte gebildete Traurigkeit, die ich selbst gesehen habe? Besorgen sie indessen nicht, daß etwas ihrem

rem Andenken und ihrer Tugend nachtheilig seyn könne. Denn diese aufwallenden Regungen, von denen ich rede, rührten nicht von einer Schwachheit des Geistes, sondern vielmehr aus einem Eifer der Bußfertigkeit her. Sie waren nicht Merkmale einer wohlgefälligen Verbindung an dieses Leben; sondern vielmehr eine Bereuung, daß sie so viel Gelegenheit gehabt, sich an dasselbe zu verbinden. Sie war deswegen beängstiget, daß ihr Glück zu groß gewesen, und ihr Leiden dagegen zu klein sey: und indem sie mit bittern Widerwillen ihrer Seelen sich der Jahre, die sie mitten in der Ehre und Herrlichkeit zugebracht hatte, erinnert, pflegte sie zu sagen: Ich beklage mich nicht, daß ich sterbe, sondern ich beklage mich, daß ich zu glücklich gelebt habe. Die Züchtigungen, die mir der Himmel zugeschickt, sind mit den Glückseligkeiten, die ich von ihm empfangen, gar nicht in gleicher Verhältniß; und mein größtes Leiden bestehet darinn, daß ich noch nicht gnug leide. Und bey diesen Umständen wollen wir sündlichen und sterblichen Menschen einer vergänglichen und nichts, als Reue, hinterlassenden Freude nachtrachten! Wir wollen diese Erhebungen zum Gegenstande unserer Ehrbegierde setzen, welche dermaleins Ursachen der Furcht und Traurigkeit seyn sollen! Und wir wollen das die Glückseligkeit unseres Lebens nennen, was wir verlassen, verabscheuen und bey unserm Tode büßen müssen!

Halten

Halten meine gnädige Frauen mir diesen Eifer zu Gnaden. Das, was ich sage, die Weltkinder zu beschämen, muß zu dero Trost uns zur Ueberzeugung dienen. Wie glücklich sind sie, daß sie allen weltlichen Hoheiten und Glückseligkeiten aus eigenem Triebe entsaget haben! wie glücklich sind sie, daß ihre durchlauchte Schwester, nachdem sie davon den höchsten Gipfel erreichet, dennoch das da inn verborgene Elend eingesehen hat! Ja, sie hat erkannt, daß darinn, ich weis nicht, was für eine Bösartigkeit stecke, welche sie öfters lasterhaft und wenigstens allemal gefährlich machet. Sie war der Meynung, daß man einen Theil seines Lebens anwenden müsse, denjenigen zu beweinen, daran die Welt allzuviel Antheil gehabt! Sie dachte an nichts mehr, als die Zeit ihrer Buße zu erfüllen, und hat sich nicht einmal geringere Krankheiten auszustehen gewünschet.

Das Krankenlager mit Gedulb aushalten; bey Krankheit oder Gesundheit gleichgültig seyn; seine vergangene Glückseligkeit nicht bedauren; selbst kein Verlangen tragen, von dem gegenwärtigen Leiden befreyet zu seyn; diese Gleichgültigkeit unter Leben und Tod, und dieser dem Willen Gottes unterwürfige Wille, sind das nicht Kennzeichen genug einer christlichen Seele? Ihr Leidtragenden, aber zugleich getreue Zeugen ihrer letzten Gesinnungen, wie oft hat sie zu euch gesagt: Ich thue keine Gelübde zu Gott

Gott wegen meiner Gesundheit, sondern ich thue nur solche, die seiner am würdigsten, und mir die nöthigsten sind. Ich flehe ihn an, daß er mich errette, nicht aber, daß er mich gesund mache. Wie weit war sie nicht von der gewöhnlichen Schwachheit derjenigen, deren abnehmende Lebenskräfte sie auf das Siechbette warf, entfernet? Diese schmäucheln sich unaufhörlich mit der Hoffnung, wieder zu genesen. So überhäuft sie auch mit Schmerz und Misvergnügen sind: so wenden sie doch alle ihre noch übrige Kraft an, für ihre Gesundheit Gelübde anzustellen. Können sie weder die Hände noch die Augen gen Himmel heben so schicken sie ihre Seufzer dahin. Ein Theil ihrer selbst ist bereits erstorben, wenn der andere annoch zu leben verlanget. Selbst zu der Zeit, wenn sie sich die Unsterblichkeit wünschen, wollten sie gern den Tod, durch welchen sie doch dazu gelangen, aufschieben; und indem sie sich dem Himmel, nach welchem sie sich sehnen, nahen, so schauen sie noch, fast ohne daran zu gedenken, nach der Erde, die sie verlassen. So sehr ist das Verlangen zu leben allen Menschen angeartet; so sehr hofft man das, was man gern wollte.

Unsre edelmüthige Kranke hat sich, als das zum Brandaltare bestimmte Opfer angesehen: Sie sah den sie treffenden Schlag kommen, ohne Gnade zu bitten. Sie hat nicht zu leben gewünschet, ob sie gleich im größten Flore und in Gemächlichkeit gelebet. Sie hat nicht zu sterben

ben verlangt, obgleich ihr schmachtendes Leben ihr zur Last gewesen. In ihrer von der Last der Krankheit, nicht aber von einem Verdrusse herrührenden Mattigkeit, hatte sie kein ander Verlangen, als den Willen Gottes zu erfüllen: sollte es ihm gleich gefallen haben, ihre Tage zu verlängern, um ihr Leiden desto länger währen zu lassen; sollte er gleich ihren Schmerz haben vermehren wollen, um ihre Buße zu vollenden.

Die weise Vorsehung Gottes hat es ihnen, meine gnädige Frauen, vergönnet, sie in diesem Zustande zu sehen. Diejenigen, die ihre Standhaftigkeit bewunderten, verlohren ihre eigene; die, so sie beklagten, schienen fast allein beklagenswürdig zu seyn. Das Mitleiden war weit herber, als der Schmerz, und diejenigen, so das Uebel, so sie erduldete, sahen, waren niedergeschlagener und verworrener, als selbst diejenige, so das Uebel erlitte. Ich wollte hier gern alle zärtliche und großmüthige Gesinnungen ihres durchlauchten Gemahls zusammen fassen. Ich wollte das Andenken dieser so christlichen Bekümmerniß, dieser herzrührenden Gebethe, dieser so lebhaften und andächtigen Ermahnungen, dieser vernünftigen und zugleich heftigen Betrübniß, dieser rührenden Mildigkeit, die nach den Worten der Braut im hohen Liede Salomonis, bey uns eben so einen Eindruck, als der Tod selbst, verursachet, in ihnen erneuren. Aber was? Soll ich sie durch den Schmerz derjenigen,

gen, die annoch am Leben sind, weichmüthig machen, da sie ohnedem schon durch den erlittenen Verlust empfindlich gerühret sind?

Lasset uns noch ein wenig, falls es in unsrer Macht stehet, diese fürchterlichen Vorstellungen des Todes von uns entfernen. Lasset uns aufhören, an unsre Heldinn zu gedenken, um die Zärtlichkeit und Frömmigkeit ihrer durchlauchten Tochter zu bewundern. Wir haben gesehen, daß sie ganzer zwey Jahre in allen Pflichten der erbarmenden Liebe zugebracht. Bald brauchte sie ihre heiligen Hände zur Hülfe unsrer Kranken, bald hob sie dieselben gen Himmel, um von Gott ihre Genesung zu erbitten. Sie verließ fast das Bett der Kranken nicht, allwo sie allem Vergnügen entsagte; sie lag auf ihrem Angesichte vor den Altären, allwo sie Gott alle ihr Vertrauen heimstellete; und theilte sich also gleichsam in Sorgen und Andacht, in einem solchen Alter, da man die häuslichen Geschäffte für einen Zwang hält; und wo es scheint, als wenn man nur für sich leben sollte, in einer solchen Zeit, da die Zucht der Sitten gänzlich nachgelassen hat, da die Bande des Bluts und der Natur die Herzen fast nicht mehr an einander verknüpften, und da nichts mehr von der alten Frömmigkeit vorhanden ist, als so viel etwan zum Wohlstande gehöret. Ach, daß Gott und die Natur ihr dasjenige vergelten möchten, was sie sowohl in dem einen, als in dem andern Stücke gethan hat, und ihr solche Kinder geben
wollte,

wollte, so die Ehre ihrer Geburt unterhalten; und noch mehr zu sagen, die ihr ähnlich werden, und die gegen sie diese zärtliche und ehrerbiethige Neigungen haben mögen, die sie für ihre unvergleichliche Mutter bis selbst an ihren Tod, in ihrem Herzen geheget!

Aber, ach! ich spreche bereits, ohne daran zu gedencken, dieses schreckhafte Wort aus: und auf was für Abwege ich auch bedacht bin, so komme ich dennoch wider meinen Willen, auf diesen fürchterlichen Theil meiner Rede. Lasset uns den Lauf unserer Thränen hemmen! solche Schwachheit blicken zu lassen, würde das Andencken unsrer Heldinn beleidigen. Lasset uns von ihrem Tode, wenn es möglich ist, mit eben solcher Standhaftigkeit reden, womit sie denselben überwunden hat.

Wer ist derjenige, der nicht bey der bloßen Nennung des Todes erzittert? Wer ist nicht bey dem Anschauen des Todes eines andern und bey dem bloßen Andenken seines eigenen, von Abscheu und Schrecken eingenommen? Es mag nun aus einer vorgefaßten Einbildung des Verstandes, welcher uns das Ende unsres Lebens, als das größte von allem unserm Unglücke ansehen läßt; oder aus einer Vorsehung Gottes, damit der Mensch nach dem Sündenfalle den Verlust des Vergnügens beständiger Gesundheit und Unsterblichkeit, durch die Bitterkeit der Krankheiten und des Todes empfinde; oder aus

einem

einem gerechten aber schrecklichen Gerichte Gottes herrühren, welches öfters diejenigen dem Schrecken des Todes überläßt, die ihr Leben in Ergötzlichkeiten, und in der Zärtlichkeit zugebracht haben; und welches diejenigen ihrer Furcht und ihrem Schmerzen übergiebt, die sich ihren Begierden und unordentlichen Leidenschaften übergeben haben. Alsdann entsetzet man sich vor dem Anblicke des Seelsorgers, als ob er nur käme, das Todesurtheil anzukündigen. Man entfernet die letzten Sacramente, als wenn es Geheimnisse von schlimmer Bedeutung wären, so die Kirche für die Sterbenden geordnet. Man verwirft die Gelübde und Fürbitten, als wenn es unfehlbare Todtenopfer und Sterbegebethe wären. Das Kreuze Jesu Christi, so ein Vertrauen erwecken sollte, wird diesen niederträchtigen Gemüthern ein Gegenstand des Schreckens, und ihre ganze Zubereitung zum Tode besteht in der Furcht oder Besorgniß, zu sterben. Was für eine verderbliche Achtung, was für eine schändliche Behutsamkeit träget man nicht gegen sie! Anstatt ihnen ihr unfehlbares Verderben vor Augen zu stellen, benachrichtiget man sie kaum, daß sie in Gefahr seyn; auch selbst, wenn sie schon mit dem Tode ringen, scheuet man sich, ihnen zu sagen, daß sie sterblich sind. O grausames Mitleiden! welches aus Furcht, sie zu erschrecken, sie ins Verderben stürzt. O tödtliche Beysorge, die sie unempfindlich gegen ihr Heil machet!

Fleschiers Reden. M Der

Der Tod unsrer durchlauchten Herzoginn war nicht von der Art, welche man nicht vorher sehen will, oder welche man zu verbergen suchet. Sie hat ihn mehr als einmal in seiner schrecklichen Gestalt wahrgenommen, ohne dadurch beweget zu werden. Sie hat ihn in sich selbst empfunden, ohne sich darüber zu entsetzen. Hat diese Mattigkeit, diese Entkräftung, dieses niedergeschlagene Wesen, die Tertullian Theile des Todes nennt, ihr nicht den Tod zum voraus empfinden lassen? Haben diese wiederholten Anfälle der Krankheit, dieses öftere Ringen mit dem Tode, ihr nicht zu einer Unterweisung gedienet, wohl zu sterben? Die Hand Gottes, so Leben und Tod austheilet, die an die Gruft, und wieder zurück führet, schien sie sterben, und zu unterschiedenen malen wieder aufleben zu lassen, um sie zum letzten Opfer zu bereiten. Die Trostlosigkeit ihrer Hausgenossen, die heiligen und getreuen Unterrichtungen ihres Seelsorgers; der Leib und das Blut Jesu Christi, so sie vielfältig als eine geistliche Reisezehrung empfangen; die heilige Oelung, die ihr in weniger als einem Jahre, zu zweyen malen gegeben worden; waren dieses nicht alles Andeutungen, sich zum Tode geschickt zu machen? Diese letztern Mittel, derer die Kirche zum Heil der Gläubigen sich bedienet, zeigten diese nicht an, daß ihre Krankheit ohne Hoffnung war?

Der

Der Muth, den sie im Leiden bezeigte, machte, daß man mit ihr von ihrem Leiden freymüthig sprechen konnte. Selbst diejenigen, die den größten Antheil in ihrem Leben hatten, durften ihr den herannahenden Tod ankündigen. Haben sie aber deswegen ihr Gesicht sich verändern gesehen? Waren ihre Augen deswegen weniger aufgekläret, verlohr sie etwas von ihrer gewöhnlichen Gelassenheit? War ihre Stimme deshalben bis an ihr Ende weniger erhaben? Wahr ist es, daß sie dieselbe in ihren letzten Tagen nur Gott allein gewidmet gehabt. Befragte man sie wegen ihrer Krankheit, legte man ihr Fragen vor, welche mehr auf ihre Linderung, als auf das Heil der Seelen eingerichtet waren: so war sie gleichsam stumm und unempfindlich. Redte man zu ihr von den Vorbereitungen zum Tode; so sammlete sie alle in ihrer Brust noch übigen Kräfte und Empfindungen zusammen, um Red und Antwort von dem Zustande ihrer Seelen zu geben: und ohne den geringsten Theil mehr an der Welt zu nehmen, redete sie nur mit denen, welchen sie wegen ihrer Verleugnung und wegen ihres Glaubens Rechenschaft zu geben schuldig war.

Nunmehr dürfte mir nichts, als die Worte meines Textes zu wiederholen, übrig seyn, um damit zu vollenden, womit ich angefangen habe. Denn, was sollte ich ihnen, meine gnädige Frauen, annoch sagen können? Sollte ich ihnen Beyspiele vorlegen? Ihr eigener

Stand verbindet sie genug, zu einem bußfertigen Leben. Sollte ich ihnen die Vergänglichkeit der zeitlichen Hoheiten und Ergötzungen der Welt darstellen? Ich habe es schon angeführet, daß sie denselben entsaget haben. Soll ich sie ermahnen, ihr Leid zu mäßigen? Sie sind ja nicht von den heidnischen Gemüthern, die keine sichere Hoffnung, und also auch keinen wahren Trost haben. Ich würde vielleicht in den Vernunftschlüssen der Weltweisen, und in der Einbildung menschlicher Klugheit dasjenige suchen, was man in den reinen Quellen der Wahrheit nur suchen soll. Betrübte Leidtragende! Jesus Christus muß selbst zu euch reden, wie er sich ehemals gegen die zwo Schwestern, die ihrer Frömmigkeit, ihres eingezogenen Lebens, ihrer ausgeübten Liebeswerke, und ihrer der eurigen gleichkommenden Betrübniß wegen, vorzüglich waren, vernehmen lassen. Er wird euch sagen: diese Schwester, die ihr beweinet, ist nicht gestorben.

Joh. 2. Wer da lebet, und gläubet an mich, der wird nimmermehr sterben. Ihr habt, wie es das Ansehn hat, dieselbe verlohren, wenigstens habt ihr sie beweinet. Unterdessen lebte sie in mir, der ich die Auferstehung und das Leben bin. Glauben sie, meine Gnädige Frauen, es nicht auch also? Wenn ich in ihre Gedanken dringe, wenn ich die Sprache ihres Herzens recht verstehe, so deucht es mir, daß eine jede von ihnen durch einen lebendigen Glauben und durch eine wahre Hoffnung beseelet, dasjenige

jenige denkt, was diese traurige und demüthige Töchter dachten, und daß sie das antworten, was eine von jenen antwortete. Ich glaube es: Herr, ich glaube es.

Ihr aber, ihr Christen, die ihr noch der Welt mit euren Neigungen, mit euren Begierden, und mit eurem Hoffen anhanget: gehet in euch selbst, erkennet die Verblendungen und Betrügereyen der Welt, damit dieser Tod, der euch jetzo gerühret hat, euch zur Vorbereitung zu dem eurigen dienen möge. Wollte Gott, daß diese durchlauchte Verstorbene euch noch selbst ermahnen könnte, so würde sie zu euch sagen: weinet nicht über mich, Gott hat mich nach seiner Gnade aus dem Elende eines vergänglichen Lebens gerissen. Weinet vielmehr über euch, die ihr annoch in einer Zeit lebet, da man täglich viel Böses sieht, erduldet und selbst ausübet. Lernet an mir die Vergänglichkeit der menschlichen Hoheit. Man mag euch mit Blumen bekrönen, man mag euch mit Kränzen auszieren, so werden dieselben doch zu nichts anders taugen; als auf eurem Grabe zu verwelken. Es mag euer Name auf allen Werken, so die Eitelkeit des Witzes unvergänglich machen will, geschrieben seyn; ich beklage euch, wenn er nicht im Buche des Lebens eingeschrieben ist. Es mögen euch alle Könige der Erden mit Ehren überschütten; es ist nur eure einzige Ehre, wenn Gott euch in seine ewige Hütten aufnimmt.

Es mögen alle Menschenzungen euch loben; wehe euch, wenn ihr nicht Gott im Himmel mit seinen Engeln lobet! Verlieret nicht die Augenblicke dieses Lebens, die euch eine glückliche Ewigkeit zuwege bringen können. Eine dreyjährige Krankheit, eine dreyjährige Buße ist nicht einem jeden verliehen. Laßt uns diese Unterweisungen zu unserm Nutzen anwenden; laßt uns Gott mit ihr preisen, und uns bemühen, der ihr erwiesenen Gnade, und der ihr geschenkten Herrlichkeit uns würdig zu machen.

Lobrede
der
FRAUEN
Marien von Wignerod,
verwittwete
Herzoginn von Aiguillon,
Pair von Frankreich.

Den 17ten August 1675. gehalten
von
Fleschier.

---

1 Cor. VII, 31.

Und, die dieser Welt brauchen, daß sie derselbigen nicht misbrauchen. Denn das Wesen dieser Welt vergeht.

Was erwarten sie von mir, meine Herren, und was soll heute meine Beschäfftigung seyn? Ich werde weder Schwachheiten verheelen, noch menschlicher Hoheit schmäucheln, noch falschen Tugenden falsche Lobeserhebungen ertheilen. Wehe mir, wenn ich die geheiligten Geheimnisse mit einer unheiligen Lobrede unterbrechen, wenn ich den Weltgeist mit den Gebräuchen der Religion vermischen, und dasjenige der Stärke und Klugheit des Fleisches zueignen sollte, was man allein der Gnade Jesu Christi schuldig ist. Meine Absicht geht vielmehr dahin, sie zu erbauen, als ihnen gefällig zu werben. Ich kündige ihnen jetzt mit dem Apostel an: daß alles ein Ende nimmt, um sie zu Gott zurückzuführen, der kein Ende nehmen kann; und ihnen das unvermeidliche Schicksal zu Gemüth zu führen, daß man sterben müsse, um in ihnen den heiligen Entschluß zu wirken, wohl zu leben.

Der traurige Ueberrest einer erlauchten Leiche; die Thränen derer, so sie beweinen; die mit Trauer bekleideten Altäre; ein mit der äußersten Sorgfalt das Opfer verwaltender Priester, welches die Kirche erschrecklich nennet; ein Lehrer, der bey einem einzigen Todesfalle, die Nichtigkeit aller Sterblichen deutlich darstellen will; alle diese Leichenanstalten haben

ben

ben sie ohne Zweifel bereits gerühret. Durch
den Anblick so vieler traurigen Gegenstände
wird die Natur erschüttert. Ein trauriges und
klägliches Wesen läßt sich in jedem Angesichte
erblicken. Es sey nun aus Schrecken, aus
Mitleiden, oder aus Schwachheit, so sind alle
Gemüther in Bewegung. Ein jeder bedauret den Tod des andern, und zittert vor seinem
eigenen; er erkennt, daß die Welt nichts gründliches, nichts dauerhaftes besitze, und daß sie
nichts als ein Schatten, und zwar ein vergänglicher Schatten sey.

Ja, meine Herren, die zärtlichsten
Freundschaften nehmen ein Ende; die Ehrenstellen sind nur scheinbare Titel, so die Zeit
unsichtbar machen; die Ergötzlichkeiten sind Zeit-
kürzungen, die nur eine langwierige und unbe-
trübte Reue nach sich lassen. Die Reichthümer werden uns durch die Gewalt der Menschen geraubet, oder sie entfliehen durch ihre eigene Nichtigkeit. Die hohen Ehrenstellen fallen von sich selbst dahin. Ruhm und Ansehen
verlieren sich endlich in dem Abgrunde einer
ewigen Vergessenheit. So fähret die Welt
gleich einem Strome dahin, was für Mühe
man sich gleich giebt, ihn aufzuhalten. Alles wird durch die schleunige Folge der vorüber-
eilenden Augenblicke dahin gerissen: und durch
diesen fortdaurenden Umlauf der Zeit, gelangen
wir öfters unvermerkt zu dem unvermeidlichen
Zeitpunkte, an dem die Zeit ein Ende und
die Ewigkeit den Anfang nimmt.

Wie

Wie glücklich ist die Seele eines Christen, die nach dem Befehle des Heilandes, weder diese Welt, und was in ihr ist, lieb gewinnet; die sich derselben durch einen richtigen Gebrauch als eines Mittels bedienet, ohne sich durch eine unordentliche Leidenschaft an dieselbe, als an ihren Zweck, zu hängen: eine Seele, die sich ohne Zerstreuung erfreuen, ohne Niedergeschlagenheit betrüben, ohne Unruhe verlangen, ohne Ungerechtigkeit gewinnen, ohne Hochmuth besitzen, und ohne Schmerzen verlieren kann. Glücklich und abermal glücklich ist die Seele, die sich über sich selbst erhebt, und ungeachtet der Trägheit des Körpers, zu ihrem Ursprunge aufsteigt; die Geschöpfe, ohne sich dabey aufzuhalten, durchdringet, und sich glücklich in den Schooß ihres Schöpfers verliert.

Hier habe ich ihnen, meine Herren, ohne es zu wissen, unter dem Namen einer Christenseele, das ächte Bild der durchlauchtigen und großmächtigen Frauen, Frauen Marien von Wignerod, verwittweten Herzoginn von Aiguillon, Pair von Frankreich, geliefert; und indem ich ihnen nur einen Unterricht zu ertheilen geglaubet, so habe ich beynahe alles gesaget, was zu ihrem Ruhme gereichen kann. Nachdem sie die Eitelkeiten und betrüglichen Thorheiten der Welt einsehen gelernet; indem sie sich beschäfftigte, ihre Reichthümer nur andern auszutheilen, ohne derselben zu genießen, und indem sie in ihrem ganzen Leben von traurigen, doch heilsamen Todesgedanken eingenommen war: so wußte sie ihr Herz durch Gottes Barmherzigkeit von den groben Verstrickungen, und dem übeln Gebrauche der Welt abzuziehen.

Ich beziehe mich hier auf das Gewissen der Großen der Erden. Was für Früchte sammeln sie von ihrer Hoheit? Sie genießen der Welt, und widmen derselben alle ihre Zuneigung, anstatt, daß sie solche durch eine heilsame Verachtung zu ihrer Seligkeit anwenden sollen. Sie kosten ihre Ergößungen, ohne deren Gefahr zu erkennen; sie bedienen sich der Güter zur Sättigung ihrer Begierde, so sie doch zur Ausübung ihrer Liebe empfangen; sie opfern ihre Herzen den eiteln Annehmlichkeiten eines gemächlichen und müßigen Lebens auf. Sie sind also hochmüthig bey ihrer Erhebung, geizig bey ihrem Ueberflusse, unglücklich mitten im Laufe ihrer zeitlichen Glückseligkeit. Sie irren aus einer Leidenschaft in die andere; und werden durch ein geheimes Gericht Gottes, ein Spiel des Glücks und ihrer eigenen Begierden.

Gelobt sey der Erlöser! daß sich annoch treue Seelen finden, die sich ihrer Hoheit mit Mäsigung, ihre Reichthümer mit Barmherzigkeit, und des Lebens mit einer großmüthigen Verachtung bedienen; die sich durch ihren Glauben zu Gott erheben, die sich dem Nächsten durch Mildigkeit mittheilen, die durch Buße sich selbst reinigen.

Herzoginn von Aiguillon.

reinigen. Das ist das Kennzeichen derjenigen, deren Tod wir heute beweinen, und deren Gedächniß wir verehren. Sie war nur groß, um Gott desto edelmüthiger zu dienen; sie war reich, nur den dürftigen Gliedern Jesu Christi mit ihrer Freygebigkeit zu Hülfe zu kommen; sie lebte nur, um sich zu einem guten Tode mit so viel mehrerem Ernste anzuschicken. Dieß wird der ganze Entwurf meiner Rede seyn.

Herr! rüste meine Lippen mit der Behutsamkeit und Klugheit aus, die dorten der König und Prophet von dir begehrete: damit nichts niederträchtiges, nichts unheiliges in diese Lobrede einschleiche, die ich vor deinen Altären halte, und die ich nur allein auf deine evangelische Wahrheit zu gründen verpflichtet bin. *Psalm 140.*

Weg also von diesem Lehrstuhle mit der Kunst, den Ruhm der Nachkommen aus den Thaten ihrer Vorfahren vergeblich zu entlehnen; und zu deren oft unbekannten Quellen aufzusteigen, um nur der Ehrsucht ehrgeiziger Familien zu schmäucheln; die nach dem Ausspruche des Apostels, acht hat auf die Geschlechtregister, die kein Ende haben; die viel geschickter sind, die eitele Neubegierde zu sättigen, als den Glauben zu erbauen. *1 Tim. 1.*

Es ist ihnen, meine Herren, bekannt, daß das Hochadeliche Haus von Wignerod ursprünglich aus Engelland herstamme; unter der Regierung Carls VII. sich in Frankreich nie-

niedergelaſſen, ſich durch eine lange Reihe Tugenden, zu der jetzigen Hoheit, aufgeſchwungen, und ſich durch die trefflichen zu Lande und Waſſer erſtrittenen Siege, das beſtändige Wachsthum der Ehre und des Ruhms erworben.

Sie wiſſen es, daß das Haus du Pleßis Richelieu, nachdem es ſich bey vielen Jahrhunderten durch ſich ſelbſt und ſeine ruhmvolle Verbindungen mit Fürſten, Königen und Kaiſern erhalten, endlich zu der höchſten Würde aufgeſtiegen, die nur Perſonen von erlauchter Geburt zu treffen pflegt. Was ſoll ich ihnen denn von unſerer tugendhaften Herzoginn ſagen, als, daß ſie die Geſchlechter, aus denen ſie entſproſſen war, durch ihre Frömmigkeit geadelt; und daß, da ſie die Ehre auf ihren wahren Grund zurück geführet, erkannt habe, daß die glorreiche Geburt eines Chriſten diejenige ſey, die ihn zum Kinde Gottes macht; daß es es eine Reinigkeit der Sitten giebt, die höher zu ſchätzen iſt, als die Reinigkeit des Geblüts, und einen geiſtlichen Adel, der in der Aehnlichkeit mit dem Bilde Jeſu Chriſti beſteht.

Dieſe Gedanken waren ihrem Geiſte ſo bald eingedruckt, als ſie derſelben fähig war: und wenn hat man dieſe Fähigkeit an ihr vermiſſet? Die Weisheit wartete bey ihr nicht auf ein reifes Alter. Vortreffliche Neigungen, ein rühmliches Verlangen und die Ausübung guter Werke waren zu gleicher Zeit bey ihr. Die Tugenden ſchienen ihr ſchon eingeflößet zu ſeyn,

ehe

ehe man ihr dieselben noch beybrachte; und ihre glückliche Gemüthsart ließ kaum etwas der Auferziehung übrig. So kömmt Gott zuweilen mit einem frühzeitigen Segen seinen Auserwählten zuvor, indem er durch natürliche Gaben selbst die Mittel zu der ihnen bestimmten Gnade zubereitet. Er führet ihren schwachen Willen, durch einen geheimen Eindruck seiner Liebe und Furcht zum Guten, um sie zu dem Ziele zu führen, das seine Vorsehung ihnen bestimmet hat.

Es währete nicht lange, als diese mit dem Thaue des Himmels befeuchtete Pflanze ihre Früchte trug. Man sahe an diesem bewundernswürdigen Frauenzimmer so viel lobenswürdige Eigenschaften, ja so geschwinde wachsen als hervor sprießen. Diejenige Frömmigkeit, so sie veranlassete, in allem ihrem Anliegen zu Gott ihre Zuflucht zu nehmen; diese Bescheidenheit, so sie in den Gesetzen einer strengen Tugend und einer genauen Beobachtung des Wohlstandes beständig erhielt; diese Klugheit, durch welche sie das Wahre von dem Falschen, das Unedle von dem Schätzbaren zu unterscheiden wußte; diese Größe der Seelen, die sie in Glück und Unglück allezeit gleichgültig erhielt; diese Zärtlichkeit und dieses Mitleiden, wodurch sie bey allem ihr bewußten Elende empfindlich gerühret ward; und diese beständige Aufmerksamkeit, dem einen alles, was sie ihm zu liefern schuldig, und dem andern alle das Gute, dessen sie sich fähig schätzte, mitzutheilen. Diese Tugenden, die bey Personen, von gemeinem Stoffe, Früchte einer langen Erfahrung und Ueberlegung sind, waren bey ihr, allem Ansehen nach, die Anlage ihres Geistes und ihrer Gemüthsneigungen.

Die Eitelkeit der Welt zu erkennen, das war der erste Nutzen, den sie sich aus dem Umgange mit der Welt zog. Alles zeigte ihr bey dem ersten Anblicke die Schwäche und den Unbestand menschlicher Dinge. Sie ward von einer Mutter a) auf die Welt gebracht, die ihr zum Muster und zur Führerinn auf dem Wege zur Seligkeit dienen konnte: jedoch ein gar zu frühzeitiger Tod hat ihr dieselbe entführet. Man berief sie an den Hof einer großen Königinn b), um eine der vornehmsten Zierden desselben zu seyn; allein ein unerwarteter Schlag eines bürgerlichen und einheimischen Ungewitters warf diese unglückliche Prinzeßinn, von der sie ihrer Zuneigung und Hochachtung gewürdiget ward, an ein fremdes Ufer. Man wählete ihr einen Gemahl c), der der Gunst und dem Glücke im Schooße saß. Aber eben dieser fand bald an den Mauren einer aufrührischen Stadt, bey dem feurigen Eifer, der junge Helden erhitzet, seinen zwar ruhmvollen, doch traurigen Tod. Man
suche

---

a) Françoise du Plessis Richelieu.
b) Maria de Medicis.
c) M. de Gomballet neveu du Connetable, ward bey der Belagerung zu Montpellier ertödtet.

suche sonst nirgends, als in dem Himmel, die Ursache dieser jammervollen Begebenheiten. Du warst es, mein Gott, der du ihre Bande zerrissen, da sie kaum geknüpfet waren, um das Verlangen und die Neigung dieser auserwählten Seele nur zu dir allein zu ziehen: und da du diese ersten Süßigkeiten mit heilsamen Bitterkeiten vermischtest, hast du sie gewöhnet, sich an deiner allmächtigen Größe und unveränderlichen Wahrheit, als dem einzigen Anker, festzuhalten.

Doch, warum halte ich mich bey diesen Umständen auf? Wir wollen von lauter wichtigen Dingen reden; und so fort die Verachtung erwegen, so sie gegen die Welt bezeugete, mit deren Eitelkeiten sie von allen Seiten umgeben war. Zur Ehre seines Hauses, und noch mehr zu Frankreichs Ruhme, ward ein Mann in den Staatsrath aufgenommen, der so groß an Geist und Tugenden, als am Glück und Würden war. Er war jederzeit in Bedienungen, und dennoch weit höherer würdig. Er hatte die Fähigkeit, das Gegenwärtige zu ordnen, und das Künftige vorher zu sehen; der guten Folgen sich zu versichern, und die Bösen auszubessern. Er war weit aussehend in seinen Absichten; scharfsinnig in seinen Rathschlägen, gerecht in seiner Wahl, glücklich in seinen Unternehmungen; kurz mit allen vortreflichen Gaben ausgerüstet, die Gott nur gewissen Seelen ertheilet, die er erschaffen hat, andre zu regieren; und diese Triebfedern in Bewegung zu setzen, deren sich die göttliche Vorsicht nach ihren ewigen Rathschlüssen bedienet, das Glück der Könige und Königreiche entweder zu erheben oder auch zu erniedrigen.

Hier denken sie, meine Herren, an den Cardinal von Richelieu, ohne daß ich ihn nennen darf. Erwegen sie dasjenige, was er für seinen König, und was sein König für ihn gethan; die Dienste, die er geleistet, und die Gnadenbezeugungen, die er erhalten hat. Obgleich seine Verdienste weit größer, als die Belohnungen waren, so stellen sie sich jederzeit in ihm allein die Größe vor, so die Kirche jemals besessen; kurz, alles was die Welt prächtiges und herrliches besitzet, die Güter, die Ehrenstellen, die Würden, das Ansehen, die Vorzüge, und alles dasjenige, was insgemein die Folgen der Gnade und Erkenntlichkeit eines gerechten und mächtigen Königes sind, wenn sie einem fähigen, treuen und unentbehrlichen Manne zu Theil werden.

Die Hoheit der Nichte war mit der Hoheit des Oheims verbunden; und was wirkete dieses? Alles schmeichelte ihrem Ehrgeize um so viel gefährlicher, weil er durch die Schönheit, durch die Anmuth, durch die Klugheit und durch alle Annehmlichkeiten des Leibes und des Geistes unterstützet ward, die den Hochmuth nähern, und die eitele Gefälligkeit der Menschen an sich ziehen. Fürchten sie nichts, meine Herren; der Glaube entdeckete ihr alle Fallstri-

Stricke, die sie umzingelten! Sie entdeckete durch diesen betrügerischen Schein, den Grund der Bosheit der Welt, und bereitete sich, sie zu verlassen. Ihr Jesu Christo gewidmeten Jungfrauen, vor denen ich rede! ist annoch eine unter euch, die das Kreuz so lange getragen und unter dem Joche des Evangelii ein heiliges Alter erreichet: so werdet ihr sie gesehen, wo nicht, doch gehöret haben, wie sie mit Taubenflügeln über den Berg Carmel geflogen, um daselbst, wie ihr, zu den Füßen der Altäre ein strenges und bußfertiges Leben zu führen, und unter demselben Schleyer, in dem man sie noch in ihrem Tode eingehüllet gesehen, die ungestüme Ehre zu verbergen, die ihr nachgefolget.

Macht und Ansehen widersetzten sich ihren Absichten, und ihr kränklicher Körper beraubte sie der Mittel, selbige zu erfüllen. Mit was für einem edlen Unwillen aber nahm sie die Bande wieder an, die sie schon verlassen zu haben geglaubet hatte? Wie oft hat sie die Zaghaftigkeit ihres obgleich erzwungenen Gehorsams angeklagt? Wie oft rückete sie sich selbst die Zärtlichkeit ihrer Leibesbeschaffenheit vor; gleich, als ob es ihr eigener und nicht ein Fehler der Natur wäre. Wie oft wendete sie ihre traurigen Blicke nach denen Altären, denen sie entrissen war? Sie bewahrete in ihrem Herzen den völligen Beruf, und machte den innern Grund des Herzens zu einer innern und geheimen Einsamkeit, da sie von aller Unruhe der

Welt entfernet war. Blinde Klugheit solcher
Menschen, die sich aus fleischlichen Absichten unterwinden, den Lauf der göttlichen Werke zu unterbrechen! oder vielmehr, weise Vorsicht Gottes! die du durch unbekannte Wege, die falsche
Weisheit der Menschen, zur Ausführung deiner Absichten lenkest! Es war genung, daß das
Opfer sich vor dem Altare darstellete; sein
Opfer war dir angenehm, ob es gleich nicht
angenommen ward. Derjenige, der die Herzen
prüfet, und das Wollen in dem Grunde unserer Seelen sieht, bezeugte sich an diesem Verlangen, so er ihr selbst eingeflößet hatte; und
erlaubte nicht, diejenige einer eingeschränkten und
trüben Einsamkeit zu überlassen, deren Beyspiel so herrlich seyn, und deren Mildthätigkeit
sich bis an das äußerste Ende der Erden ausbreiten sollte.

Beurtheilen sie hieraus, meine Herren,
die ganze Folge ihres Lebens. Ich werde mich
gar nicht aufhalten, ihnen ihre so weise und so
ordentliche Lebensart abzuschildern, und das
zwar in einem Alter, darinn die Welt einigen
Ausschweifungen der Eitelkeit eine Nachsicht
verstattet; in einem Stande, in dem sie dasjenige, was die Unvorsichtigkeit begangen, durch
ihr Ansehen unterstützen konnte. Wir wollen
von dem Inhalte unsers Textes nicht abwei-
chen, sondern auf das zurückgehen, wie sie sich
des Ansehens, so sie in der Welt gehabt, bedienet hat.

Stel-

Stellen sie sich einen großen Minister vor, der einem großen Könige dienet, und durch seine Bemühungen und Rathschläge, ihn von der verdrüßlichen Weitläuftigkeit der öffentlichen und besondern Staatsgeschäffte entlastet. Er war derjenige, der die Bitten annahm, der die Klagen hörte; der die Noth untersuchte, der die Verdienste erwog, der die wahren Vortheile des Landes zu überlegen wußte; und der, so oft er vor dem Throne die Bittschriften und die Hoffnung des Volkes, als ein heiliges Pfand niederlegte, die entscheidenden Urtheile zurücklieferte, so die Meynung des Fürsten und das Schicksal des Unterthanen darlegten. Jedermann sah ihn als den Mittler an, durch den die Wohlthaten und Belohnungen ausgetheilet würden; jedermann lief zu ihm, als nach dem Mittelpuncte, in dem alle Linien des Glücks eintrafen. Wer konnte aber versichert seyn, ohne Beyhülfe einer mächtigen und liebreichen Hand, einen bequemen und günstigen Augenblick bey einem Minister auszufinden, der mit so vielen Sorgen beschweret war; und bis in diese fast unzugänglichen Zimmer einzudringen, deren gefährlichen Zugänge sich öfters nur, entweder den Unverschämtesten oder Glücklichsten öffnen.

Bey dieser Gelegenheit wendete unsere erlauchte Herzoginn ihre Macht an, so sie durch ihren hohen Geist und ihre Scharfsinnigkeit sich zu eigen gemacht. Man durfte andre weder arm, noch unglücklich machen, um ihre Ehr-

furcht

furcht oder ihren Geitz zu sättigen. Man mußte die Schwachen beschützen und den Elenden zu Hülfe kommen, ihrer Milothätigkeit ein Gnügen zu thun. Sie hielte die ihr ertheilten Gnadenbezeugungen nicht zurück, und befand sich nur deswegen so nahe an ihrer Quelle, um davon die Ströme auf diejenigen fließen zu lassen, die ihres Schutzes benöhiget waren. War ihr eine bedruckte Familie bekannt, so ermunterte sie die Gerechtigkeit wider die Unterdrückung; fand sie redliche Leute, die in wenigem Ansehen und verachtet waren; so ertheilete sie ihnen nach ihren Gemüthsgaben die Bedienungen. Entstanden Misverständnisse oder Uneinigkeiten; so führte sie Worte der Versöhnung und des Friedens im Munde. Erfuhr sie das Klagen und Winseln der Einwohner, in denen durch das Unglück der Zeiten betrübten Provinzen; so ertheilte sie ihnen durch ihre treue Rathschläge und durch ihr eifriges Anhalten, einen merklichen Trost und eine ansehnliche Beyhülfe.

Was soll ich annoch hinzu fügen? Der Minister verwaltete die Staatsgeschäffte, und überließ ihr die Vollmacht über die freygebige Austheilung der Allmosen: und so lange der eine weit aussehende Anschläge erdachte, Frankreichs Feinde zu demüthigen, und selbst die Elementen zu zwingen; die Aufrührer zu dämpfen; sich ungeachtet des Wetters, einen Weg über die Alpengebürge zu bahnen; den Bundesgenossen zu Hülfe zu kommen, und also einen dauerhaften

und

und glücklichen Stoff zum Siegen sich zuzubereiten: so dachte die andre auf Mittel, die ihrem Untergange nahen Hospitäler zu erhalten und eine Mißion in und außerhalb des Königreichs, zur Bekehrung der Ungläubigen zu stiften; heilige Gesellschaften aufzurichten, und die Gaben der Gläubigen auszutheilen: ja sie legte den Grund zu diesen ruhmvollen Anstalten, die ewige Denkmäler ihrer Frömmigkeit seyn werden.

O möchtet ihr euch dieses Beyspiel zu Nuße machen, ihr, die ihr euer Ansehen nur angewendet, um eurem Vergnügen ein Genügen zu leisten, oder vielleicht mit mehrerer Leichtigkeit und ungestraft anderer Schaden zu befördern! Ihr, die ihr euch selbst lebet, und die ihr nicht allein die Liebe aufhebet, so die Menge der Sünden bedecket; sondern auch die Freundschaft und Menschenliebe, die das Band der bürgerlichen Gesellschaft ist! Ihr endlich, deren Eingeweide, mit der Schrift zu reden, durch ein langes Glück grausam und verhärtet worden, und die ihr vielmehr die Elenden zu unterdrücken, als zu trösten suchet! Verzeihen sie, meine Herren, diesem Unwillen, diesem gerechten Eifer: ich komme wieder auf mein Vorhaben. Sie haben gesehen, auf was für eine Art eine erwählte Seele sich des Ansehns und der Gewalt bedienet; vernehmen sie jetzt, wie sie sich des Reichthums zu gebrauchen suchet.

Sprüchw. Sal. 12.

Der Geist Gottes redet fast niemals von den Reichthümern, ohne einen Abscheu davor in uns zu erregen. Er nennet sie Schätze der Gottlosen, und nimmt Laster und Reichthümer oft für eins. Er eignet ihnen die Eigenschaften zu, welche die Verdammniß nach sich ziehen, die fast unvermeidlich scheint; und sie reichet ihm den Stoff, wenn er von den göttlichen Strafgerichten reden will. Er suchet uns eine Furcht vor denselben einzuflößen, er gebiethet, sie zu verachten, und ertheilet uns den Rath, uns ihrer zu entledigen: so. wohl, weil sie das Herz verhärten, und durch beständige Unruhen verzehren, die den Saamen des göttlichen Worts ersticken: als auch, weil sie dem Hochmuthe, dem Ehrgeize, der Weichlichkeit und andern Ausschweifungen der Seele zur Nahrung dienen.

Eben dieser Geist Gottes lehret uns jederzeit, daß der Gnade nichts unmöglich sey; daß durch die Barmherzigkeit und Mildthätigkeit der Reichthum geheiliget werde; daß sie einem weisen Manne nützlich; daß sie ein Mittel sind, einen Schatz guter Werke zu sammlen, die man im Himmel finden wird; und daß Gott, der sie nach seiner vollkommnen göttlichen Gerechtigkeit austheilet, dieselben einigen ertheile, sie ihrer Leidenschaften wegen zu strafen, denen sie zu ihrem Werkzeuge dienen müssen; andern aber als ein Mittel, die Kirche durch ihre Allmosen zu erbauen, und sich selbst durch die Verachtung der Güter dieser Welt vollkommen zu machen.

Ist es denn wahr, daß die Reichthümer zu den Absichten der Barmherzigkeit Gottes

an

an den edlen und uneigennützigen Seelen gehören: so erneuren sie, meine Herren, die günstige Aufmerksamkeit, der sie mich würdigen.
Ich rede von einer Art der Liebe, die lebhaft,
freygebig, allgemein ist; die nicht aufhöret, gutes zu thun, und niemals glaubet, genug gethan
zu haben; die viel, und jederzeit mit Freuden
giebt; die keine Bitte abschlägt; die öfters dem
Begehren zuvor kömmt, und den Nothdürftigen niemals entsteht. Es ist dieses keine Vorstellung einer Vollkommenheit, die in leerer
Einbildung besteht; es ist eine Wahrheit, die
ich auf die Handlungen derjenigen gründe, deren
Leichenbegängniß wir heute begehen.

Ich könnte sie ihnen an den betrübten Oertern zeigen, wo Elend und Armuth sich aufhalten, wo sich so viele Bilder des Todes, und so
verschiedene Krankheiten darstellen, wie sie die
Seufzer der einen sammlet, andre zur Geduld
ermuntert, und alle die häufigen Früchte ihrer
Frömmigkeit genießen läßt. Ich könnte sie ihnen an diesen dunkeln und abgesonderten Orten
vorstellig machen, wo die Furcht vor der Schande, so viele Arten der Noth verborgen hält; wie
sie zu rechter Zeit den Segen, denen durch ihr
Unglück zur Verzweiflung gebrachten Famili-
en im Verborgenen ertheilte, welche ihr eine heilige Neugierde entdecket, um sie zu trösten. Ich
würde ihnen den Eifer vorstellen, mit welchem
sie laulichte Seelen aufgemuntert, den Nächsten
zur Zeit der allgemeinen Noth zu retten, und

die

Lobrede auf die

die Mildthätigkeit zu einer Zeit wieder angefeuret, in welcher sie nicht allein erkaltet, sondern sonst gar erloschen war: dieses alles würde ein Stoff zur Lobrede eines andern, bey ihr aber der geringste Theil ihres Lobes seyn. Ich will nichts, als ihre seltenen Tugenden rühmen, und die Blumen aussondern, mit welchen ich ihr Grabmaal bestreuen will.

Ich will hier nicht so viel große Handlungen entdecken, die sie sich bemühet geheim zu halten: ich verehre noch nach ihrem Tode die Anmuth, die jene verborgen. Ich lasse selbige unter der Decke, so sie vorgezogen, um sie zu bedecken; ja, ich will sie für verlohren halten; doch, was rede ich, für verlohren! Alles ist den Auserwählten nützlich; und die Mildthätigkeit arbeitet nie vergeblich. Sie sind auf ewig in das Buch des Lebens eingezeichnet, und Gott, der der Ursprung und einzige Zeuge davon war, ist selbst ihr Lohn. Laßt uns deshalben die Proben ihrer Mildthätigkeit entdecken, ohne dero geheime Absichten zu ergründen.

Wem unter ihnen, meine Herren, ist es unbekannt, daß die Erbauung des großen Hospitals in der Hauptstadt dieses Königreichs, welches so viel Pracht und so viel Elend zugleich in sich schleußt, eines der größten Werke dieser Zeit gewesen? Man hatte dessen Nutzbarkeit vorlängst eingesehen, und die Wichtigkeit davon erkannte. Man machte fast keinen Unterschied unter den nothdürftigen und muthwilligen

tigen Armen. Man war in der Austheilung
der Allmosen ungewiß, ob man dem Elende auf-
hülfe, oder den Müßiggang unterstützte. Die
vermischten Klagen, und das Murren reizten
mehr zum Unwillen, als zum Mitleiden an.
Man sah den Schwarm der ohne Religion und
Zucht herumirrenden Bettler, mehr mit Troß
als Demuth, die Allmosen fordern; öfters das
rauben, was sie nicht erhalten konnten; aller
Augen durch verstellte Krankheiten an sich ziehen, und sogar bis an die Altäre dringen, durch
eine unbescheidene und ungestüme Erzählung
ihrer Leiden und Noth, die Andacht der Gläubigen zu stören.

Man begnügte sich daran, über dergleichen
Unordnungen Klagen zu führen; weil man sie
nicht allein für schwer, sondern auch für unmöglich abzustellen, hielt. Es wurde Klugheit
erfordert, die Mittel zu erfinden; ein gesetztes
Wesen, die Hindernisse zu übersteigen; ein
großes Vermögen, den Grund zur Stiftung
zu legen; und eine noch größere Frömmigkeit,
eine heilsame Ordnung und Zucht für dergleichen Menschen zu erhalten, die größtentheils
unordentlich wandeln. Wo fand man aber
alle diese Eigenschaften; als bey der einzigen
Herzoginn von Aiguillon? Sie war die
Seele dieser Unternehmung; sie munterte den
einen Theil auf, und bey dem andern hielt sie
mit inständigem Bitten an: und sie selbst ward
allen ein Beyspiel. Sie verknüpfte den Eifer
der

der Privatpersonen mit dem Ansehen der Obrigkeit, und vergaß nichts, was sie für nöthig hielt, das auszuführen, was sie so glücklich angefangen hatte.

Dauret doch beständig, ihr auf christliche Almosen festgegründeten und weitläuftigen Gebäude dieses heiligen Hauses! wo Gott, der Schöpfer der Armen und Reichen, durch der einen Geduld, und durch der andern Mildthätigkeit geehret wird. Dauret, wo es möglich ist, bis ans Ende der Welt, und seyd die ewigen Denkmäler der Sorge und Freygebigkeit eurer ersten Wohlthäterinn!

In währender Zeit, als sie mit der einen Hand dieser großen Stadt ihre Güter austheilete, streckte sie die andre aus, den bedrängten Provinzen beyzustehen. Denken sie auf einen Augenblick zurück, an die betrübten Umstände der innerlichen sowohl, als auswärtigen Kriege, wo der Soldat das einärndete, was der Ackersmann ausgesäet; und in kurzer Zeit nicht nur die Früchte des einen, sondern auch die Hoffnung vieler andern Jahre verzehrete; wo bestürzte Familien vor dem Augenblicke und dem Schwerte der Feinde flohen; und indem sie dem Tode zu entfliehen vermeynten, in Hunger und Verzweiflung fielen, die weit fürchterlicher, als der Tod selbst sind. Erinnern sie sich der unfruchtbaren Jahre, in welchen nach der Rede des Propheten, der Himmel zu Erz, und die Erde zu Eisen ward; da die Mutter

vor

vor den Augen ihrer Kinder ohne Hülfe, die Kinder in den Armen ihrer Mütter aus Mangel des Brods starben, und wo die Einwohner des Landes sowohl als der Städte, ihr Leben nur aus Gnade einiger oft eigennützigen Reichen fristeten, die ihre Vortheile mehr aus dem Unglücke anderer zu ziehen, als selbiges zu erleichtern, dachten.

Vergeben sie mir, meine Herren, daß ich so viele mitleidenswürdige Gegenstände ihnen vor Augen lege. Ich sehe mich genöthiget, bey dem Ruhme einer so liebreichen Person, so viel Unglückselige vorzustellen. Und wenn ich ihnen die verschiednen Handlungen ihrer Barmherzigkeit erzählen sollte; so müßte ich hier eine Beschreibung von allem menschlichen Elende machen. Was war denn ihre Beschäfftigung in dieser so dringenden Noth? Das, was Jesus Christus befohlen; das, wozu er uns in seinem Evangelio angerathen hat. Sie gab von ihrem Ueberflusse, sie verkaufte, was sie an Kostbarkeiten besaß; sie entledigte sich dessen, was andere für nothwendig geachtet hatten. Eiteler Vorwand des Standes und der Wohlanständigkeit! Furchtsame Rathschläge der fleischlichen Klugheit! ihr hattet hier keinen Antheil! Nach dem Beyspiele der großmüthigen Christen, die Paulus rühmet, half sie dem Dürftigen nach allen Kräften auf, so gar über ihr Vermögen. Sie war gegen sich selbst geizig, um gegen Jesum 2 Cor. 5.
Christum

Christum freygebig zu seyn, und erwarb sich
Spr. Sal. den Segen, welchen der Weise denen ver-
21. spricht, die gern wohlthun, und den Armen
ihr eigen Brod mittheilen.

Hier glich ihre Mildthätigkeit einem Strome, der aus einer lebendigen und wasserreichen
Quelle fließt, und durch fremde Bäche auf-
schwillt; der aus seinen Ufern bricht und sich
auf so manche trockene Felder ausbreitet. Wir
wollen, meine Herren, nicht verblümt reden.
Es geschah zu der Zeit, daß sie ihre eigenen Allmosen mit denen von andern erbethenen und
eingesammleten Gaben vereinigte, und drey
oder vier tausend Gulden den trostlosen Provinzen zufließen ließ. Sie hatte aus der Schrift
Tob. 4. gelernet, daß diejenigen, die viel besitzen, auch
viel zu geben verpflichtet wären, und das
Maaß ihrer Allmosen der Größe ihrer Reichthümer gleich seyn solle. Sie erkannte mit
Verdrusse, wie der Geiz keine Gränzen hätte;
die Verschwendung sich durch unerkfichen Ueberfluß ausbreitete, und nur die Mildthätigkeit sparsam und eingeschränkt wäre. Sie
wußte es gar zu wohl, wie die Güter der Rei-
Col. 1. chen, nach dem Ausspruche des Apostels, eine heilige Beylage sind, die mit einer gottgefälligen
Treue, das ist, mit einer seiner Güte und
göttlichen Hoheit anständigen Freygebigkeit,
ausgetheilet werden sollen.

Was werden diejenigen bey diesem Beyspiele sagen, denen, außer ihnen selbst, alles
fremde

fremde und gleichgültig ist; und die, weil sie in ihrem Glücke gleichsam trunken sind, andere allen Zufällen, so sie betreffen, überlassen? Was werden diejenigen sagen, die sich durch thörichte Ausgaben erschöpfen, und sich für unfähig halten, mitleidig zu werden, weil sie sich die Nothwendigkeit auferleget, ehrgeizig und hochmüthig zu seyn? Was werden diejenigen sagen, die schmachtende und halbtodte Christen vor sich sehen, ohne ihnen zu Hülfe zu kommen, und Mörder an denen werden, deren Väter sie seyn sollten? die ihre Härtigkeit bekennen, und wenigstens die Großmuth dieser christlichen Frauen rühmen, wenn sie nicht das Herz haben, ihr nachzufolgen?

Sollte ich der unglaublichen Summen, die sie zu verschiedenen Zeiten ausgetheilet, und der von ihr an verschiedenen Orten gemachten Stiftungen erwähnen; so würde ich ihre Einbildungskraft und mein Gedächtniß ermüden, wenn ich mich unterwinden sollte, alle Sorgfalt und alle Arten dieser sinnreichen und unermüdeten Mildthätigkeit auszudrucken: Ich begnüge mich, ihnen zu sagen, daß ihr Glaubenseifer den vorzüglichsten Antheil daran gehabt, und daß die Bekehrung der Herzen, der Bewegungsgrund und die wahre Frucht ihrer Allmosen gewesen sey. Stiftete sie Hospitäler, so verknüpfte sie zugleich das Bekehrungswerk unter den Ungläubigen damit; um die Armen zugleich zu ernähren, und ihnen das Evange-
lium

lium zu predigen. Befand sie sich in einem unsrer Seehäfen, diesen Elenden, die auf den Galeeren am Ruder ziehen, eine Beyhülfe zu reichen, die in ihren schwimmenden Gefängnissen unter der Last der Ruder und der Unmenschlichkeit ihres Oberaufsehers seufzen; so verlangte sie, daß man selbige unterrichten und lehren sollte, die erzwungene Strafe als eine freywillige Aussöhnung ihrer Laster anzusehen. Sendete sie bis nach Africa, denen in der Sklaverey befindlichen Christen Priester als Trostengel zu; so geschah es, sie im Glauben zu stärken, ihnen die Sehnsucht nach der Freyheit der Kinder Gottes einzuflößen, und ihnen das Gewicht ihrer Sünden ungleich härter, als die Schwere ihrer Ketten vorzustellen. Mithin war ihre Sorgfalt auf mehr denn eine Art kräftig, und sowohl auf die Nahrung des Leibes, als auf das Brod des Wortes Gottes, auf die Seele gerichtet.

Ach daß ich ihnen diese edlen Bewegungen ihres Herzens entdecken könnte, die sie aufforderten, alles zu wagen, nur das Reich Jesu Christi zu erweitern! Wie oft hat sie nicht die Blindheit so vieler Völker, die in der Finsterniß und dem Schatten des Todes leben, beweinet, und in ihrem feurigen Gebethe gerufen: Herr, laß deinen Namen unter diesen ungläubigen Völkern geheiliget werden! Wie oft führte sie ihre Einbildungskraft und ihre Sehnsucht über so viele Meere, so weder ihre

ihre Schwachheit, noch der Wohlstand ihres Geschlechts ihr zu überschiffen erlaubte? Wie oft wandte sie ihre Augen nach den weitläuftigen Feldern der Indianer und Wilden, und indem sie daselbst eine reife Ernte zu finden glaubte, die nur die Hand der Schnitter erwartete, so bath sie den Hausvater, einige dahin zu senden.

Sie sparete nichts, diesen apostolischen Männern den Weg zu bahnen, die da bemühet waren, Jesu Christo neue Erbgüter zu erwerben. Sie faßte den Vorsatz, einen geistlichen Handel aufzurichten; auf ihren Rath, und größtentheils auf ihre eigene Kosten, rüstete man ein Schiff aus, das den Schatz des Evangelii nach China führen sollte. Himmel, Meer und Wind waren im Anfange dieser Unternehmung günstig: Gott aber, dessen Rathschlüsse unerforschlich sind, unterbrach den Lauf dieser beglückten Schiffarth: und die erzürnten Wellen ließen auf einmal mit dem Schiffe, auch die von dem Heile so vieler verirrten Seelen gefaßte Hoffnung zerscheitern.

Was waren nun hiebey die Gedanken unsrer Herzoginn? Sie vergaß ihrer eigenen Vortheile, und dachte nur an diejenigen, die Gott davon würde gezogen haben. Sie wurde zwar durch dieses Unglück gerühret, aber nicht niedergeschlagen. Ich erkenne es, mein Gott, sprach sie, was du in deinem Evangelio gesagt: wenn wir alles gethan has

Fleschiers Reden.   O   ben,

ben, was wir zu thun schuldig gewesen; so sind wir dennoch unnütze Knechte. Du weist es besser, als wir, worinnen deine Ehre besteht: Die unsrige muß sich nur deinem Willen unterwerfen. Es ist dein Werk, und du wirst es erfüllen, wenn die von dir dazu bestimmte Zeit und rechten Augenblicke vorhanden seyn werden; wir haben zur See gesucht, Arbeiter in deinen Weinberg zu senden; du hast uns dazu den Weg verschlossen; du kannst uns andre öffnen; auch alsdann, wann wir die Strenge deiner Rathschlüsse verehren, hoffen wir auf deine Barmherzigkeit. In Wahrheit, sie hoffte, wie Abraham, auch da, wo keine Hoffnung mehr übrig war. Die Meereswellen konnten das Feuer ihrer christlichen Liebe nicht dämpfen. Sie verdoppelte ihren Eifer, und Gott, nachdem er ihren Glauben geprüfet, belohnete ihren Gehorsam durch einen Erfolg, der alle Vermuthung überstieg.

Es ist mir nicht anders zu Muthe, als wäre ich in einer Entzückung, unter diesen aufsprießenden christlichen Gemeinen im Morgenlande. Dort sehe ich das Licht der Wahrheit aufgehen, hier die ersten Stralen des Glaubens die Dunkelheit des Irrthums zerstreuen, und die Erstlinge der Christen bilden; dort fließt das heilsame Wasser der Taufe auf die gebeugten Häupter. Hier werden die annoch zarten See-
len

ten mit der Milch ernähret, bis sie eines stärkern Unterrichts fähig sind; dort zeiget sich die Freymüthigkeit eines Märtyrers durch wiederholte Proben der Geduld. Hie richtet man ein Kreuz auf; und dort bauet man einen Altar. Mich deucht, ob sehe ich die Priester, die Bischöfe, oder besser zu sagen, die Apostel, allenthalben, wo es nöthig ist, hineilen, und unsere liebreiche Herzoginn aus ihrem Palaste, als dem Mittelpunkte der Liebe, die benöthigte Hülfe und Erfrischungen senden, um dieses große Werk zu unterstützen und zu befördern.

Habe ich denn nicht Ursache zu glauben, daß Gott an ihr eben die Barmherzigkeit gethan, so sie andern erzeiget; daß die Armen sie nach ihrem Tode in die ewigen Hütten aufgenommen, wo sie in Gott ewig erquicket wird; daß, wo noch einige Unreinigkeit an dieser Seele übrig blieben, die der Läuterung bedürfte, (denn ich will, meine Herren, das Geschöpfe vor seinem Schöpfer nicht rechtfertigen; ich würde sonst die Niedrigkeit des ersten und die Wahrheit des andern beleidigen: ich weiß, daß alle Menschen Sünder sind, und das Maaß der göttlichen Gerechtigkeit so vollkommen ist, daß kein Sterblicher bestehen kann; daß selbst unsterbliche Leute in unvermeidliche Schwachheiten fallen, und nur auf eine unvollkommene Art vollkommen sind), wenn annoch, sage ich, einige Unreinigkeit übrig geblieben wäre: habe ich nicht Ursache zu glauben, daß selbige durch das

das Blut Jesu Christi getilget werden könne? Ach, daß die neuen Gläubigen in den Ländern der Barbaren, auf die erste Zeitung von dem Tode ihrer Wohlthäterinn, alle von ihr empfangene Gaben dem obersten Richter aufzeigen möchten! O daß sie an ihn ihre Fürbitte für sie richten möchten, bey welcher das Feuer der Andacht durch die Zeit noch nicht erloschen und erkaltet ist! O daß man in ihren Versammlungen ihre Mildthätigkeit loben möchte; daß ein jeder Märtyrer ein Theil seines daselbst vergossenen Blutes für sie aufopfern, und man so viele Seelenmessen halten möchte, als auf ihre Unkösten Capellen erbauet, und Altäre errichtet worden! Sie sind ohne Zweifel, meine Herren, überzeuget, wie wohl sie sich ihres Ansehens und ihrer Reichthümer bedienet. Nichts bleibt mir noch übrig, als, daß ich ihnen mit wenigen Worten anzeige, wie sie ihr Leben eingerichtet, um einen beglückten Tod zu erreichen.

Ein wichtiger und höchstnützlicher Rath, den uns Gott in der heiligen Schrift ertheilet! und es ist ihnen, meine Herren, bekannt, daß es Gott nur allein zustehe, Rathschläge Spr.Sal.8. zu geben; weil alles, was er denkt, Weisheit, und alles, was er sagt, Wahrheit ist. Ich sage, ein höchstnützlicher Rath, den Gott den Menschen ertheilet, ist der, an die letzte Stunde oft zu gedenken, und ihr ganzes Leben auf den Augenblick, in dem wir es beschließen sollen,

zu

zu richten; um uns durch die Religion dem zu entreißen, was wir nothwendig verlassen müssen, und bey unserm kurzen Aufenthalte in der Welt, dafür Sorge zu tragen, was wir ewig seyn sollen. Das war der Gedanken, der das Gemüth unserer Herzoginn erfüllete; und sie erweckte, ihre Nichtigkeit zu erkennen, sich bey der Vorstellung ihrer Sünden zu demüthigen, sich einzig und allein an Gott zu ergeben, seine Gerichte zu fürchten, seiner Vorsehung sich zu überlassen, und auf seine Barmherzigkeit zu hoffen. Hier sehen sie die völlige Beschaffenheit ihres Herzens; hier sehen sie die fruchtbare Quelle so vieler von ihr ausgeübten Werke der Gerechtigkeit und Liebe; kurz, hier sehen sie die Vorbereitung zu einem glücklichen Tode.

Sie entfernete sich vom Hofe, so bald sie die Freyheit erhielt, ihn zu verlassen. Ihre Buße war weder zu spät, noch erzwungen; sie rührte von der Inbrunst ihrer Liebe, und nicht von der Schwachheit des Alters her. Mitten in ihren besten Tagen, und da sie noch weit vom Grabe entfernet war, machte sie den Anfang zu ihrer Selbstaufopferung, die sie nur jetzt vollendet hat; und starb ihren Leidenschaften allmählig ab, ehe der Körper das Leben verlohr. Ihr, die ihr eure Augen nur alsdann nach dem Himmel richtet, wann die Welt sie von euch abwendet; die ihr die Sorge für euer Heil bis in die späten Zeiten hinaussetzet, welche wider euren Willen der Eitelkeiten

unfä-

unfähig sind. Weltgesinnte Frauenbilder! die der Wohlstand nöthiget, sich der Welt zu entziehen; die ihr den Rest eurer Leidenschaften in die Decke einer äußerlichen Andacht einhüllet; die ihr euren Sünden und eurem Tode keinen andern Zwischenraum verstattet, als einige aus Furcht vor den nahen Gerichten erpreßte Seufzer; und Gott nicht eher suchet, als bis er im Begriffe ist, nach dem Ausdrucke der Schrift, an euch den letzten Todesstreich zu vollführen! Erzittert vor ihm, und bittet ihn, daß er euren Glauben und eure Liebe so kräftig stärken wolle, als nachläßig ihr in eurer Buße gewesen sind. Wir haben nicht Ursache, dieses zu befürchten, meine Herren! ich rede von einer bußfertigen Seele, die den Tag des Herrn vorhergesehen, und sich dazu durch Einsamkeit und Gebeth bereitet hat. Ich erblicke die Stätte, wo der Weihrauch ihrer Gebethe so oft brannte; wo sie die aus dem Streite mit der Welt erworbenen Vortheile opferte; wo sie den Eifer ihres Preises ermunterte, wenn selbigen der Umgang mit der Welt, auch nur in etwas geschwächet hatte. Ich sehe sie mitten durch die Gassen dieses Thores, darauf sie so vielmal Lieder aus Zion angestimmt; diese Bethkammern, wo sie ihre Sünden beweinet, und Tag und Nacht mit Betrachtung der himmlischen Dinge zubrachte; dieses Kloster, wo sie den Geruch so vieler Tugenden ausgebreitet, die daselbst noch in frischem Andenken sind; und, alles auf einmal zu sagen, dieses Kloster, so sie

Psalm 77.

durch ihre Freygebigkeit unterhalten, durch öftere Verlassung des Hofes besuchet, und durch ihre Beyspiele erbauet hat.

Unterbrechet, ihr Jesu Christo Verlobten, die ihr mich anhöret, meine Rede, wo ihr darinnen ausschweifende Lobeserhebungen entdecket; und lasset euch von dem Eifer zur Wahrheit einnehmen! Ihr kennet ohne Zweifel das Herz eurer weisen Stifterinn, ich hätte beynahe gesagt, eurer Schwester; denn sie war gegen euch eines so wohl als das andere, und die Gnade verknüpfte die Hoheit einer Herzoginn mit der Demuth einer Klosterfrauen. Euch sind ihre reine Absichten, ihr brennender Eifer, ihr erhabener Heldenmuth, ihre ausgebreitete Liebe bekannt; und ihr bewahret in dem Innersten eurer Seelen ein Bildniß, dessen Züge keine Beredtsamkeit ähnlich abzuschildern, vermögend ist.

Gewiß, meine Herren, wer kann es ausdrucken, mit was für Ekel sie sich der Güter, so die Welt hochschätzet, bedienet; mit was Demuth sie ihren Willen unter den von ihr erkannten Willen Gottes gebeuget; mit was Treue sie alle Gelegenheit beobachtet, an ihrem und anderer Heil zu arbeiten; mit was Standhaftigkeit sie allen Verlust, alle Trübsal, und alles Unglück, als unzertrennliche Gefährten eines grossen Glückes, erduldet hat? Ich verweile nicht bey diesen letzten Worten, und warum sollte ich

die

die Gelegenheit verabsäumen, ihnen hier die Nichtigkeit aller menschlichen Hoheiten vorzustellen?

Stellen sie sich die Beschaffenheit eines Mannes vor, auf den mehrentheils alle Gunstbezeigungen und die Führung der Staatsgeschäffte beruhen, so weise und vollkommen er auch seyn mag. Was für Unruhe? Was für Unglück? Diejenigen, die ihn bewundern, wollen an seiner Stelle seyn; die ihn fürchten, begehren ihn zu stürzen; seine Tugenden erwecken ihm Neider: seine Wohlthaten selbst dienen den Undankbaren zur Nahrung. Kann man seiner Gewalt nicht Abbruch thun, so greift man wenigstens seine Ehre an. Diejenigen, so er bestraft, klagen über Verfolgung; die Unglücklichen glauben, daß sie unterdrücket werden; man schreibt den unglücklichen Erfolg auf seine Rechnung, und alles öffentliche Unglück wird ihm als ein Laster aufgemutzet. Hieraus entstehen Murren, Klagen, Verläumdungen, Meutereyen und geheime Verbindungen. Und so mäßiget Gott das Glück der Mächtigen, durch fast unvermeidliche Sorgen, und setzet sie den vergifteten Pfeilen des Neides aus, damit sie sich nicht dem Ehrgeize und Hochmuthe gänzlich ergeben sollen.

Ihre Freunde und Anverwandten werden in eben dieselben Unruhen und Sorgen eingeflochten: und in diesen Vorfällen bedienete sich

unsre

unsre Heldinn ihrer völligen Großmuth; sie
vergab alsdann, wenn es ihr ein leichtes war,
sich zu rächen. Sie ermüdete die Ungerechtigkeit durch ihre Geduld; sie erhielt sich allezeit
bey den größten Trübsalen des Lebens, in der
Demuth und Leutseligkeit; sie war jederzeit
gleichgültig, jederzeit großmüthig; sie erhielt in
ihrem Herzen mit denjenigen den Frieden, die
ihr den Krieg angekündiget; ihre Seele übte
sich in den Tugenden, um zu der Vollkommenheit zu gelangen, die Gott von ihr forderte:
und dieser wohl angewandte Gebrauch des Guten und des Bösen, der sie unvermerkt dem
Leben entzog, führete sie durch einen glücklichen
Tod zur Ruhe.

Durch einen glücklichen Tod! Hier ist die
traurige Stelle meiner Rede, meine Herren,
die ihren Schmerz erneuren wird! Wie? Soll
ein großer Schatz nur in ein irrdenes Gefäß
verschlossen werden; und soll alles das, was ich
gesagt, nur dahinaus gehen, daß ich sage, sie
wäre nicht mehr vorhanden! Ja, meine
Herren; aber unterlassen sie nicht, bey ihrem
Verluste die Hand zu verehren, die sie uns ent-
zogen, und uns den kostbaren Rest eines Lebens aufzubehalten, das niemals erbaulicher gewesen, als, da sie dasselbe nach dem Willen
Gottes geendiget hat. So glücklich sind die
Gerechten. Sie empfinden bey Heranrückung
des Todes eine Verdoppelung des Eifers und
der Kräfte bey sich. Die Seele ziehet sie in sich
selbst zurück, und glaubet alle Augenblicke, die

ihr

ihr sich öffnende Pforten der Ewigkeit zu sehen. Das durch die Leidenschaften erregte Gewölk vertheilet sich, und die Decken, so die Wahrheit verhüllet, fallen unvermerkt hinweg; ihr Verlangen entzündet sich mehr und mehr, je näher sie dem Genusse des höchsten Gutes kommen, und die Liebe verrichtet ihre Vollkommenheit, durch diese letztern Bewegungen der Gnade, die ihn in den Abgründen des Ruhmes verlieret.

So waren, meine Herren, die innern Vorbereitungen dieser Heldinn; oder vielmehr, so waren in ihr die letzteren Wirkungen der Gnade Jesu Christi. Gott, der das Gute und Böse nach der Stärke oder Schwäche der Sterblichen vertheilet, hatte durch langwierige Krankheiten ihre Gelassenheit und Geduld geprüfet; aber so schwer auch ihr Kreuz war, so trug sie es gleichwohl ohne Ermüdung. Man sah sie leiden, und hörte sie niemals darüber klagen. Ihre Wünsche waren auf ihr Heil und gar nicht auf ihre Gesundheit gerichtet. Sie war bereit, zu leben, um ihre Buße zu vollenden; aber auch bereit zu sterben, um ihr Opfer zu erfüllen: und, indem sie nach der Ruhe des Vaterlandes seufzete, trug sie geduldig die Schmerzen ihrer Entfernung. Unter einer Mischung zwischen Schmerz und Freude, zwischen dem Besitze und der Hoffnung, ergab sie sich ihrem Schöpfer gänzlich, und erwartete alles, was ihr begegnen konnte; und wünschte nichts, als was Gott über sie bestimmet hatte.

Was

Was für eine Inbrunst, was für ein Eifer regete sich in ihr, so bald sie den Tod in ihrer Brust empfand? So viel Worte, so viel Ausdrücke der Frömmigkeit; so viel Seufzer, so viel Regungen zur Buße! Sie wirft sich zu den Füßen ihres Richters, und klagt sich als schuldig an. Sie wird vor ihrem Erlöser fußfällig, und bittet um Gnade. Ihr wisset es, getreue Zeugen ihrer letzten Gedanken! Hier stellte sie die Bilder aller ihrer vorigen Handlungen ihrem Geiste aufs neue vor; um in der Betrübniß ihres Herzens, selbige nach den strengsten Regeln der Wahrheit und der Gerechtigkeit zu prüfen. Hier schüttete sie vor Gott ihre Seele aus, ehe sie vor dessen fruchtbarem Richterstuhle erschien; hier, da sie von aller weltlichen Neigung entbunden war, wendete sie die übrigen Kräfte, die sie annoch unterstützten, an, um diese Augen, die sie vor der Welt schon geschlossen hatte, auf den gekreuzigten Jesum zu lenken. Hier befahl sie ihre Seele in der Ausübung des lebhaftesten Glaubens, der stärksten Hoffnung, der feurigsten Liebe, der tiefsten Buße, unter rührenden Worten, und einem ewigen Stillschweigen, in die Hände dessen, der sie erschaffen! Unglückseliger Augenblick für so viel Arme, derer Mutter und Beschützerinn sie war! Glücklicher Augenblick für sie, an welchem sie in die Ewigkeit eingegangen! Trauriger, aber auch für uns nützlicher Augenblick! wenn wir von ihr lernen, so zu leben und zu sterben, wie sie gelebet und gestorben ist. Ach,

Ach wir leben ohne Ueberlegung! Wir setzen unser Verlangen so weit hinaus, und machen eine Menge von weitläuftigen Entwürfen zu unserm Glücke. Wer sollte nicht sagen, daß wir gläubeten, wir wären unsterblich? Indessen verfließt unvermerkt die wenige Anzahl der unglücklichen Tage, welche die Dauer unseres Lebens bestimmet. Ein jeder Augenblick raubet uns einen Theil unserer selbst. Wir gelangen an das uns bestimmte Ziel; die Annehmlichkeiten verschwinden, und alles, was uns bezaubert, vergeht mit uns. Wir könnten ja die Wahrheit von der Nichtigkeit der weltlichen Güter aus der Vergänglichkeit unsers Lebens, die selbigen das Ziel setzet, abnehmen; aber die Eigenliebe stellet sich dieses Leben ohne Gränze vor, aus Furcht, denen von uns geliebten Dingen ein Ende zu bestimmen. So geht unsere Einbildungskraft und Eitelkeit weiter, als wir selbst. Wir haben nur einen Augenblick zu leben, und hoffen doch viele Jahre zu leben; lasset uns, lasset uns wieder auf die Worte meines Textes kommen! laßt uns bedenken, daß das Wesen dieser Welt vergeht! laßt uns den Verlust derjenigen nicht mehr beweinen, die sich dasselbe so wohl gebrauchet. Wir wollen nur ihrem Beyspiele folgen, damit wir, wie sie, in Jesu Christo leben und sterben können, der da lebet und herrschet von Ewigkeit zu Ewigkeit.

Lobrede

auf den

HERRN

Wilhelm von Lamoignon,

Oberpräsidenten

des

Parlaments.

Gehalten den 18. Febr. des 1679sten Jahres.

B. d. Weish. I, 1.

Habet Gerechtigkeit lieb, ihr Regenten auf Erden. Denket, daß der Herr helfen kann, und fürchtet ihn mit Ernst.

Ich trete hier nicht auf, meine Herren, um in ihren Gemüthern das traurige Andenken eines Todes zu erneuern, den sie bereits beweinet haben. Wir wollen den Ungläubigen den so langwierigen und empfindlichen Schmerz, den die Religion nicht mäßigen kann, überlassen; denn, da ihr Verlust unersetzlich ist, so kann ihre Traurigkeit vielleicht ohne Schranken seyn: und da sie keine Hoffnung haben, so sind sie auch alles Trostes unfähig. Wir aber, denen Gott durch seine Gnade seine Wahrheiten offenbaret, haben in der heiligen Schrift gelesen, daß Weinen seine Zeit, und die Thränen ihr Maaß haben; daß die Sonne, die über unsern Zorn niemals, über unserer Traurigkeit aber nur siebenmal untergehen soll; und daß eben die Liebe, die uns den Tod der Gläubigen zu betrauren beweget, uns auch ihre Auferstehung hoffen läßt, uns angereizet, uns über ihre Glückseligkeit zu erfreuen. *Col. 3. Psalm 79. Sir. 28.*

Warum soll ich denn eine Wunde wieder aufritzen, so die Zeit und Vernunft bereits sollen geheilet haben? Denken sie nicht, meine Herren, daß ich hier die Nichtigkeit und das Elend der Menschen beweine. Meine Absicht ist, die Größe und Erbarmung des Herrn zu loben. Ich will sie unterweisen, einen Gott zu suchen, der ewig währet, und sich nicht über Geschöpfe zu betrüben, die ein Ende nehmen; und

in

in gegenwärtiger Lobrede, welche ich dem erlauchten und hochwohlgebornen Herrn Wilhelm von Lamoignon, obersten Präsidenten des Parlaments, halten soll, habe mir gar nicht vorgesetzet, den Verlust zu vergrößern, den sie durch den Tod, eines so gerechten Mannes erlitten; sondern sie zu bewegen, so, wie er, die Gerechtigkeit zu lieben. Habet Gerechtigkeit lieb, ihr Regenten auf Erden; denket, daß der Herr helfen kann, und fürchtet ihn mit Ernst.

In diesen unruhigen und betrübnißvollen Tagen, da man über den empfindlichen Anblick eines unvermutheten Todes bestürzet ist, geht man in sich selbst, und überläßt sich seinem Schmerze: und wenn man ja noch einige Betrachtungen anstellet, so betreffen dieselben nur überhaupt den Unbestand, und die Eitelkeit der menschlichen Dinge, ohne bis auf seine eigene Fehler und Schwachheiten sich herunter zu lassen. Man suchet sich mehr zu trösten, als zu unterrichten: und wenn man von den guten Werken der Verstorbenen redet, so geschieht es mehr in der Absicht, die für sie vergossenen Thränen zu rechtfertigen, als sich ihr Beyspiel zu Nutze zu machen. Doch, es ist Zeit, daß wir uns durch den Glauben über die Schwachheit der Natur erheben. Es ist viel zu wenig, die Nothwendigkeit des Todes und die Wichtigkeit wohl zu sterben, zu erkennen, wenn man daraus nicht Bewegungsgründe und Folgen herleitet, wohl zu leben. Es ist vergeblich, wenn

Redman glaubet, das Andenken der verstorbenen Redlichen zu beehren, wenn man nicht den Ueberrest ihres Geistes bey den Gräbern sammlet, wo man die betrübten Ehrenbezeugungen dem traurigen Ueberreste ihrer sterblichen Körper wiederfahren läßt.

Dieses ist meine Absicht, meine Herren, wenn ich ihnen heute einen Richter vorstellen werde, dem nichts unbekannt war, der in seinem Amte nichts verabsäumete, und den kein Eigennuß von dem rechten Wege der Billigkeit abziehen konnte; einen stillen und dienstfertigen Mann, der die Strenge der Gesetze und Gerechtigkeit durch alle Arten, so die Barmherzigkeit und Liebe einflößet, zu mäßigen wußte; einen Christen, der seine sittlichen und politischen Tugenden durch eine reine und aufrichtige Gottesfurcht geheiliget hatte. Ich überlasse es dem Höchsten, der allein Herr über die Herzen der Menschen ist, und sie, wenn es ihm gefällt, durch den Nachdruck der guten Beyspiele rühret, diese Gedanken der Gerechtigkeit, Güte und Gottesfurcht, so ich ihnen vorhalten werde, in ihr Herz zu prägen. Ich kann nichts mehr thun, als ihnen die Worte meines Textes abermals einschärfen: Habet Gerechtigkeit lieb, ihr Regenten auf Erden; denket, daß der Herr helfen kann, und fürchtet ihn mit Ernst.

Gott, dessen Versehung die Richter zur Beherrschung, so wie die Lehrer zur Heiligung seines Volks bestimmet, und beyde auf die Stei-

ge der Gerechtigkeit und Wahrheit führet,
Gott selbst, meine Herren, bestimmete den
Herrn von Lamoignon durch eine beglückte Geburt, seine Gesetze zu beschützen,
und seine Gerichte in einer der alleransehnlichsten Rathsversammlungen der Welt auszuüben.

Er stammet aus einem der alleredelsten und
ältesten Geschlechter im Nivernischen ab, welches,
nachdem es sich noch vor den Zeiten Ludwigs
des Heiligen durch Kriegsdienste berühmt gemacht, und unter Henrich dem II. durch die erhaltenen höchsten Saatswürden in dem Parlamente, eben den Ruhm behauptet, den es sich
im Kriege erworben, und der Veränderung seines Standes ungeachtet, dennoch dem Ruhme
und der Hoheit seines Ursprunges dadurch gar
nichts vergeben: gleich denen Strömen, welche, wenn sie einen andern Abfluß erhalten, mit
der Zeit einen andern Lauf gewinnen, und andre
Länder befeuchten; und doch weder an ihrem
Ueberflusse noch an der Reinigkeit ihres Gewässers das geringste verlieren, wenn sie gleich ihre
Lage und Ufer verändern.

Wir wollen aber von seiner Geburt nicht
mehr rühmen, als er selbst davon gerühmet,
und daher nur anmerken, daß er aus einem Geschlechte entsprossen war, wo man, wie es scheint,
nur gebohren wird, Gerechtigkeit und Güte auszuüben; wo die Tugend sich mit dem Blute
fortpflanzet, durch gute Rathschläge unterhält

und

und durch große Beyspiele sich erwecket; wo die Väter mehr Sorge tragen für die Wohlfahrt ihrer Erben, als für die Vermehrung ihres Nachlasses; wo die Kinder lieber die Frömmigkeit als die Glücksgüter ihrer Väter erben, und wo die Furcht Gottes, die Barmherzigkeit und der Friede, die Regeln der Auferziehung sind.

Bereits in seinen jüngern Jahren ward er des Unterrichts und der Hülfe eines Vaters beraubet, dessen vortreffliche Beyspiele er kaum gesehen, und dessen Verlust er eine lange Zeit bedauret hat. Er blieb aber unter der Aufsicht einer Mutter, welche die Armen jederzeit als ihre eigene verehret haben.

Die zärtliche Liebe, so sie gegen den einen hatte, verminderte nicht das Mittleiden gegen die andern. Sie glaubte, daß ihre Almosen nicht unfruchtbar seyn würden; daß sie dasjenige in ihrer Familie wieder einärnten würde, was sie in den Armenhäusern ausgesäet; daß, weil sie für die Armen Christi Sorge trüge, Christus für ihre Kinder Sorge tragen würde; und daß sie denselben weder was wichtigers als die evangelischen Grundsätze beybringen, noch denselben ein Gut von mehrerer Dauer, als das Erbtheil ihrer Mildthätigkeit, hinterlassen könnte.

Ihre Hoffnung war auch nicht vergebens, meine Herren! Gott selbst hatte die Aufsicht über die Erziehung dieses Sohnes, den sie ihm so oft übergeben. Er kam ihm mit seinem geistlichen Segen zuvor, und ließ ihn durch seine Gnade alle gefährliche Leidenschaften vermeiden: welche gleichsam die Klippen sind, an welche das Feuer der Jahre, die Ausgelassenheit der Zeiten, die verderbte Natur, die bösen Exempel, und oft böse Rathschläge die unbedachtsame Jugend zu stoßen pflegen.

Man bemerkte an ihm bald alles dasjenige, was zu einem großen Richter erfordert wird. Sein Herz war gelehrig, den Eindruck der Wahrheit anzunehmen; edel, sich über die Leidenschaften und den Eigennutz zu erheben; mitleidig, den Unglücklichen beyzustehen; standhaft, sich der Unbilligkeit zu widersetzen. Sein Verstand war begierig, alles zu wissen, und fähig, alles zu lernen; fertig, auch die erhabensten Sachen zu fassen; glücklich, sie zu erklären, wenn er sie einmal gefasset. Er wußte nicht nur, das Gute vom Bösen, sondern auch das Bessere vom Guten zu unterscheiden. Er war bemühet, die Schwierigkeiten zu untersuchen, und dieselben aufzulösen; die Wahrheit zu suchen, und wenn er sie entdecket, derselben zu folgen; alles zu erkennen, und aus seinem Erkenntnisse beständig einigen Nutzen zu ziehen. Diese große Weisheit machte, daß man bey ihm nicht auf die Jugend sah. Man erkannte die Reife seines Verstandes, und rechnete nicht die Zahl seiner Jahre. Er gesellete sich schon in dem achtzehenden Jahre seines Alters zu den Aeltesten Israels, und suchte mit ihnen die unter dem Volke entsponnenen Streitigkeiten zu entscheiden.

Glauben sie nicht, meine Herren, daß er ohne Beruf in das Heiligthum der Gerechtigkeit eingegangen. Er wußte, daß die ersten Gesetze, so man lernen muß, die Gesetze der Vorsehung sind; daß das Richteramt eine Art des Priesterthums sey, so man nicht ohne Befehl des Himmels antreten konnte; und daß Jesus Christus von seinem Vater so wohl zum Richter, als zum Hohenpriester gesetzet worden. Daher wollte er seine Pflichten zuvor kennen lernen, ehe er Bedienungen antrat. Der erste Richterstuhl, den er bestieg, war in seinem eigenen Gewissen, um daselbst den Grund seiner Absichten zu erforschen. Er gab weder dem Hochmuthe, noch dem Ehrgeize, noch dem Geize Gehör. Er befragte Gott, welchem Rath und Billigkeit allein eigen sind, und Gott zeigete ihm den Weg, den er wandeln sollte.

Er befand sich zu der Zeit in einer Bedienung, wo die Fragen so unterschieden und die Rechte so schwer sind, sie auszuwickeln; wo man die Streitigkeiten über die Güter, die Ehre und das Leben der Menschen entscheidet; wo die Fehler niemals gering, aber gleichwohl fast allezeit unersetzlich sind. Er fürchtete sich vor nichts so sehr, als vor einem Irrthume in seinem Urtheile. Er brachte Tag und Nacht mit Studieren zu: und wie weit kann man nicht darinn kommen, wenn ein langes Wachen durch Gesundheit und Beständigkeit unterstützet wird; wenn man außer seiner eigenen Einsicht, sich noch des Raths und der Hülfe großer Männer bedienen kann, und den unverdrossenen Fleiß mit der Herrlichkeit des Geistes verknüpfet! Er glaubte, das wesentliche Stück seines Amtes zu verabsäumen, wenn er seine gerechte Absichten nicht so an den Tag legen möchte, wie er es meynete. Er pflegte insgemein zu sagen, daß zwischen einem ungerechten und unerfahrnen Richter ein geringer Unterschied sey. Der eine hat wenigstens die Richtschnur seiner Pflichten und das Bildniß seiner Ungerechtigkeit vor Augen, der andre sieht weder das Gute noch das Böse, so er thut: der eine sündiget mit Wissen und ist nicht zu entschuldigen; der andre sündiget ohne Scheu und ist nicht zu bessern: Beyde aber sind gleich schuldig, in Absicht auf denjenigen, den sie entweder aus Irrthum, oder aus Bosheit verdammen. Man mag von einem Rasenden, oder von einem Blinden verwundet werden, so ist die Wunde gleich empfindlich: und denjenigen, die da unterdrücket werden, ist es einerley, ob ein muthwilliger Betrug, oder ein irrendes Versehen sie in das Unglück gestürzet.

Diese Ueberlegungen, meine Herren, verdoppelten seinen Eifer. Er erlangte eine vollkommene Erkenntniß der menschlichen und göttlichen

lichen Rechte, eine tiefe Einsicht in die Gesetze und Gewohnheiten, einen fertigen Gebrauch der Sitten und Gewohnheiten vor Gericht, und der Rechtshändel. Ihr gelehrten und ungeheuren Sammlungen, in welchen er die alte und neue Rechtsgelahrtheit verfasset, ihr könnet öffentliche Zeugen des seyn, was ich sage. Wenigstens werdet ihr unter den Händen seiner Nachkommen, eine geheiligte Niederlage und ein kostbares Denkmaal seines Verstandes und Fleißes bleiben.

Hier hätte ich Gelegenheit, ihnen seine Gerechtigkeit im Parlamente, wohin ihn sein Verdienst gerufen, zu zeigen: wie er gerechte Sachen befördert, die zweifelhaften entschieden, die schweren entwickelt; wie er allem seinem Vergnügen entsaget, außer demjenigen, so er in der Erfüllung seiner Pflichten empfunden. Ich könnte ihn denenjenigen zum Beyspiele ausstellen, so die Ordnung der Sachen umkehren, sich aus ihrem Vergnügen ein Geschäffte machen, und ihren Bedienungen nichts weiter, als die Ueberbleibsel eines trägen Müßigganges, widmen: als ob sie nur um des willen zu Richtern bestellet wären, um von Zeit zu Zeit auf dem königlichen Richterstule zu sitzen; auf welchem sie vielleicht ihrem vergangenen Vergnügen, von dem ihre Einbildungskraft noch ganz angefüllet ist, nachzusinnen, oder die ihrem Vergnügen gewidmeten Nächte durch einen Todesschlaf zu ersetzen hätten.

Doch,

Doch, ich will sie nur der gerechten Sache derer Fremdlinge erinnern, so die Hoffnung des Gewinnstes vor den Ufern der Levante gereizet, um Asiens Reichthümer nach Europa zu bringen. Die französischen Freybeuter hatten dieselben, wider die Seefreyheit und die Treue der Schiffahrt, beydes ihrer Güter und des Schiffes, so dieselbige führete, beraubet. Diejenigen, so ihnen zu Hülfe kommen sollten, stunden sich selbst bey, sie zu unterdrücken. Man vergaß an ihnen nicht nur das allgemeine Mitleiden, so man gegen alle Verunglückte zu hegen pflegte; sondern auch die besondere Höflichkeit, mit der unsere Nation allen Fremden zu begegnen gewohnt ist. Sie waren von ihren Freunden durch so viel Länder, und durch so viele Gewässer entfernet; in einem Lande, wo man sie weder verstehen konnte, noch ihnen Gehör geben wollte. Sie nahmen ihre Zuflucht zu dem Herrn von Lamoignon, als zu einem redlichen Manne, der sich nicht bestechen ließ; der die Partey dieser Schwachen wider die Mächtigen ergreifen, und die Unordnung der Zufälle und des Versprechens, worunter man ihre Sachen verdeckte, entwickeln würde.

Er that es, meine Herren! Er waffnete seinen Eifer wider den Geiz; er zog die Decken ab, die über diesem Geheimnisse der Unbilligkeit lagen: er trug innerhalb drey Tagen diese Sache mit so guter Ordnung und Deutlichkeit in dem königlichen Rathe vor, daß diesen

sen Unglücklichen die Güter, so sie schon vor verlohren schätzten, zurück gegeben wurden; und zwang sie dadurch, dasjenige zu bekennen, was sie kaum glauben konnten, daß nämlich bey uns Treue und Gerechtigkeit zu finden sey.

Ich komme aber auf wichtigere Sachen. Wir wollen ihn in der vornehmsten Bedienung des Parlaments betrachten, und nach dem Rathe eines berühmten Alten, aus der Bedienung zeigen, wie der Mann beschaffen gewesen, der sie bekleidet hat. Die Könige waren in den Zeiten, darinn die Unschuld regierte, selbst Richter des Volks. Erinnern sie sich doch dieses ersten Alters der Monarchie. Betrug, Ehrgeiz und Eigennutz, Laster, die gleichsam in ihrem ersten Keim, und wenig bekannt waren, hatten kaum den Anfang gemachet, den guten Glauben und die glückliche Aufrichtigkeit unserer Väter zu unterbrechen. Diese waren größtentheils mit demjenigen zufrieden, was ihnen das Glück zugeworfen, oder was sie sich durch ihre Arbeit erworben. Wie sie ihre eigne Güter ohne Unruhe besaßen, so konnten sie der andern ihre ohne Neid ansehen. Ihre Hoffnung erstreckte sich nicht über ihren Zustand, und die Grenzen ihrer Erbschaft waren die Grenzen ihres Verlangens.

Weil die Rechtshändel selten waren, und dieselben zu entscheiden, weiter nichts, als die natürliche Billigkeit brauchte, so hielten die Regenten selbst das Gericht. Sie erhuben sich

P 5 vom

vom Throne auf den Richterstuhl, und theilten ihre Geschäffte zwischen der allgemeinen Wohlfahrt und der Ruhe der Privatleute: und nachdem sie die starken Ungewitter, so die obern Gegenden des Staats beunruhigten, gestillet, zerstreueten sie die kleinen Unruhen, so sich zuweilen in den untern Gegenden empöreten.

Aber seitdem die Gerechtigkeit unter der Last der Gesetze und der beschwerlichen Förmlichkeiten vor Gerichte geseufzet, und man eine Kunst gemacht, einander durch listige Ränke zu unterdrücken, ward diese Beschäfftigung den Königen unerträglich. Sie waren beschäfftiget, langwierige und blutige Kriege zu führen, die Bündnisse, so die Eifersucht ihrer Macht wegen angesponnen, zu zertrennen, und eine unendliche Menge von Ansprüchen zu zernichten, um der Welt einen dauerhaften Frieden zu schenken. Sie wurden genöthiget, so wie Moses, die ungestüme Verwaltung der Gerechtigkeit weisen Männern zu überlassen, so Gott fürchteten, die Wahrheit liebten und dem Geize feind waren.

Eine Sache von großer Wichtigkeit war, meine Herren, denenselben ein Oberhaupt zu erwählen: und niemals ist eine Wahl lobenswürdiger gewesen, als die in der Person des Herrn von Lamoignon. Durch was für Wege meynen sie, daß er seinen Zweck erreichet habe? War es etwan die Gunst? Er hatte keine andere Verbindung mit dem Hofe, als die ihm

auf-

aufgetragenen Geschäffte. War es etwan ein bloßes Ungefähr? Man berathschlagete sich lange Zeit, und in einer so zärtlichen Sache glaubte man, daß man alles einem guten Rathe, nichts aber dem Glücke überlassen müßte. War es ein heimlicher Anhang? Er war aus der Anzahl derer, die nur ihre Pflichten erfülleten: und diese Parten, ohngeachtet sie die gerechteste war, so war sie doch nicht die stärkeste. War es eine Geschicklichkeit, sich den Umständen der Zeitläufte zu bequemen? Die schweren Zeiten waren bereits verflossen, da man mehr aus Noth, als durch eine gute Wahl die Bedienungen vergab, und ein jeder aus den Unruhen des Staats einigen Nutzen ziehen wollte; und entweder die Dienste, so er leisten konnte, oder sein Vermögen zu schaden, theuer verkaufte. Der Ruhm, den er sich in dem Parlamente und im Rathe erworben, reizte allein die Vornehmen. Sie bezeugten es ihm, er hätte seine Erhebung nur allein seinen Verdiensten zu verdanken; und daß er niemals dazu gelanget wäre, wenn man in dem Königreiche einen getreuern und zu diesem Amte geschickteren Unterthan gekannt hätte.

Wie war nachher seine Bemühung beschaffen? Er glaubte, daß Gott ihn in das Richthaus, wie den Adam ins Paradies, zu arbeiten gesetzet. Er antwortete denenjenigen, die ihn bathen, sich zu schonen; daß seine Gesundheit und sein Leben dem gemeinen Wesen, nicht aber ihm gehörete. Darf ich ihnen
wohl

wohl noch sagen, daß er sich ein heiliges Gesetz daraus machte, die Gründe der Parteyen zu hören, und die längsten und verdrüßlichsten Vorstellungen zu lesen, ohne sich auf die unordentlichen und oft in der Eil von ungetreuen oder unachtsamen Händen verfertigten Auszüge zu verlassen, welche die Rechte verwirren, und eine gute Sache verstellen? Darf ich ihnen wohl noch sagen, daß er sich anheischig gemacht, niemals die Angeber einer Sache zu entdecken, wenn man ihn gleich darum bath? Dadurch erwarb er sich den Beyfall eines großen Staatsraths und einer großen Königinn, ohngeachtet er auch ihnen zu gefallen, davon nicht abging. Er benahm also den Privatpersonen die Hoffnung, dasjenige von ihm durch Ungestüm oder Freundschaft zu erhalten, was er weder aus Dankbarkeit, so er gegen seine Wohlthäter bezeigte, noch aus Ehrfurcht, so er gegen die große Königinn hegte, bewilligte.

Wir wollen aber von seinen Handlungen auf seine Grundsätze kommen und anzeigen, wie er sich von gewissen gefährlichen und eigennützigen Ansprüchen, welche die Quellen der Schwachheit und das Verderben der Menschen sind, losgemacht; wie weit er von der Gemüthsart der eiteln und eigennützigen Menschen entfernet war, welche die Tugend nur des Ruhms wegen, den sie zuwege bringet, lieben; und welche niemals ein Vergnügen am Wohlthun finden würden, wenn sie nicht die Kunst be-

besäßen, alle das Gute, so sie thun, auf das vortheilhafteste auszulegen. Ueber alle diese eitele Ehre war er weit erhaben. War etwan ein wichtiges Werk glücklich zu Stande zu bringen: so erwählete er die sichersten und nützlichsten Mittel, da die andern die prächtigsten würden erwählet haben. Sollte er seine Meynungen entdecken; so sah er nur auf das, so er für das billigste hielt, und nicht auf das, so den größten Beyfall finden dürfte. Er machte sich eben keine Ehre daraus, der Urheber guter Anschläge zu seyn, welche man angenommen: es war ihm genug, daß man sich derselben bedienete.

Wie viele Entwürfe hat er nicht gemacht oder verbessert? Wie viele Anschläge hat er nicht entworfen? Wie viele Dienste hat er nicht geleistet, davon die Kenntniß so gar denenjenigen unbekannt geblieben, so den Nutzen davon verspüret? Er war also nützlich, ohne Eigennutz; tugendhaft, ohne daß er sich aus der Tugend eine öffentliche Ehre machte. Er erfüllete seine Pflicht, bloß aus Vergnügen, so er dabey empfand. Er erwählete sich bey allen seinen Handlungen keine andre Richtschnur, als seine Treue; keinen andern Endzweck, als den gemeinen Nutzen; keine andre Belohnung, als den Ruhm, wohl zu thun.

Aus eben dieser Absicht verachtete er oft das Geschrey des Pöbels: und da die Lauterkeit seiner guten Absichten ihn gegen allen Tadel in

Sicher-

Sicherheit setzte; so konnte er den äußerlichen Schein derselben dem gemeinen Rufe desto ruhiger überlassen. Er glaubte, daß ein Richter nicht daran denken müßte, was man von ihm saget, sondern an das, was er sich selbsten schuldig ist; und daß derselbe, um dem gemeinen Wesen zu dienen, das Herz haben müßte, demselben zuweilen zu misfallen. Er folgte also dem Rathe eines der größten Männer in den alten Zeiten; und achtete weder den falschen Ruhm, noch die falsche Schande: so, daß weder Lobeserhebungen, noch das Murren, ihn von der Beobachtung seiner Pflicht abziehen konnten.

<small>Fabius Max. ap. Livium Lib. 2. Dec. 3.</small>

Durch diese Uneigennützigkeit erhielt er die zu dem Amte, das er bekleidete, so nöthige Freyheit des Geistes. Denn, meine Herren, was ist der vornehmste Richter anders, als ein weiser Mann, der gesetzet ist, die größten Thorheiten der Menschen zu tadeln; und der, ungeachtet er um sich lauter Leidenschaften sieht, dennoch selbst keine haben muß! Der eine suchet ihn durch Vorstellungen seines Elendes zu bewegen; der andre ist bemühet, ihn durch den Schein des Rechtens und durch scheinbare Gründe zu blenden. Dieser will ihn durch einen gekünstelten Argwohn wider die Unschuld seiner Parten aufbringen. Jener wendet sein Ansehen und zuweilen seine Freundschaft an, und diese Verderbung ist um so viel gefährlicher, je zärtlicher sie ist. Ein jeder will ihm eine Einsicht mittheilen und das Urtheil vorschreiben, welches er

nach

nach seinem Eigensinne in seinem Gehirne entworfen, und denjenigen zu einem Mitgenossen seiner Leidenschaften machen, der ein Richter seiner Sachen seyn sollte. Der Herr von Lamoignon entzog sich allen diesen Fallstricken. Er richtete, so wie die Gesetze richten, nämlich nach den Regeln der Billigkeit, und nicht nach anderer Einbildung.

O! könnte ich ihnen doch nur von ferne zeigen, wie er die Hoffnungen verworfen, wenn ihn dieselben etwa zu einer niederträchtigen Höflichkeit verbinden konnten; wie er den Zorn unterdrücket, ohngeachtet er das Vermögen hatte, sich zu rächen; mit was Geduld er die Verweise ertragen, wenn er das Zeugniß seines Gewissens für sich hatte; wie er die Gerechtigkeit der Freundschaft und Ehrfurcht vorgezogen, und seinen eigenen Ruhm dem gemeinen Besten aufgeopfert. Hier, meine Herren, lobet ihn mein Stillschweigen mehr, als meine Worte. Ohne Zweifel kömmt er ihnen größer vor, der Thaten wegen, die ich verschweige, als wegen derer, so ich ihnen entdecket. Die Nachwelt wird sie einsehen, wenn die alles verzehrende Zeit die Decken wird zerrissen haben, die selbige verhüllet, und wenn kein Nutzen übrig bleibt, als der der Wahrheit eigen ist. Indessen sieht sie Gott, und er ist dafür selbst die Belohnung.

Jedoch, was brauchen wir seine geheimen Handlungen zu entdecken, um seine Aufrichtigkeit zu loben? Können wir wohl dafür einen vortreflicheren Beweis vorbringen, als das Zeugniß, so ihm der König selbsten ertheilete, da er einwilligte, daß sein Geschlecht die vornehmsten Plätze im Parlamente bekleiden sollte? Er wollte dieses außerordentliche Zeichen seines Vertrauens demjenigen geben, von dem er so viele Proben der Treue erhalten hatte. Er urtheilete, daß diejenigen, die diesem großen Staatsmanne zugehörten, nicht fähig wären, sich anders, als zu seinem Dienste und zum Besten seiner Unterthanen zu verbinden, und daß sie die reinen und heitern Einflüsse, die sie in der Nähe von ihrem Oberhaupte empfingen, hernach ihren Mitarbeitern mittheilen würden.

Da er also von denenselben die gefährlichen Folgen nicht befürchten durfte, die er bey andern so weislich voraus gesehen: so glaubte er auch, daß er eines seiner Gesetze demjenigen zu gefallen überschreiten können, welcher auf die Beobachtung aller andern sehen sollte; und daß, indem er sie in ein Gericht setzte, solches nicht in der Absicht geschähe, dem Verderben Raum zu geben, oder die Ordnung umzukehren, sondern die Tugend zu belohnen und die Parten der Gerechtigkeit zu verstärken. Die Dienste, so ein jeder in seinem Amte täglich geleistet, rechtfertigen genugsam die Wahl dieses Prinzen. Habe ich nicht Ursache, sie zu ermahnen, die Weisheit und Billigkeit dieses berühmten Richters nachzuahmen? Ich bin nicht weniger berechtiget, ihnen zuzurufen:

Ah=

Ahmet der Güte des Herrn, so wie er, nach).

Es ist eine unumstößliche Wahrheit, meine Herren, und Christus selbst unterrichtet uns in seinem Evangelio, daß die Güte Gott allein eigen sey; entweder, weil es ihm allein zusteht, sich dem Menschen durch diese Mannichfaltigkeit der Gaben und Gnade, welche die Schatzkammer seiner Erbarmung und der Reichthum seiner Güte sind, mitzutheilen, oder weil er allein allmächtig und unendlich gütig ist, daß er alle das Gute will, so er thun kann, und alle das Gute thut, so er will; daher erzieht er sich zu allen Zeiten und allemal gewisse wohlthätige Seelen, welche gleichsam Werkzeuge dieser allerhöchsten Güte sind, und ihrer Mildthätigkeit keine andere Schranken setzen, als diejenigen, so Gott ihrer Macht gesetzet hat.

Marc. 10.

So war der Herr von Lamoignon geartet. Wäre es mir erlaubet, die lebhaften und edlen Ausdrücke anzuführen, deren er sich bedienet, die Noth des Volkes vorzustellen, so würden sie sehen, wie empfindlich er bey allem ihrem Schmerze gewesen. Ich übergehe aber alle die geheime vor dem Throne gethanen Vorstellungen, wo eine kluge aber beherzte Wahrheit, bey Gelegenheit, das Ansehen der Gesetze und der Gerechtigkeit erhalten. Es kömmt mir nicht zu, dasjenige zu offenbaren, was in dem Heiligthume vorgefallen ist. Ich rede von den Vorstellungen, da er die Ehrfurcht, die ein Unterthan seinem Könige schuldig ist, mit dem Vertrauen vereinigte, das ein Richter haben muß, der das Wort der Gerechtigkeit vor dem allergerechtesten Könige führet, und nach der Vorschrift seines Gewissens von dem allgemeinen Nutzen geredet hat.

Man müßte aber auch seine Klugheit besitzen, um nichts mehr zu sagen, als was nöthig ist; seine Beredsamkeit, um nachdrücklich zu sprechen; und die Annehmlichkeit zu erhalten, mit welcher er seinen Vortrag zu begleiten gewohnt war.

Lasset uns ihn in den ordentlichen Beschäfftigungen seines Amtes betrachten. Entfernen sie nur aus ihren Gedanken den Begrif, den man sich insgemein von der Gerechtigkeit machet, daß sie allezeit blind, allezeit erschrecklich, allezeit gewaffnet seyn müsse. Er machte dieselbe, ohne sie zu verzärteln, angenehm und freundlich. Er zertrennte die Binde, so ihre Augen verdeckte; er ließ sie die Blicke des Mitleidens auf die Elenden werfen, und benahm ihr, ohne sie eines ihrer Vorrechte zu berauben, alles rauhe Wesen. Hier kann ich mich auf den allgemeinen Beyfall beziehen. Haben denn jemals diejenigen, die seiner Hülfe nöthig hatten, zwischen ihnen und ihm, undurchdringliche Schranken gefunden? Durfte man vor seiner Thüre böse Stunden erdulden, einen ihm bequemen Augenblick zu erwarten? Hatte man nicht allemal zu ihm einen freyen Zutritt? Ich rede

rede nicht von seinen Freunden, ich rede von unhöflichen und ungestümen Menschen. Hat er wohl jemanden die Freyheit versaget, ihm die nöthigen Sachen vorzutragen; vergönnete er nicht vielen den Trost, ihm auch das Ueberflüssige zu erzählen? Konnte wohl jemand, der mit ihm von einer Sache sprach, einige Merkmaale des Verdrusses, oder der Ungeduld anderer Sachen wegen, abmerken? Betrübte er wohl die Unglückseligen, und durften dieselben die Gerechtigkeit, so er ihnen wiederfahren ließ, durch einige ausgestandene Unhöflichkeiten erkaufen? Ich rede mit so viel größerm Vertrauen, da ich die mehresten unter denen, die mich hören, hierinnen als Zeugen aufführen kann.

Er begegnete den Personen, die ihres Anliegens wegen zu ihm kamen, mit gleicher Höflichkeit, ohne auf ihr Glück, oder auf ihr Unglück zu sehen. Er hörete mit Geduld, und antwortete mit Gerechtigkeit. Er sagte zum öftern: Wir wollen nicht ihr Unglück, da sie ohnedem in einen Rechtshandel verwickelt sind, durch das Unglück, von ihren Richtern übel empfangen zu werden, vergrößern; wir sind gesetzet, ihr Recht zu untersuchen, und nicht ihre Geduld zu prüfen. Hinweg mit den strengen Richtern! die nach der Sprache des Propheten das Recht Amos 6. in Wermuth verkehren; die die Verdienste, so sie sich durch ihre Billigkeit erworben, durch

Q 2 ihre

ihre verdrüßliche Ernsthaftigkeit verlieren; und da sie auf ihre Macht und Tugend trotzen, so wohl dem Unschuldigen als Schuldigen fürchterlich scheinen, und festglaubend erweisen, daß sie einigen in Betrübniß, andern im Zorne Gerechtigkeit wiederfahren lassen. Derjenige, den wir loben, war von einer ganz andern Aufführung. Er stieß niemanden von sich; er bezeigte sich denjenigen günstig, die seinen Schutz verdieneten; er begegnete denen höflich, denen er sich nicht gütig erweisen konnte. Die Guten erkannten darauf, daß er ihnen hätte helfen wollen, wenn sie sich gleich nicht die Mühe gegeben, ihn darum zu bitten; die Bösen aber, daß er sich bemühete, sie zu bessern, ohne, daß er einen Gefallen daran hätte, sie zu strafen.

Wie oft hat er nicht den Versuch gethan, die gezwungene Langsamkeit und die fast unendlichen Umschweife aus dem Parlamente zu verbannen, die der Geiz erfunden hat; um die Rechtshändel durch eben die Gesetze auf die lange Bank zu ziehen, so zur Endigung derselben gegeben worden? und zu gleicher Zeit so wohl von demjenigen, der die Sache gewinnet, als von dem, der sie verlieret, einen Nutzen zu erhalten? Wie oft hat er die Frechheit dererjenigen eingeschränkt, die auf die Treue und Aussage der Feinde und Neider, vor Gerichte, Verläumdungen ungestraft vorbringen, und durch einen beissenden Scherz dasjenige wenigstens lächerlich

Herrn von Lamoignon.

lich zu machen suchen, was sie nicht strafwürdig machen können? Wie oft hat er nicht durch vernünftige Vorträge den Lauf solcher Uneinigkeiten gehemmet, die vom Vater auf die Kinder kommen, und sich in den Geschlechtern verewigen?

Vielleicht zweifeln sie, meine Herren, ob er gleiches Sinnes gewesen, zu der Zeit, da er sich von den Augen des Volks entfernte. Wir wollen sein Privatleben betrachten. O daß ich ihnen denselben nicht, in der Zahl derer auserlesenen Personen zeigen kann, die bey ihm eine Versammlung ausmachten, so die Gelehrsamkeit, die Höflichkeit und Ehrbarkeit so angenehm als nutzbar machte? Indem er allhie von seinem Ansehen nichts mehr übrig behielt, als den Vorzug, den er durch die Annehmlichkeit seines Gemüths, und durch die Stärke seines Geistes sich erwarb; so theilete er seine Einsicht mit ihnen, und machte sich der andern ihre zu Nutze. Hier setzte er oft die allerverworrensten Sachen in ein größeres Licht, und man mochte gleich von allen Gattungen der Wissenschaften reden: so hätte man denken sollen, daß er sich besonders darauf geleget, und seine Beschäfftigung darauf gerichtet hätte. Hier nahm er zuweilen, nachdem er die andern gehöret, eine Materie wieder vor, welche man schon ganz erschöpft zu haben glaubte; und indem er gleichsam die Nachlese nach der Ernte hielte, so sammlete er dabey mehr Früchte als bey der Ernte selbst.

O daß ich ihnen denselben nicht so, wie er war, vorstellen kann! wenn er sich nach einer langen und mühsamen Arbeit dem Geräusche der Stadt, und der Unruhe der Geschäffte entzog, und nach Baville gieng, um daselbst sich der Last seiner Würden zu entschütten, und in seiner Einsamkeit einer angenehmen Ruhe zu genießen: sie würden sehen, wie er sich dem unschuldigen Vergnügen des Ackerbaues ergeben, und seinen Geist von den sichtbaren Wundern der Natur, auf die unsichbaren Werke Gottes erhoben. Zuweilen sann er den zierlichen und wichtigen Reden nach, durch welche er die Gerechtigkeit gelehret und gleichsam von neuem belebet hat; in denen er durch die Abbildung eines tugendhaften Mannes, sich selbst unvermerkt abschilderte. Bald entschied er die Streitigkeiten, so die Uneinigkeit, Eifersucht oder böser Rath unter den Einwohnern des Landes erweckte. Er war in sich selbst vergnügter und in den Augen Gottes vielleicht noch größer, wenn er in einem schattigten Gange, oder auf einem von Rasen erbaueten Richterstuhle die Ruhe einer armen Familie herstellete; als wenn er die merkwürdigsten Streitigkeiten auf dem größten Throne der Gerechtigkeit entschied.

Sie würden sehen, wie er eine Menge von Freunden mit einer so guten Art empfangen, als ob ein jeder der einzige von seiner Art wäre; wie er einige ihres Standes, andre ihrer Verdienste

dienste wegen vorgezogen. Sein Gesicht war jederzeit aufgeklåret, und man konnte in demselben niemalen einiges Gewölk erblicken, so ein Misfallen oder Mistrauen erwecken konnte. Er verlangte niemals eine beångstigte Behutsamkeit, noch eine knechtische Aemsigkeit. Man hörete ihn nach den Umständen der Zeit, von wichtigen Sachen so sprechen, als ob er die geringen verachtete, und von geringern so, als ob er von keinen wichtigen was wüßte. Man sah, wie er in einem angenehmen und vertrauten Umgange einige verpflichtete, ihn mit Vergnügen zu hören, andere aber ihm vertraulich zu antworten. Er gab einem jeden Gelegenheit, seinen Verstand zu zeigen, ohne das größte Licht des seinigen leuchten zu lassen.

Diese Handlungen, meine Herren, scheinen ihnen vielleicht was gemeines zu seyn. Aber, wer weis es nicht, daß eine wahre Tugend sich zeiget und verbirgt, nachdem es nöthig ist; und daß es etwas großes sey, auch die kleinesten Pflichten zu erfüllen? Bey wichtigen Sachen, wo man durch Ruhmbegierde, durch Hoffnung des Glücks, und durch den zujauchzenden Beyfall und die Lobeserhebungen unterstützet wird, muß man sich oft zwingen und verstellen; aber in einem einsamen Privatleben, wo die Seele sich ohne Eigennutz und Vorsicht den natürlichen Regungen überläßt, entdecket man sich ganz. Dieses war die gewöhnliche Aufführung des Herrn von Lamoignon,

darinn

darinn er sich zeigte, wie er war. Niemals wich er von seinen Vollkommenheiten ab, niemals ließ er davon ab. In Sachen von geringerer Wichtigkeit folgte er jederzeit seinen großen Vorschriften; ungeachtet er auf verschiedene Art handelte, so war doch der Geist, durch den er handelte, beständig derselbe, und man erkannte ganz deutlich, daß die Weisheit ihm zur andern Natur geworden, und daß seine beständige und allezeit gleiche Güte, nicht von einer Stärke der Ueberlegung; sondern von dem Grunde der Neigung, die er dazu trug, und von der Fertigkeit, die er sich darinn erworben, herrühre.

Ich eile, meine Herren, zu den edelsten Wirkungen dieser Güte; ich will sagen, zu der Sorge, die er für die Armen trug. Nahe an den Mauren dieser königlichen Stadt war ein weitläuftiges und prächtiges Gebäude aufgeführet, so das Ansehen der Obrigkeit und die Allmosen der Bürger seit dreyßig Jahren unterhalten hatte; ein Gebäude, so Gott durch Mittel, so die menschliche Klugheit nicht voraus sehen kann, und die seine Vorsicht bezeichnen, auch in der Folge der Zeit, der jetzigen Trägheit und kaltsinnigen Frömmigkeit ungeachtet, erhalten wird. Hier wird der Hungrige gesättiget, der Nackte bekleidet, der Kranke erquicket, der Betrübte getröstet, der Unwissende unterrichtet, und eine jede Art des Elendes der Seelen oder des Leibes, findet eine Art der Barmherzigkeit, die ihn tröstet.

L'hospital general

Die

Die Liebe, so man natürlicher Weise gegen die Ordnung bezeiget, die Ehre, an den grossen Werken der Barmherzigkeit Theil zu haben, eine gewisse Begierde zu neuen Anstalten; und besonders die Gnade Jesu Christi, so die laulichten Seelen von Zeit zu Zeit anfeuret, das alles half dieses heilige Haus gründen. Es war aber bald wankend, da diejenigen, so es zu unterstützen unternommen, selbst durch einige Zufälle, die man nicht vorher sehen konnte, dahin fielen. Die vornehmsten Quellen der Mildthätigkeit versiegeten auf einmal. Der Herr Oberpräsident von Lamoignon übernahm aus dem Rechte, so ihm seine Bedienung ertheilete, noch mehr aber aus eigener Zuneigung, ein Werk zu unterhalten, zu dem ein erlauchter Vorgänger mit so gutem Erfolge den Anfang gemacht hatte. *[M. de Bellicore.]*

Wie bemühet war er nicht, einige Geldmittel ausfündig zu machen, zu einer Zeit, da das Elend sich nahete, die Liebe erkaltete, die Armen mehrerer Hülfe nöthig, und die Reichen wenigern Willen und wenigere Mittel hatten, ihnen zu Hülfe zu kommen? Wie beschäfftiget war er nicht, eine gute Zucht unter dieser grossen Menge eingeschlossener Bettler einzuführen, die ihre Freystadt oft als ein Gefängniß ansehen, und glauben, daß sie es nicht nöthig hätten, sparsam zu seyn, da sie wohl wissen, daß sie nichts zu verlieren haben? Was für Befehle ließ er nicht ergehen, sie zur Arbelt und Frömmigkeit anzuhalten, damit sie Gott angenehmer würden, und die Mildthätigkeit der Frommen nicht so sehr beschweren dürften.

Um diese Zeit sahe man ihn bey Hofe erscheinen, und daselbst inständigst um ein Gehör anhalten. Wie? suchte er etwan daselbst unter dem Vorwande, Rechenschaft von seinem Amte abzulegen, die glücklichen Augenblicke, seine geleisteten Dienste gültig zu machen, und die Gnadenbezeigungen, so er von dem Könige erwarten konnte, zu beschleunigen? Dachte er etwan daselbst dem Glücke zu huldigen, und wenn er die Würden erhalten hätte, die Güter zu suchen, die seinem Geschlechte noch mangelten? Ihr würdet euch sehr betrügen, ihr Klugen dieser Welt! er bath für die Armen um einen Ort, wo man es für eine Geschicklichkeit achtet, sich nur allein für sich etwas auszubitten, und das Elend anderer freywillig vergißt, weil man nichts davon empfindet. Er ward nicht so empfindlich durch die Gnadenbezeigungen, die seinem Hause erwiesen wurden, als durch den Zuschub gerühret, den er für die Armen erhielt.

Er ließ es aber, meine Herren, nicht bloß bey seinem Schutze bewenden; er leistete auch wirklich Beystand, und vereinigte seine Fürbitte mit seinen eigenen Allmosen. Denn, ohne des öfteren Thaues zu gedenken, der auf die Ländereyen seines Gebiethes fiel, noch

noch die überflüßige Beysteuer zu rechnen, so
er bey den öffentlichen Unglücksfällen abtrug,
widmete er alles dasjenige, was er von seinen
beständigen Arbeiten aus dem Parlamente jährlich zog, zum Unterhalte der Armen. Er ließ
es nicht dabey bewenden, daß er ihnen das
Brod austheilete; er wollte es auch selber erworben haben. Er reichte ihnen nicht die Ueberbleibsel seiner Eitelkeit oder seines Glückes, sondern die Früchte seiner eigenen Hände. Er
theilete ihnen dasjenige aus Erbarmung mit,
was er durch die Gerechtigkeit erworben.
Dieser Theil seiner Güter war ihnen gewidmet;
und er legte sein Herz mit hinein, wie in seinen
Schatz. Sie wissen, gottselige Vertraute! von
seinen geheimen Allmosen, die sie ihm heute
als die öffentliche Pflicht einer geheiligten Freundschaft widmen; sie wissen es, mit was für
Freuden er diese Einkünfte seiner Mildthätigkeit vertheilete, um sich von Sünden los zu
machen, und Gott von seinen Gütern zu
ehren.

Madame de Miramion.

Was werden diejenigen hierzu sagen, so
sich, weil sie andern ihre Güter nicht geraubet,
berechtiget zu seyn glauben, die ihrigen zu misbrauchen? als wenn nicht alle Menschen verpflichtet wären, Allmosen zu geben; als ob
man die Armen Christi verlassen könnte, weil
sie von andern unterdrucket worden; als ob man
Gott nichts schuldig wäre, weil man den Men-
chen nichts genommen hat? Was werden diejenigen

nigen sagen, die aus Andacht dasjenige geben wollen, was sie mit Gewalt geraubet; die sich die Belohnungen der Gerechten versprechen, weil sie von denen Gütern freygebig sind, die den Lohn ihrer Ungerechtigkeit machen, und durch geraubte Güter bey den Armen sich eine Ehre zuwege bringen wollen. O! daß sie doch dem Beyspiele eines gerechten Mannes folgen möchten, der sein Herz und Innerstes seinen Brüdern geöffnet; der denenselben eine reine Gabe von rechtmäßig erworbenen Gütern geopfert, und der, nachdem er der Güte des Herrn nachgeahmet, dieselbe durch Gottesfurcht gesuchet hat.

Nicht ohne Ursache geschieht es, meine Herren, daß der Geist Gottes, der einem jeden Stande den ihm eigenen Unterricht ertheilet, den Richtern der Erde anbefohlen, den Herrn zu suchen; denn da sie eines Theils an eine unendliche Menge von Pflichten gebunden sind, andern Theils aber, als Schiedsrichter des Glückes der Menschen angesehen werden: so ist es sehr schwer, daß sich nicht ihr Geist entweder bey dieser Menge der Sachen, so sie beschäfftigen, oder bey der Hochachtung gegen ihr Ansehen, welches sie von andern unterscheidet, aufhalten sollten. Sie müssen von sich selbst ausgehen, um durch eine einfältige und aufrichtige Frömmigkeit vor Gott zu wandeln.

2 Cor. 1, 12.

Ich sage, durch eine ganz einfältige und aufrichtige Frömmigkeit: Denn, meine Herren,

ren, es hat sich in der Kirche eine gewisse Gattung von Christen gefunden, die auf Kosten der Andacht für andächtig wollen angesehen seyn; die ihre Leidenschaften unter dem Scheine der Frömmigkeit verbergen, und unter dem äußerlichen Scheine der Besserung sich selbst überreden, daß sie Gott angehören, um desto leichter zu ihrem Zwecke zu gelangen, und den Beyfall der Welt zu erschleichen. Dieß sind die Menschen, die demüthig werden, um herrschen zu können, und nußbar, um sich unentbehrlich zu machen; die alles richten, sich in alles einmischen, tausend Triebfedern in Bewegung bringen; denen die Religion zur Schutzwehre dienen muß; die sich, wenn sie ihrer Tugend wegen nicht geschützet werden, wenigstens durch ihren heimlichen Anhang furchtbar zu machen wissen.

Ich rede hier von einem wahren Christen, der keinen andern Wegweiser als den Glauben hat; sich auf nichts anders, als auf die Lehren des Evangelii gründet; der weder Apollisch noch Kephisch, noch Paulisch, sondern Jesu Christi ist; der die Gottlosen in Banden hält, und mit den Schmäucheleyen keine Gemeinschaft hat; der nicht seinem Eigennutze, sondern seinen Pflichten folget; der bey allen Sachen auf ihren Grund sieht; der die reine Religion erhält, und Gott findet, weil er ihn ohne Nebenabsichten suchet.

Darf

Darf ich ihnen wohl noch, meine Herren, die geheimen Uebungen seiner Frömmigkeit abschildern? Darf ich es ihnen sagen, daß er die Zeit von seinem Schlafe abgekürzet, um sie zum Gebethe anzuwenden? Daß er den Anfang eines jeden Tages mit einem Opfer gemacht, welches er alle Tage Gott durch sich selbst brachte; daß er alle Tage einige Stücke des göttlichen Gesetzes kniend gelesen, und aus diesen reinen Quellen der Wahrheit, die Grundregeln der wahrhaften Weisheit geschöpfet; daß er keine Woche vorüber gehen lassen, ohne seinen Eifer durch den Gebrauch der Sacramenten anzufeuren? Daß er von allen seinen ausgesprochenen Urtheilen, vor sich selbst Rechnung abgeleget, und von Zeit zu Zeit mit großem Schmerze seiner Seele, sein ganzes Leben überdacht; um sich zur Buße zu erwecken? Darf ich es sagen, daß er sich sorgfältig in sich selbst verborgen, und seine guten Werke nicht anders gezeiget, als wenn er die Leute dadurch zu erbauen gewußt? Daß er ihren Lauf auch bey den größten Verwirrungen seiner Geschäffte nicht unterbrochen, und daß weder die Gewohnheit, noch die öftere Ausübung der Geschicklichkeit, so er besaß, weder seinen Eifer, noch seine Zärtlichkeit vermindert?

Aber seine Frömmigkeit breitete sich ungleich weiter aus: und ich habe noch weit wichtigere Sachen vorzubringen, als die, so nur auf seine eigene Seligkeit abzweckten.

Was

Was für eine Liebe hatte er zu Christo? Was für einen Eifer bezeigte er gegen die Religion? Woher kam die Sorge, die alten Ordnungen in die erste Reinigkeit ihrer Einsetzung wieder herzustellen und bey den Kindern den Geist ihrer Väter zu erneuren; indem er die Lücken ausbesserte, die sich durch die Länge der Zeit in ihrer Zucht gezeiget? Woher kam der Schutz, den er allen evangelischen Arbeitern zuwandte, die sich aufmachten, das Kreuz an den fremden Ufern zu pflanzen, und den Glauben Jesu Christi in den Inseln der neuen Welt, als eine Saat auszustreuen? Woher entstand diese innerliche Freude, die er empfand, wenn er unter der Geistlichkeit, zu ihrem Amte tüchtige Männer erblickte, die sich vereinigten, durch ihre Lehre und durch das Beyspiel ihres Wandels, die Lehrsätze des Irrthums zu zerstreuen, so die Welt denen einflößet, die ihr Folge leisten? Was war wohl der Grund, der ihn bey dieser Gelegenheit anreizte? kein andrer, als der Eifer für die Kirche.

Erlauben sie mir, meine Herren, daß ich hier meine Sinnen zusammen fasse, und die noch übrigen Kräfte sammle, um ihnen dasjenige vorzustellen, was er in Ansehung der Kirchenzucht gethan. Wer weis nicht, daß die Kirche in eine Art der Knechtschaft gerathen war? Der weltliche Arm überließ dem geistlichen fast nichts mehr zu entscheiden. Unter dem Vorwande, einer gar zu strengen Herrschaft vorzu=

vorzubeugen, oder die Freyheiten, die man
aus dringender Noth eingehen müssen, zu erhalten, verkehrete man die Ordnung, und unterstützte zum öftern einen Aufruhr. Diejenigen, so das Joch des Gehorsams abschüttelten,
und ihre Freyheit nur deswegen vertheidigten,
um ihre Frechheit zu unterhalten, wurden gehöret und fanden Beschützer. Die Bischöfe
hatten keine unstreitigen Rechte mehr. Wollten sie einen halsstarrigen Sünder strafen, so
riß ihnen eine fremde Gerichtsbarkeit die Waffen
aus den Händen, so Christus ihnen selbst einge-
händiget. Unterwunden sie sich, die Frechheit
zu hemmen, so sah man ihren Eifer als ein Unternehmen wider die Gesetze an. Sie seufzten
heimlich, und ließen ihre Klagen, wiewohl
fruchtlos, bis an den Thron gelangen.

Doch unter einem so gottesfürchtigen
Oberhaupte veränderte man die Rechtsgelahrtheit. Das natürliche Recht ward nicht mehr
durch die Ausnahmen unterdrücket. Das ver-
irrte Schaaf ward wieder zu seinem Hirten
gebracht. Man bestätigte im Richthause dasjenige, was man im Heiligthume angeordnet.
Die Sünder hatten keine andre Zuflucht, als
zu ihrer eigenen Bekehrung, und die Gesetze
des Königes wurden nur bewaffnet, die Ausübung der göttlichen zu befördern; ein jeder Prälat konnte das Gute thun, und das Böse ungehindert bestrafen. Ihr geheiligten Diener
Jesu Christi! deren Vorrechte dieser große

Mann

Mann so oft unterstützet, lobete ihn in euren
Versammlungen, ihr gabet ihm durch eure Abgeordnete das öffentliche Zeugniß der Dankbarkeit. Die Fähigkeit, Weisheit und Frömmigkeit seines erlauchten Nachfolgers versprechen euch gleiche Beyhülfe, und eure Wünsche
werden erfüllet werden; wenn dieß erlauchte
Parlament, so die Regel und Richtschnur aller andern seyn soll, ihnen seine Absichten und
seine Grundsätze wird mitgetheilet haben.

So groß nun gleich der Ruhm seyn möchte,
den sich der Herr von Lamoignon durch die
Einführung der Kirchenzucht erworben: so würde ich doch davon nur mit Zittern reden, wenn
er sie nicht selbst beobachtet hätte. Ich würde
sein Ansehen loben, seines Uneigennutzes wegen
aber in Zweifel stehen. Allein, wie seine Urtheile gerecht waren, so war auch seine Aufführung jederzeit unsträflich. Schlug er nicht eine der einträglichsten Abteyen aus, die einem
seiner Söhne angetragen wurde: weil er noch
nicht vermögend war, sich durch seine eigene
Wahl zu entschließen, und der Genuß großer
Einkünfte ihn leicht bewegen könnte, in dem
gistlichen Stande ohne Beruf zu beharren?
Wo findet man dergleichen gewissenhafte Väter, die so sichere und leichte Mittel, das Glück
ihrer Kinder zu befestigen, verabsäumen; die
nicht die geistlichen Güter an sie bringen, wenn
sie ihnen von ihrem eigenen nichts zuwenden
können; und die nicht die Schwachheit ihres

Fleschiers Reden. R Wil-

"Willens und die Unfähigkeit ihres Alters durch Freybriefe ersetzen? Glücklich ist derjenige, der die Reichthümer nicht suchet! noch glücklicher aber derjenige, der sie ausschlägt, wenn sie ihm zufallen.

Er wandte nicht weniger Sorge an, den Beruf seiner zwo tugendhaften Töchter zu prüfen, die in einem der heiligsten Orden der Kirchen das Joch des Herrn tragen. Mit was für Geschicklichkeit bemühete er sich nicht, zu entdecken, ob der Beruf, den sie spüreten, sich Gott zu widmen, ein beständiger Entschluß, oder nur eine übereilte Hitze wäre? Wie oft stellete er ihnen die gefährlichen Folgen einer unüberlegten Einsamkeit vor? Mit was für Zärtlichkeit bath er Gott, daß er sie durch seinen heiligen Willen lenken, und durch seine Weisheit führen möchte? Und, nachdem er ihnen die Eitelkeiten der Welt gezeiget, so sie jetzt zu verlassen, entschlossen wären; hielt er ihnen das Kreuz vor, so sie tragen müßten; und vergaß nichts, was ihn von der Gründlichkeit ihres Vorhabens überführen könnte, welches ihm zu erkennen, so wichtig, und zu verhindern, nicht erlaubt war.

So viel reine und christliche Tugenden waren ihm gleichsam so viele Zubereitungen zu einem heiligen und glücklichen Tode. Es brauchte gar nicht, ihn weder durch allmählige Entkräftungen, noch durch schmerzhafte Empfindungen dazu zu bereiten. Er hatte denselben schon

L'Ordre de la Visitation.

schon lange zuvor, nicht als den Menschen unvermeidlich, sondern auch den Christen als vortheilhaft betrachtet. Er ward zwar dadurch gerühret, aber nicht außer sich gesetzet. Sein Geist, der schon von einigen traurigen Abmerkungen seines heranrückenden Endes eingenommen war, stärkte sich wider die Furcht vor dem Zukünftigen, durch eine langwierige und reife Ueberlegung. Er merkte, ohne sich zu entsetzen, die Annäherung seiner Opferung. Er Sir. 47: sah die Welt bereits vor ihm verschwinden, aber er hatte auch selbige niemals für beständig gehalten. Er sah die Ewigkeit herbeyrücken, und verdoppelte daher seine Kräfte, um dasjenige zu vollenden, was ihm noch von seinem Berufe übrig war. Er sah die Gerichte Gottes, er fürchtete sie; aber er erwartete sie mit Vertrauen. Die so zärtliche und lebhafte Liebe, so er zu seiner Familie getragen, verlohr sich allmählich in der Liebe zu Gott. Und da er sich also allen Zuneigungen zur Welt entrissen, dachte er nur an seine Seligkeit; und da alle Geschöpfe in den Schooß ihres Schöpfers zurückkehren, ergab er sich demselben selbst, um sich mit seinem Ursprunge zu vereinigen, und die Belohnungen seiner Tugenden zu empfangen.

Erwarten sie nicht, meine Herren, daß ich hier große Mühe anwenden werde, um sie zum Mitleiden und Schmerze zu bewegen. Ich würde diese heilige Seele beleidigen, die, nachdem sie von den Flecken, so die Sünde nach

R 2 dem

dem Tode in uns zurückläßt, durch das Blut Christi abgewaschen ist, jtzt ohne Zweifel in den Hütten des lebendigen Gottes, einer ewigen Glückseligkeit genießt! Du weist es, mein Gott! und ich muthmaße es nur. Aber, die so große Gnade, die du ihm erwiesen, und die vielen Opfer, so er dir gebracht; Jesus Christus, den er so oft angerufen, und der so oft auf dem Altare für ihn geopfert worden, erwecken in uns, ohne zu tief in deine Gerichte zu dringen, dieses Vertrauen.

Laß ihn von deiner Hand die Krone der Gerechtigkeit empfahen, die du denen giebst, die dich lieben! laß diese Fackeln, so die christliche Frömmigkeit angezündet, größere Zeugen seiner Verherrlichung, als der Zierde seines Begräbnisses seyn! laß dieses für ihn gebrachte Versöhnungsopfer, heute ein Opfer der Danksagung seyn! Und sie, meine Herren, könnten sie doch nach seinem Tode die Tugenden, so er ausgeübet, wieder lebendig darstellen; und endlich zu der Ehre gelangen, die er bereits erhalten hat!

Lobrede

auf den

königlichen Kanzler,

HERRN

Michael von Tellier.

Gehalten
in der Invalidenkirche den 22. März 1686.

Sirach XXXVI, 11. 12.

Und der Herr erhielt den Caleb bey Leibeskräften, bis in sein Alter, daß er hinauf zog aufs Gebirge im Lande, und sein Stamm besaß das Erbe. Auf daß alle Kinder Israel sähen, wie gut es ist, dem Herrn gehorchen.

Zu was für einem Vorhaben sind sie, meine Herren, allhier versammlet? und was für einen Begriff haben sie von meinem Amte? Trete ich hier etwan auf, ihnen mit dem Glanze der Ehren und Würden der Welt die Augen zu blenden? und sind sie etwan erschienen, die Aufmerksamkeit zu unterbrechen, die sie den heiligen Geheimnissen unserer Religion schuldig sind; um ihren Geist mit einer scheinbaren Erzählung von dem weltlichen Glücke zu unterhalten? Denken sie etwa, daß, an statt ihre Frömmigkeit durch einen erbaulichen Unterricht zu ermuntern, ich ihren Ehrgeiz durch eitele Vorstellungen der Glückseligkeiten dieses Lebens rege machen werde? Sollte ich mich wohl unterwinden, vor diesem Grabmaale, als vor einer Klippe, an der die Hoheiten des menschlichen Lebens zerscheitern, im Angesichte dieser Altäre, der geheiligten Wohnung des erblaßten Heilandes, die Eitelkeiten der Welt zu erheben, und an einem traurigen Tage ihren Augen das schmäuchelhafte Bild der Gunst und Freude der Welt vorzustellen?

In der Lobrede, die ich heute dem erlauchten und hochwohlgebohrnen Herrn, Michael von Tellier, geheimden Staatsrathe, Rittern und Kanzlern von Frankreich, halten soll, werde ich nicht sein Glück, sondern seine Tugend; nicht die Bedienungen, so er bekleidet, sondern die Dienste, die er dem Reiche geleistet; nicht die Ehrenstellen, so ihm diese Welt aufgetragen, sondern die Gaben, womit ihn der Himmel begnadiget: kurz, nicht seine großen Vorzüge, welches sie vielleicht aus Ehrgeiz wünschen könnten; sondern das Beyspiel, so er ihnen zur Nachfolge hinterlassen hat, in Erwegung ziehen.

Meine Absicht geht gar nicht dahin, die Würden, zu welchen ihn die Vorsicht des Höchsten erhoben, zu verkleinern: denn dieses sind die Früchte eines guten Rufs und der Verdienste. Ich weis, daß sein Ansehen nur dazu gedienet, seine Frömmigkeit zu verherrlichen; daß seine erhabenen Ehrenstellen, ihm ein Mittel und den Stoff seiner guten Werke geben müssen: und daß diese hohen Bedienungen selbst eine so seltene Gemüthsart in ihm gebildet, nach welcher er ohne Stolz bey seiner Weisheit, bescheiden bey seiner Erhebung, ruhig bey seinen unruhigen und verworrenen Geschäfften, gleichgültig bey den verschiedenen Abwechselungen seines Lebens, jederzeit ruhmwürdig, jederzeit nutzbar, und bey allem seinem Glücke jederzeit glücklicher für das gemeine Beste, als für sich selbst gewesen.

Es ist wahr: der Himmel erfüllete sein Verlangen, und er hatte einiger maßen ein gleiches Schicksal mit den Patriarchen; ein gleich hohes Alter, so die Klugheit eines gerechten Mannes vollkommen machet; eine gleiche Reihe he glücklicher Unternehmungen, so die Zeit und das alles verändernde Glück nicht unterbrechen dürfen; einen unschädlichen Reichthum, der seinen rühmlichen und sparsamen Ueberfluß unterstützte; einen gleichen Verstand, welcher des Gewichts der Jahre, und der häufigen Staatsgeschäffte ohngeachtet, seine Kräfte erhalten, ohne den Körper schwach und baufällig zu machen; einen gleichen Ruhm, den er im vollen Glanze erhalten, und in seinen Kindern und Nachkommen wieder hervorstralen gesehen; einen gleichen Tod, in Frieden und Hoffnung auf den Herrn, den er als das Ende seiner Arbeit und das Ziel seiner Pilgrimschaft angesehen.

Das sind die sichtbaren Belohnungen der Tugend, aber nicht die Tugend selbst. Das ist der Segen des alten, aber nicht die Gnade des neuen Gesetzes. Ich würde nach Anleitung der Worte meines Textes, bey dieser beständigen und verewigten Tugend anhalten, und ihnen zeigen, durch was für Mittel der Himmel diesen Mann zubereitet; durch was für Wege er ihn geführet; durch was für einen Beystand er ihn in seinen großen Bedienungen unterstützet; und wie er in seiner Person die Treue eines Unterthanen, die Weisheit eines Staatsraths, und die Gerechtigkeit eines Kanzlers vereiniget. Der Geist Gottes gebe, daß nichts als Wahrheit in meiner Rede herrsche, und die Kinder dieser Welt heute von mir die Klugheit der Kinder des Lichts erlernen mögen.

In dem geistlichen Reiche Jesu Christi giebt es mancherley Arten des Berufs. Einige wirken in der Stille und Einsamkeit ihre eigene Seligkeit. Andere, welche in geistlichen Bedienungen stehen, arbeiten an der Seligkeit ihrer Mitbrüder; sie tragen Sorge für das Haus Gottes, und sind die Diener Jesu Christi zum Nutzen seiner Kirche. Eben so geht es in dem weltlichen Stande. Die göttliche Vorsehung, die durch verborgene Triebe die Menschen zu ihren Absichten leitet, schränket einiger Herzen ein, daß sie in dem Nährstande vergnügt und in Zufriedenheit leben; andere begabet der Geist mit einer höhern Erkenntniß, um Richter und Führer seines Volks zu seyn, und mit ihren Rathschlägen den Fürsten an die Hand zu gehen, die es regieren. Der Herr machet aus ihnen treue Diener, er leitet sie selbst auf den Wegen der Gerechtigkeit, und entdecket nach und nach die Geheimnisse seiner Weisheit.

Auf gleiche Art hat er den geschickten und treuen Staatsrath zubereitet, dessen Andenken sie anjetzt verehren. Sein gütiges Naturell kam in ihm den Sorgen der Erziehung zuvor. Das Studieren, der Witz und das Nachdenken, stärkten seinen Verstand. Man bemerkte an ihm schon in seiner Jugend, ein solches regelmäßiges und bescheidenes Wesen, als man bey andern kaum im reifen Alter antrifft. Sein Witz entdeckte sich so wohl durch das, was seine Lebhaftigkeit hervorbrachte: als auch durch das,

das, was seine Beurtheilungskraft und Bescheidenheit zu verbergen wußte. Ein sanftes und liebreizendes Wesen brachte ihm die Hochachtung und das Vertrauen anderer zuwege; und ich weis nicht, was für ein ehrliches und glückliches Wesen, so aus seinen Handlungen und aus seinem Gesicht hervorblickte, den wahren Ausdruck seiner Tugend, und die Vorbedeutung seines künftigen Glücks anzeigte.

Seine vornehmste Beschäfftigung gieng dahin, sich nutzbar zu machen: und weil er gleichsam in dem obrigkeitlichen Stande gebohren war, auch das Bild der Billigkeit und des guten Ruhms seiner Vorfahren vor Augen hatte; so fassete er den Entschluß, in eine der berühmten Versammlungen zu treten, wo Ehre und Aufrichtigkeit herrschen, und wo, mit der Schrift zu reden, das Gericht nicht dem Menschen, sondern dem Herrn gehalten wird. 2 Petr. 19, 16. Er machte sich seine Pflichten bekannt, er zog die vortrefflichsten Rechtslehrer zu Rathe; und bey den häuslichen Widerwärtigkeiten, die bey dem Tode eines Vaters und dem Wittwenstande einer Mutter, insgemein über die Kinder zu ergehen pflegen, sah er sich genöthiget, das Recht seiner Erbfolge wider die unrechtmäßigen Anforderungen zu vertheidigen; und der verdrüßliche Rechtshandel, den er selbst führete, war gleichsam die Lehrschule seines künftigen Berufs. Bey seinen eigenen verdrüßlichen Umständen lernet er, mit anderer Unglück ein Mitleiden zu haben.

haben. Er wußte die Gründe einer gerechten, von den Vorurtheilen und Kunſtgriffen einer faulen Sache zu unterſcheiden. Er ſah, was die Geſetze vorſchreiben, was Fleiſch und Blut einziebt: und indem er der Aufführung ſeiner Richter zu ſeiner eigenen Unterweiſung ſich bediente, lernete er aus der Vertheidigung ſeiner eigenen, die Rechtsſachen anderer unterſtützen. Die Gerechtigkeit, die er für ſich begehrete, lehrete ihn die Gerechtigkeit erkennen, die er andern ſollte wiederfahren laſſen.

In einer ſolchen Verfaſſung ward er in den hohen Rath aufgenommen. Die Einſicht in die Staatsgeſchäffte, die genaue Betrachtung ſeiner Pflichten und die Entfernung von allem Eigennutze, machten ihn der Welt bekannt, und brachte dieſe erſte Blume des Ehrenruhms hervor, die ihren Geruch weit anmuthiger, als ein Rauchwerk, über den Reſt eines angenehmen Lebens ausbreiten. Seine Ergötzlichkeiten beunruhigten weder die Ordnung ſeiner Sitten, noch die Einrichtung ſeiner ernſthaften Geſchäffte. Er vereinigte mit der Schönheit ſeines Geiſtes, und mit dem Eifer ſeiner Gerechtigkeit eine anhaltende Stetigkeit in der Arbeit. Er verachtete die niederträchtigen Seelen, die zu ihren Bedienungen keine andere Vorbereitung bringen, als daß ſie ſich darum bewerben, und die darinnen ihren Ruhm ſetzen, ſelbige nur zu erlangen, nicht aber denſelben mit Ruhme vorzuſtehen; die ſich eindringen ohne Ueberlegung, und

und sie beybehalten ohne Verdienste; die diese, ohne Beschäfftigungen und Würden, leere Ehrentitel erkaufen, nur ihren Hochmuth zu vergnügen, und ihrer Faulheit einen Glanz der Ehre zu erwerben.

Die Fürsprache seiner Freunde, und die Verbindung der Zeitläufte, erhoben ihn bald zu einer andern Bedienung eines königlichen Richters, in einem weitläuftigern Bezirke, die ihm mehr Gelegenheit gab, seine Tugenden, und mehreren Stoff, seinen Ruhm auszubreiten. Da er nun bey diesem Amte mit der Beschützung der Gesetze und Erhaltung der Ordnung im gemeinen Wesen, mitten unter großen und kleinen Streitigkeiten, welche unter den Einwohnern sich entsponnen, beschäfftiget war: so unterdrückte er bey einigen den Uebermuth, und half andern bey ihrer Schwachheit auf. Auf seinem gerechten Richterstuhle, welcher so wohl wider den Anlauf, als wider die Leidenschaften, so ihn umgaben, unbeweglich war, waffnete er sich mit dem Schwerte der Gerechtigkeit; die Unschuld aber beschützte er mit dem Schilde der Gesetze, und königlichen Befehle.

Das ihm angebohrne sanfte Wesen seines Geistes, vermehrte die Hochachtung, die man gegen ihn hegete. Welcher Unglückselige, der ihn antrat, konnte sich nicht die Hoffnung, entweder auf seinen Schutz, oder auf sein Mitleiden machen? Durfte auch wohl eine gerechte Sache schüchtern werden, vor ihm mit gehörigem

Ver-

Vertrauen, und mit anständiger Freyheit zu erscheinen? Wem hat er jemals die Zeit und Geduld versaget, ihn zu hören? Welchen Armen hat er jemals abgewiesen, und, nach der Aussprache des Propheten, sein eigen Fleisch gehasset? Wie weit war er von denen entfernet, die mit der Strenge ihres Amtes, ihren harten Sinn verbinden; die Armen betrüben und sie durch ihr unfreundliches Bezeigen in Verzweifelung setzen; die Elenden, die unter der Last ihres Unglücks ohnedem genug seufzen, und sich mehr vor ihren Richtern, als vor ihrer Gegenpart fürchtet, und die Verachtung, mit der man ihnen begegnet, für einen Vorbothen der ihnen bevorstehenden Ungerechtigkeit ansehen!

Esaia 58, 7. Carnem tuam ne despeseris.

Aber, Gott hatte ihn zu weit eblern Beschäfftigungen bestimmet, und wollte den Königen einen so fähigen Mann näher an die Seite setzen. Er ward im Staatsrathe erhoben und von allen bewundert. Was würden sie, meine Herren, von diesen Veränderungen und von diesem Anwachse der Ehre urtheilen, wenn seine Bescheidenheit ihnen nicht eben so bekannt wäre, als sein Glück? Stellen sie sich hieben nicht so eine plötzliche Erhebung vor, die zuweilen in einem Staate von einer glücklich ausgeschlagenen Ehrbegierde eines Unterthanen oder von der blinden Liebe eines Fürsten herrühret. Denken sie nicht an die verwegene Ungeduld der mehresten jungen Leute, die um die Bedienungen, so sie bekleiden, lange nicht so bekümmert sind,

sind, als um diejenige, so sie noch nicht besitzen; die die Ordnung der Zeit und der Vernunft aus den Augen setzen, um sich auf die höchsten Richterstühle im Königreiche mit der größten Eilfertigkeit zu schwingen; gleich, als ob man die Ehre ohne Arbeit, und die Weisheit ohne Erfahrung erhalten könnte.

Erinnern sie sich vielmehr der heiligen Aufrichtigkeit unserer Väter. Ein jeder maaß seine Bedienungen nach seinen Kräften ab. Die Ehrbegierde blähete sie nicht auf, und beunruhigte sie nicht. Man hielt es für ein Stück der Religion, seine ersten Pflichten zu erlernen, ehe man zu andern schreiten konnte. Man forderte eine gewisse Verhältniß und eine gewisse Zeit zur Reifung des Verstandes; die ein jeder in ihm selbst suchte, ehe man öffentliche Bedienungen übernahm. Die Erhebungen zu höhern Würden, waren die Merkmaale und Belohnungen der Verdienste, und die zuerst geleisteten Dienste waren die gewissen Unterpfänder der Treue, die man bey den folgenden erweisen würde.

Auf eine solche Art stieg der Herr von Tellier, der zu einem jeden Amte, welches er bekleidete, die nöthige Geschicklichkeit mitbrachte; und die schuldigen Pflichten dabey so genau erfüllete, als wenn er dasselbe mit einem andern niemals verwechseln wollte, und doch durch grosse Tugenden, nach und nach, sich zu größeren Ehrenstellen zubereiten müßte. Als sich in der
Haupt-

Rouen.

Hauptstadt einer benachbarten Provinz eine Empörung, gleich einem heftigen Feuer, entzündete, und ein mit Gerechtigkeit bewaffneter Kanzler dahin gieng, die Rädelsführer, entweder durch das Ansehen der Gesetze auf andere Gedanken zu bringen, oder durch die Macht der Waffen zu bestrafen, ward er auserschen, demselben mit seinem Rathe an die Hand zu gehen, und mit ihm die schwere Mittelstraße zu treffen: wie die Gemüther durch Drohungen erschrecket, durch Vorstellungen gebessert, durch Sanftmuth befriediget, und durch die Schärfe bestrafet werden könnten. Wie bemühet war er nicht, dieses erhitzte Volk zu entwaffnen, ihre falsche Furcht zu zerstreuen, und denen durch sein Zureden besänftigten Gemüthern Hochachtung und Gehorsam einzuflößen? Er lernete damals Urtheile sprechen, Gnadenbriefe untersiegeln, und dem Volke bey den wichtigsten Gelegenheiten, die Begriffe des der königlichen Hoheit schuldigen Gehorsams zu erneuren.

Was soll ich von dieser Intendantenwürde, bey welcher er gleichsam ein Meisterstück seiner hohen Staatsklugheit abgeleget, mehr sagen, als daß er Frankreich und Italien in Furcht und Liebe gesetzet; daß er durch seine Bemühungen, die Prinzen des durchlauchten Hauses von Savoyen vereiniget; daß er sich als einen geschickten Gesandten und vollkommenen Hofmann erwiesen, und daß er in diesem fremden Lande sich eben so viel Hochachtung, als Liebe zugezogen,

gen, als er darinnen ein Beyspiel einer reifen und tugendhaften Auffhührung hinterlassen.

Jetzt schreite ich aber zu weit vortrefflichern Handlungen, und ich empfinde allmählich die Wichtigkeit meines Unternehmens. Ich komme auf die Zeit, da der, durch die Stärke seines Witzes, durch den glücklichen Fortgang seiner Unternehmungen, und durch die Schönheit seines Verstandes berühmte Cardinal, dem Frankreich seine Hoheit, seine Ruhe und seine Staatsklugheit zu verdanken hat, zum Unglücke des Königreichs, diese Welt verließ. Welch ein Riß, meine Herren! durch den allein so vieler Menschen Glück wankend gemacht, oder gar umgestürzet worden! Ach! was sind die Menschen, wenn Gott, dessen Rathschläge unergründlich sind, mitten in ihrer Hoffnung und in ihrer Befestigung, den menschlichen Arm zerbricht, der sie unterstützete!

Einige gehen ohne alle Rettung verlohren, andere sind bestürzt und ihrer Umstände wegen ungewiß; sie können sich weder in ihrer Würde erhalten, noch das widrige Schicksal ertragen, noch sich am Hofe festsetzen, noch sich zur Entfernung entschließen. Sie behalten noch einige Zeit mit Widerwillen den schwachen Ueberrest ihres Ansehens, der sich durch sich selbst noch ein wenig erhält, bald aber unter den Füßen einer neuen Herrschaft dahin fällt. Die Wohlthaten werden vergessen, die Freundschaft höret auf, das Vertrauen entfernet sich, und die Dienste selbst

Fleschiers Reden.   S   wer-

werden als Belohnungen angesehen. Will man sich nutzbar machen, so höret man auf, angenehm zu seyn; und wenn man seinen eigenen Nutzen zu befördern suchet, so sieht man sich nach neuen Anhängern um. So geht es in der Welt. Nur du, Herr, bleibst wie du bist, und deine Jahre nehmen kein Ende. Glückselig sind die, so ihr Vertrauen auf dich setzen; ihre Hoffnung wird nicht zu schanden werden.

Ps. 102, 18.

Mitten unter diesen Verwirrungen wurde der Herr von Tellier wider alles Vermuthen und mit Hintansetzung aller seiner Entwürfe, von seinen bisherigen Bedienungen abgerufen, um die wichtige Stelle eines Staatssecretairs und Kriegsraths zu bekleiden: zu einer solchen Zeit, da die Uneinigkeit in allen Theilen Europens herrschete, da das Geräusch unserer Waffen von allen Seiten erschallete, unsere Feinde und Neider durch unsern Verlust muthiger, und durch unsere Siege erhitzter wurden. Hier ward ein arbeitsamer Mann erfordert, so weitläuftigen und verdrüßlichen Geschäfften sich zu unterziehen; ein vollkommener Mann, so große Kriegesheere in Ordnung und Mannszucht zu erhalten; ein getreuer Mann, die königlichen Gelder mit reinen und unschuldigen Händen auszutheilen; ein gerechter Mann, der die Dienste der Soldaten und Officiers sich vorstellen, und die Würdigsten zu den Stellen erheben konnte, so durch eine lobenswürdige doch unglückselige Tapferkeit erl erlediget waren; ein weiser Mann, bey diesen gefährlichen Zeitläuften, die eiteln und unruhigen Gemüther zu lenken, indem es ja so gefährlich ist, sie zu unterdrücken als zu erheben; ein Mann von aufgewecktem Geiste, den Ausschlag zu geben, und Mittel und Wege in Staatssachen auszufinden.

Ein solcher Mann war dieser neue Staatsrath. Die Erfahrenheit in den Gesetzen und richterlichen Aemtern, die er verwaltet; die Kenntniß, so er sich in und außerhalb dem Reiche erworben; die Grundregeln, nach welchen er so wohl sein Staats- als Privatleben einrichtete; der Umgang, so er mit den berühmtesten Staatslehrern gepflogen, haten in ihm dieses helle Licht angezündet, und diese durchgängige Weisheit eines Staatsraths zuwege gebracht, den ich ihnen in dem zweyten Theile meiner Rede vor Augen legen werde.

Obgleich die Macht Gottes unumschränkt und unermeßlich ist, obgleich die Kraft seines Geistes sich durch die Macht seines Wortes eindrückt, und sein Wille die Richtschnur seiner Handlungen ist: so hält er es sich doch nicht für unanständig, in der Regierung der Welt, sich zuweilen dieser glücklichen Geister zu bedienen, die im Himmel unsterbliche Verehrer seines Ruhms, und auf Erden unsichtbare Vollführer seiner Befehle und Absichten sind. Warum sollte es uns denn Wundernehmen, wenn sterbliche Könige unter der Last und Mannigfaltigkeit ihrer Pflichten sich aus ihren Unterthanen getreue und weise Gemüther aussondern, denen sie die Freyheit im Rathgeben und die Klugheit in der Ausführung überlassen, und sich die Oberhand in der Entscheidung und die Obermacht im Befehlen vorbehalten?

Ludw. III. Hätte denn wohl ein König, der in seinem Leben mit Frömmigkeit und Gerechtigkeit regieret, bey seinem Abschiede einen Würdigern wählen können, als den Herrn von Tellier? Der Herr der Heerschaaren segnete so gleich unsre Waffen unter seinen Händen; der Ruhm unsers Kriegesheeres wuchs beständig; der Verlust eines siegreichen Königes wurde durch eine gewonnene Schlacht und eine Folge von Siegen versüßet. Das betrübte und zugleich triumphirende Franckreich, ließ mitten unter den Trauer= und Todtengesängen die Lob= und Danklieder erschallen. Und Spanien empfand bey Rocroi, daß eine Empörung nicht vermögend sey, den glücklichen Zustand unserer Sachen umzustürzen; daß, wenn ich so reden darf, die auf der Schaubühne neu auftretenden Personen, das Schauspiel gar nicht verändern; und daß, wenn gleich unsere Könige sterblich sind, dennoch das Staatsglück, die Tapferkeit des Volks und der Schutz des über dieses Königreich waltenden Gottes nimmer sterben.

Es hatte sich bereits, zur Unterstützung einer minderjährigen und unruhigen Regierung, einer von diesen größten Geistern am Hofe erhöhet, dem Gott die Gaben des Verstandes und des Raths mittheilet, und der von Zeit zu Zeit die Schätze seiner Vorsehung schöpfet, um den Königen beyzustehen, und die Königreiche zu regieren. Seine Geschicklichkeit, die Gemühter durch kräftige Ueberredungen einzunehmen; die Staatsbegebenheiten, durch geschwinde oder langsame Mittel, in gehörige Ordnung zu setzen; die Leidenschaften durch Vorstellungen eines eigenen Nutzens und politischer Absichten zu erwecken oder zu besänftigen; den Erfolg des Kriegs oder des Friedens geschickt vor Augen zu legen, die machte ihn nicht allein zu einem nutzbaren, sondern auch unentbehrlichen Staatsrathe. Der Purpur, in den er eingekleidet war, die Fähigkeit, die er blicken ließ, und die Leutseligkeit, die seine Handlungen begleitete, erhoben ihn endlich nach so vielen Bewegungen über den Neid; und da sich alles zu seinem Ruhme vereinigte, auch der Himmel selbst es also ordnete, daß so wohl sein Glück als sein Unglück zu seiner Erhebung dienen mußten, ergriff er das Staatsruder. Er schätzte sich glücklich, daß er Frankreich als sein Vaterland geliebet, daß er dem durch einen langwierigen Krieg abgematteten Volke den Frieden verschaffet, und noch mehr, daß er einem großen Monarchen die Kunst zu regie-

regieren, und die Geheimnisse der königlichen Regierung beygebracht hatte.

Die tiefe Einsicht dieses Cardinals machte, daß man die Klugheit des Herrn von Tellier erkannte: und die Klugheit des Herrn Telliers unterstützte das Ansehen des Cardinals, zu einer Zeit, da Unruhe und Unordnung herrschten. Sie dürfen nicht besorgen, meine Herren, daß ich eine traurige Erzählung von unsern innerlichen Trennungen veranlassen, oder von Wiedereinsetzungen und Absetzungen, von Gefängnissen und Loslassungen, von Aussöhnungen und Spaltungen reden werde. Das lasse Gott ferne von mir seyn! daß ich, meiner jetzigen Handlung zu Ehren, die Schande meines Vaterlandes aufdecken, daß ich die durch die Zeit bereits geheileten Wunden aufritzen, und das Vergnügen, so wir aus unserer beständigen und ruhmvollen Glückseligkeit schöpfen, durch das unglückliche Andenken unsers vergangenen Elendes unterbrechen sollte.

Was werde ich denn sagen? Gott erlaubte den Winden und dem Meere, zu toben und sich zu erheben, und sogleich erhub sich das Ungewitter. Eine von Trennungen und Empörungen vergiftete Luft ergriff das Herz des Staats, und breitete sich bis in die entlegensten Theile aus. Die von unsern Sünden entzündeten Leidenschaften zerrissen den Damm der Gerechtigkeit und Vernunft: und selbst die Weisesten, die durch den unglücklichen Antrieb der Zeit-

Zeitläufte wider ihren Willen dahin gerissen worden, übertraten, ehe sie es sich versahen, die Schranken ihrer Pflicht. Die natürliche Unruhe des menschlichen Verstandes, die Unwissenheit in den wahren Vortheilen des Staats, das Vertrauen, welches die Geburt, die Fähigkeit, die geleisteten Dienste, die Regungen des Ehrgeizes einflößen; am allermeisten aber, die Hand des Herrn, die da schwer wird, wenn es ihr gefällt, und die sich der Unordnungen der Menschen zu ihrer eigenen Strafe bedienet, waren der Grund der feindseligen Trennungen, und des, in der Person des ersten Staatsraths, beleidigten königlichen Ansehens.

Wie beständig war nicht dagegen der Herr von Tellier in diesen blinden und ohnmächtigen Zeiten, und wie viele Gestalten gab er nicht seiner Treue und Klugheit? Wie bemühet war er nicht, die Quelle des Unglücks, und die bequemsten Hülfsmittel zu entdecken? Wie behutsam war er, die seiner weisen Regierung anvertraueten Geheimnisse zu bewahren? Wie durchdringend war sein Verstand, die Wolken, in die sich die Verstellung und Arglist eingehüllet, zu zerstreuen; und nicht nur die Anschläge, sondern auch ihre Bewegungsgründe und Absichten zu entdecken? Was für einen fertigen Geist fand man nicht bey ihm, den Zeitläuften nachzugeben, und für das gemeine Beste schleunige Entschließungen zu fassen? Wie geschickt war er nicht, sich das Vertrauen der

streitenden Parteyen zu eigen zu machen, und
die verschiedenen Meynungen und Gedanken in
dem einzigen Punkte der gemeinen Ruhe zu vereinigen.

Aber, wie ausnehmend war seine Standhaftigkeit, da die Königinn durch die Macht
der Empörung und geheimen Ränke genöthiget
ward, der Zeit nachzugeben, und in seine
Entfernung vom Hofe einzuwilligen? Er verlohr nichts durch diese Ungnade, indem er nicht
so wohl der Gunst, als seiner Tugend seine Erhaltung zu verdanken hatte. Selbst diejenigen,
so an seiner Entfernung gearbeitet hatten, konnten ihm sein Lob nicht entziehen. Man wußte ihm nichts, als die Dienste, die er dem
Staate geleistet, und die Zuneigung gegen seinen Wohlthäter vorzuwerfen. Seine Redlichkeit, seine Treue, seine Erkänntlichkeit waren seine Verbrechen. Seine ganze Veränderung bestand darinn, daß er nunmehr der Ruhe genießen, und für sich selbst leben konnte.
Er begab sich in seine Einsamkeit, wohin ihn
sein Nachruhm und seine Unschuld begleiteten;
er verwandelte den Triumph, den seine Neider
über ihn erhielten, in ein Opfer, welches er seinem Könige und seinem Vaterlande freywillig
widmete. Er war damit zufrieden, daß auch
der geringste Vorwand der Unruhe, dadurch
Frankreich erschüttert worden, ein Ende genommen; und da er dem Könige nicht weiter
mit Rath und That an die Hand gehen konnte,
dienete

dienete er ihm durch seine Ruhe, und durch seine Verschwiegenheit.

Doch, was sage ich? Durch seine Ruhe und durch seine Verschwiegenheit? Seine Einsamkeit machte ihn weder träge, noch müßig. Hier machte er glückliche Entwürfe, die Gemüther zu vereinigen, wenn sie nur der Vernunft und der Reue Gehör geben wollten. Von da aus ließ er eine geheime Quelle seiner weisen Rathschläge auf alle treue Bediente fließen. Seine Einsamkeit dienete ihm gleichsam zu einer Decke, seine wichtigsten Verdienste in Sicherheit zu setzen; aus diesem Hafen, in den ihn das Ungewitter geworfen, bemerkte er die Wege, die vom Schiffbruche befreyen können. Man sagt, daß er den Hof nur deßwegen verlassen, um bey demselben desto angesehener und nützlicher zu seyn; und, daß seine Abwesenheit das Verlangen entdecket, welches man gehabt, ihn zu behalten, und die Ungeduld, welche man bezeigte, ihn zurückzurufen.

Keine Wolke verdunkelte forthin die Heiterkeit seines Lebens. Seine Klugheit räumte dem Eigensinne des Glücks nichts mehr ein, und der Neid, der die andern Tugenden unaufhörlich verfolget, schämete sich gleichsam, daß er sich unterwunden, die seinigen anzutasten.

O, daß ich ihnen lebhaft vorstellen könnte, wie er nach seiner Zurückkunft, da er bey allen Gemüthern ein vieles vermochte, bey einigen die Furcht und das Mistrauen gedämpfet, bey andern das Verlangen und die Hoffnung angefeuret; wie er die Großen durch Verbindnisse vereiniget, und das Volk durch Gegenvorstellungen gewonnen, bis Gott endlich seine Bemühungen gesegnet, und durch seine Barmherzigkeit das Ansehen des Königs, die Ehre der Staatsbedienten, und die Einigkeit eines Reiches, welches er weit über andere erheben wollte, durch einen glücklichen Frieden oder durch beständige Siege wieder hergestellet.

Könnte ich ihnen doch ferner den großen Antheil zeigen, den er an den ruhmvollen Folgen einer von lauter Wundern begleiteten Regierung genossen! Die Staatsgeschäffte sind, *Judith 2, 3.* nach der Sprache der Schrift, Heimlichkeiten des Raths der Könige: nur denjenigen, die in das Heiligthum eingehen, ist es erlaubt, die Geheimnisse zu wissen. Man sieht sie selbst nicht; tausend Decken verbergen sie vor euren Augen. Man sieht sie nicht anders, als in den Bewegungen, so sie verursachen, und in den Wirkungen, so sie hervorbringen.

Erinnern sie sich doch der weltbekannten Kriege, dabey er Oberaufseher und Minister zugleich war; des beglückten Friedens, den er durch seine Bemühungen befördert, und bey der Handlung selbst unterstützet; der erstaunli-
chen

chen Eroberungen, die er als ein Prophet vorher verkündiget; der vortheilhaften Handlungen, davon er durch seine Vorschläge und Einsichten beydes Urheber und Führer gewesen. Setzen sie zu dieser Ehre noch das Zeugniß eines Königes hinzu, dessen Worte für göttliche Aussprüche zu halten sind: daß niemals ein Mensch in allen Arten der Geschäffte einen bessern Rath geben könne.

Hat er aber wohl jemals in seiner Aufführung, auch nur einigen Schein der Eitelkeit blicken lassen? Ist er wohl jemals von der wohlanständigen Aufrichtigkeit seiner Väter abgewichen? Hat er wohl dasjenige, was ihm aus der Freygebigkeit des Königes, oder seiner klugen und gemäßigten Wirthschaft zugeflossen, zu überflüßigen Gastereyen, oder prächtigen Pallästen angewendet? Hat er zur Auszierung seiner Gebäude, Schätze verschwendet? oder die Natur und Elemente gezwungen, die Oerter seines einsamen Aufenthalts zu schmücken? Was suchte er, wenn er sich nach Charille begab, anders, als das unschuldige Vergnügen des Landlebens? Und mit was für Mühe hat man ihn nicht überreden müssen, die Gränzen seines väterlichen Erbguts, seiner hohen Würde wegen, in etwas zu erweitern, und denen unschuldigen Annehmlichkeiten der Natur durch die Zierlichkeit der Kunst zu Hülfe zu kommen?

Aus dieser Mäßigung entstund diese so sanfte und leutselige Aufführung, die man, so nothwendig sie ist, gleichwohl bey den großen Bedienungen so selten antrifft, wo der ungestüme Anlauf der Leute die saure und verdrüßliche Arbeit, und ich weis nicht was für ein Geist der Herrschsucht, das Gemüthe streng und verdrüßlich machet. Er hörete mit Geduld; er bewilligte mit Güte, und schlug so gar mit einer besondern Annehmlichkeit etwas ab. Man hatte zu ihm einen freyen Zutritt. Er war freundlich und höflich; er wußte seine Zeit wohl anzuwenden, ja sie zuweilen zu verlieren, um sein Mitleiden gegen die Elenden zu bezeigen, die keinen andern Trost haben, als daß sie ihren kummervollen Zustand mit verdrießlichen Wiederholungen erzählen. Er ließ sich gegen jedermann, nachdem es nöthig war, vertraulich aus, und konnte diejenigen nicht leiden, welche bey der Last ihrer öffentlichen und besondern Geschäffte sich verschließen, sich gleichsam unsichtbar machen, und sich, den Sorgen und Pflichten ihrer Bedienungen zuwider, ihres Zimmers als einer Vormauer bedienen, um ihres Müßiggangs, oder ihrer Ergötzlichkeiten ungestört zu genießen.

Wie annehmlich aber war er nicht, wenn er sich in den Umkreis seiner Familie, und in die Schrancken eines Privatlebens einschloß? Weise und edle Ruhe! Wie zärtlich war er gegen seine Kinder? Wie einig lebte er mit seiner getreuen

getreuen Gemahlinn? die, nach der Redensart des heiligen Geistes, die Belohnung eines tugendhaften Mannes ist. Wie erkenntlich und beständig war er gegen seine Freunde? Wie angenehm war es ihm, in seinem beglückten Alter die Früchte seiner Arbeit in Ruhe zu genießen? Er hinterließ dem Staate einen Sohn, dessen Geist und Herz er selbst zubereitet. Sie bekleideten beyde einerley Bedienung mit einerley Tugenden, und sie wären beyde unnachahmlich gewesen, wenn der Vater nicht den Sohn zum Nachfolger, und der Sohn nicht den Vater zum Muster gehabt hätte. Doch, seine Tugend soll bis an sein Ende dauren, und ihn auf den höchsten Thron der Gerechtigkeit, ich will sagen, zur Bedienung eines Kanzlers von Frankreich, erheben. So zog er aufs Gebirge im Lande. *Ut ascendat in excelsum terrae locum.*

Die Hauptpflicht der Könige und das wesentliche Stück der königlichen Würde ist die Gerechtigkeit. Kaum hatte die Schrift den beherzten Muth Davids in seinen Schlachten, und seine Dankbarkeit in seinen Siegen vorgestellet, so füget sie sogleich, als die größte Vollkommenheit seiner Regierung, hinzu, daß er über Recht und Gerechtigkeit seines Volks gehalten. *Und David ward König über ganz Israel, und er schaffete Recht und Gerechtigkeit allem Volke.* 2 Sam. 8, 15. Es ist nur ein Zufall, daß sie die Feinde überwinden; ihr Hauptwerk aber ist, die Unterthanen zu regieren.

gieren. Da es ihnen nun zukömmt, starke
Männer zu erwählen, ihren Donner mitten
in den Kriegsunruhen von sich zu schießen:
so erfordert es ihre Pflicht weit mehr, gerechte
Männer zu erwählen, die ihre Weisheit in
derjenigen Bedienung anwenden können, in
der die Ordnung und der innerliche Friede des
Staats ihren Sitz hat, und, einer geistlichen
Wasserleitung gleich, aus der die Beschützung der Gesetze und der Gerechtigkeit von
dem Fürsten auf das Volk fließt, die Ehrfurcht und Treue des Volks dagegen zum Könige hinaufsteiget.

Wer hat dieser höchsten Bedienung würdiger vorgestanden, als der Herr von Tellier?
Er nahm die Bedienung über sich, und entfernete sich nicht von der Gerechtigkeit. Ihre
Einsichten und Grundgesetze hielt er mitten in
den Beschäfftigungen der Staatsklugheit heilig. Ja, er verewigte sich mit derselben noch
genauer, da er sich einem Könige näherte,
der sie zur Richtschnur seiner Wünsche und
seiner Thaten gesetzet hatte; der seine Unterha-
nen und sich selbst von derselben beherrschen ließ,
und der alles, auch so gar seinen Nutzen und
seinen Ruhm, derselben aufopferte.

Als er aber zum höchsten Schiedsrichter
der Gesetze erkläret wurde, machte er sich un-
verletzliche Vorschriften von einer genauen
und strengen Billigkeit. Er bemühete sich, die

gerechten

gerechten Sachen von den ungerechten zu unterscheiden; die Wahrheit unter den Decken der Unwahrheit und des Betruges, unter denen die menschlichen Begierden sie oftmals verhüllen, hervorzuziehen; die nöthigen Rechtsgänge von den krummen und boshaften Ränken, so der Geiz in die Rechtshändel eingeführet, abzusondern, und die Unbilligkeit mit Strumpf und Stiele auszurotten. Er waffnete seinen Eifer wider die Richter, so sie begiengen, oder auch nur duldeten.

Mitten in dem königlichen Pallaste, und ganz nahe bey dem königlichen Throne, ward unter dem Namen eines Raths, ein Oberrichterstuhl erhöhet, wo man die Urtheile ausbesserte und über die Untergerichte das Urtheil sprach. Dieß ist der Ort, dahin die geschwächte Unschuld sich von der Unwissenheit oder Bosheit der Obrigkeiten, so selbige verfolgen, zu retten suchet. Dieß ist der Ort, von welchem der Donner ausfähret, der die Unbilligkeit bis auf den allerentlegensten Richterstühlen zerschmettert; wo man das Looß eines zweydeutigen Rechtsspruches entscheidet, und wo gleichsam auf dessen Höhe, der erste und oberste Rath, mitten unter den frömmsten und erfahrensten Richtern, über die gute oder böse Aufführung derer, die sie verwalten, ein wachsames Auge hat.

Er erhielt und vermehrte die gute Ord‍nung, so seine Vorgänger in dieser Rathstube eingeführet hatten. Er duldete nicht die ge‍ringste Nachläßigkeit, so die Zeit nur allzusehr, auch in die ordentlichsten Versammlungen, ein‍führet. Bemerkte man denn etwa in seinen Bestrafungen etwas Ungestümes und Unordent‍liches? Sprach er wohl widereinanderlaufende Urtheile? Oder verwirrete er wohl die Rechte und Hoffnungen der Parteyen, durch ärgerli‍che Widersprüche? Verzögerte er wohl die Sa‍chen unter dem Vorwande, daß selbige noch nicht genug untersuchet wären? Hat man wohl jemals gesehen, daß er die Gerechtigkeit einem Rich‍ter zu gefallen, geschwächet, und ihren Leiden‍schaften eine gute Sache, unter dem Vorwande, sie ihrem Gewissen zu überlassen, aufgeopfert?

Wittwen und Waysen haben sich nie über seine Gemächlichkeit, oder über die Schwach‍heit seines Alters beklaget. Man hörete nicht diese traurigen Bittworte: Richte du uns, Herr! weil kein Gericht auf Erden mehr vorhanden ist. Er wußte, daß ein Richter nicht nur von seiner Arbeit, sondern auch von seinen Ruhestunden Rechenschaft ablegen müsse. Er wußte, daß es gleich strafbar wäre, einige in ihrer Bosheit triumphiren, andere in ihrem Elende verschmachten zu lassen; er wußte, daß man die Zeit erkaufen, und die bösen Tage, so die Rechtshändel den Elenden machen, verkür‍zen müsse: indem dieselben nicht minder durch

die

die langwierige Verzögerung der Sachen, als durch den Irrthum der Rechtssprüche, zu Grunde gehen.

Der Herr von Tellier theilete, als ein anderer Moses, denjenigen, die ihm in seinem Richteramte zugeordnet waren, seinen Geist, den Geist der regelmäßigen Beobachtung der Gesetze und der Ordnung, mit. Die verwegene Jugend drang sich ohne Wissenschaften und Erkenntniß in die obrigkeitlichen Bedienungen; man gieng in das Heiligthum der Gesetze, und überschritt das erste Gesetz, welches erfordert, daß man seiner Bedienung gewachsen seyn soll. Die Vorzüge der Rechtsgelehrten zu erhalten, schien es genug zu seyn, das zu besitzen, wodurch man sie erkaufen konnte. Die Billigkeit verschwand, nebst der Wissenschaft: und das Glück der Privatleute gerieth in die Hände dieser unwissenden Freybeuter, die unter dem Vorwande, sie zu beschützen, sie völlig zu Grunde richteten. Er setzte die Wissenschaften wieder auf den vorigen Fuß; er führete in die Schule der Rechtsgelahrtheit die öffentlichen und feyerlichen Uebungen, und die scharfen Prüfungen wieder ein, dadurch die Rechtsgelahrtheit und die Beredsamkeit unserer Väter wieder aufgeblühet sind.

Was für Mühe gab er sich nicht, bey so manchen Gelegenheiten, den Ausschweifungen des Verstandes und der ungezähmten Schreibsucht

Fleschiers Reden.   T   der-

derjenigen Einhalt zu thun, so die eitle Ehrbegierde reizet, sich die unglückselige Beschäfftigung zu machen, ihre leeren Gedanken zu
sammlen, und die unreifen Früchte ihrer nichts-
würdigen und übeleingerichteten Gelehrsamkeit
in die Welt fliegen zu lassen, um sich ihres
Müßigganges wegen zu beruhigen, und andern die Zeit, so sie selbst unnütz verbringen,
zu verderben!

Was für einer Vorsicht bediente er sich
nicht, in Bewilligung einer Erlassung, oder
Gnadenbezeugung! Er war ja so besorgt, die
Wohlthaten des Königes zu verschwenden, als
einzuschränken; er erinnerte sich, wie Tertullia-
nus redet, der Macht der Gerichtsbarkeit, und
vergaß nicht die Schwäche der Menschlichkeit.

Was für einen Eifer begleitete er nicht jederzeit gegen die Kirche, so wohl durch seine
eigene Frömmigkeit, als auch durch die Sorgen eines Sohnes, der die Bedienungen darinn mit großem Ruhme bekleidet, und die
Vorrechte derselben mit Standhaftigkeit ver-
theidiget! Hat er wohl jemals eine Gelegenheit
verabsäumet, ihre Freyheiten zu erhalten; oder
ihre Streitigkeiten in der Güte beyzulegen,
oder ihre Zucht zu unterstützen, und ihren
Glauben sogar auf den glücklichen und unverhofften Trümmern der Ketzerey auszubreiten?

Was

Was für ein Schauplatz öffnet sich jetzo vor meinen Augen, und wohin führet mich der Gegenstand meiner Rede? Ich sehe, wie die Rechte des Allerhöchsten beschäfftiget ist, die Herzen zu verändern, oder wenigstens an sie zu klopfen; die zerstreueten in Israel wieder zu sammlen, und den unglückseligen Zaun, der von so langen Zeiten her das Erbtheil unserer Brüder von dem unsrigen getrennet, niederzureißen. Ich sehe die verwirreten Kinder haufenweise in den Schooß ihrer Mütter zurückkehren; ich sehe die Gerechtigkeit und Wahrheit die Werke der Finsterniß und der Lügen zerstören; ich sehe in den Gränzen dieses Königreichs eine neue Kirche errichten, und die Ketzerey, so bey dem Zusammenlaufe so großer Vortheile und Verwirrungen entsprungen, durch so viele Ränke und heimliche Zusammenkünfte sich ausgebreitet, und durch so viele Kriege und Empörungen sich verstärket, auf einmal, gleich einem andern Jericho, auf den Schall der Posaunen des Evangelii und durch die Obermacht dessen, der sie locket, oder bedrohet, dahin fallen.

Ich sehe, wie die Weisheit und Frömmigkeit des Königes einige durch seine gottselige Freygebigkeit erwecket, andre durch die Kennzeichen seiner Huld an sich zieht; wie er seine Leutseligkeit durch seine Majestät erhöhet; wie er die Strenge seiner Befehle durch seine Gnade mäßiget; wie er ehrsame Unterthanen liebet, und ihre Irrthümer hasset; wie er einige durch Ueberredungen zur Wahrheit, andre durch die Furcht zur Liebe führet; wie er allezeit durch sein Ansehen den Namen eines Königes, und durch seine zärtliche Liebe, den Namen eines Vaters behauptet.

Nichts war mehr übrig, als, dieser sterbenden Rotte den letzten Stoß zu geben: und wessen Hand war wohl geschickter, dieses auszuführen, als unsers weisen Kanzlers, der bey seinem heranrückenden Tode sich fast aller irrdischen Dinge entschlagen, und in Hoffnung auf die Barmherzigkeit des Herrn, und unter der erschrecklichen Erwartung seines Gerichts, die Ewigkeit bereits in seinem Herzen trug. Nur er allein war würdig, dieses Werk des Königes, oder daß ich recht sage, dieses Werk Gottes, zu vollenden; indem er die Aufhebung des berühmten königlichen Befehls, die unsern Vätern so viel Blut und Thränen gekostet, untersiegelte; und da er mehr durch den Eifer der Religion, als durch sein hitziges Naturell, gestärket wurde, heiligte er durch diese heilige Verrichtung alle seine Verdienste und alle seine Amtsgeschäffte.

Man sah aus seinen Augen, die sein Glaube allein noch offen zu halten schien, diese glückselige Thränen fließen, so die Frömmigkeit des Königes, und die Vereinigung seines Volkes, aus seinem mitleidigen Herzen ausgepresset.

presset. Man sah diese dem Irrthume so gefährlichen Hände, die forthin zu keinem weltlichen und irrdischen Geschäffte sollten gebrauchet werden, von ihrer eigenen Schwere sinken. Er sammlete alle Kräfte seiner Seelen, und da er mit Freuden das Heil des Herrn und die Offenbarung, der in ganz Frankreich ausgebreiteten Wahrheit erblickete, vollendete er das Opfer dieses sterblichen Lebens, von dem er schon viele Tage zuvor die erschreckliche Zubereitung, doch ohne die geringste Bewegung und Furcht, empfunden hatte.

Er wußte gar wohl, meine Herren, daß die Würden und der Ruhm, womit man ihn beehret, nichts als ein Titel zu seinem Begräbnisse wäre. Mitten unter den Hoheiten dieses Lebens entdeckte er das darunter verborgene Nichts; er wußte, daß er sterblich wäre, und empfand, daß er so sey, wie wir ihn heute vor uns sehen. Erlauchte Häupter! die ihr mich zu hören gewürdiget, sehen sie doch dieses Leichengepränge, und lesen sie diese traurige Aufschrift, so das Lob dieses großen Mannes darstellet. Lernen sie, wo alle ihre Anschläge, ihre Ansprüche und ihr Glück ein Ende nehmen müssen, dafern sie nicht durch ihre gute Werke dieselben unterstützen, und sie sich nicht, wie er, durch ihr Gebeth, durch ihre Thränen, und durch den Gebrauch der Sacramenten, sich zu einem Tode zubereiten, der zur Besserung, zur Reue und zur Heiligung ihrer Seelen keinen langen Zeitraum gönnen wird.

So wie er ohne Gemüthsunruhen gelebet, so starb er auch in Ruhe. Er war sich keiner Schwachheit bewußt, der er schonen durfte. Fleisch und Blut konnten seine Herzhaftigkeit nicht erweichen: der Tod selbst kam ihm nicht bitter vor, weil er seine Ruhe weder in seinem Glücke, noch in seinem Reichthume gesuchet. Man hatte nicht nöthig, bey ihm dergleichen gekünstelte Vorstellungen zu thun, die man bey einem Kranken anwendet, um ihm die Gefahr, in der er schwebet, entweder mit verstellten Verheißungen, oder mit einer leeren Hoffnung der Genesung zu verbergen. Man durfte nicht die Worte eines unbekannten Propheten entlehnen, um zu ihm wie zu Ezechia zu sagen: du wirst sterben. Ein Sohn durfte nur dem Vater diese traurigen und liebreichen Beschäfftigungen sich unterziehen, so sah man schon die Treue an dem einen, und den traurigen Entschluß an dem andern.

2 B.d. Kön.
4, 20.

Er empfieng, nach dem Ausdrucke des Apostels, ohne Zittern die Antwort des Todes; man merkte an ihm nicht den Schmerz der Unruhe und der Kleinmüthigkeit, die zur Sünde führet, sondern die Traurigkeit der Buße, so die Seligkeit wirket; man bemerkte an ihm ein
Ver-

Vertrauen, ohne falsche Einbildung, eine Furcht, ohne Schwachheit, eine christliche Hoheit, ohne Vermischung einer philosophischen Eitelkeit; die bey dem Schlusse des Lebens um so viel gefährlicher ist, da der seinem Gerichte sich nähernde Mensch, sich destomehr vor seinem Richter demüthigen muß.

Hätte der Umgang mit den Menschen, und die bey den wichtigsten Staatsgeschäfften unvermeidliche Zerstreuung des Gemüths in einem so weisen und christlichen Leben noch einige Unlauterkeit hinterlassen: so fahre fort, mein Gott! durch das Blut deines Sohnes diese Seele zu reinigen, die du auf die Wege der Wahrheit und Gerechtigkeit geführet, und dir erwählet hast, sie in deiner Liebe und in deiner Herrlichkeit ohne Ende zu erfreuen.

Vollenden sie, geheiligter Diener Jesu Christi, die sie mit einer lebhaften und christlichen Beredtsamkeit vor mir auf diesem evangelischen Predigtstuhle, das Gedächtniß dieses großen Mannes verewiget haben, für ihn dieses unschuldige und reine Opfer, das die Sünden und die Gebrechlichkeiten der Welt abwäschet. Ihr Völker! die ihr noch die Wirkungen seiner gerechten Billigkeit empfindet, wiederholet das heilige Lied, so er der ewigen Barmherzigkeit zu Ehren so oft angestimmet. Und ihr, ihr tapfern, doch unglückseligen Streiter, die ihr in diesem königlichen Pallaste den Ueberrest

Mr. Bossuet Evêque de Meaux, Officiant.

Psalm 88, 7. Misericordias Domini in aeternum cantabo.

rest eures Körpers an diese Altäre geschleppet,
erwartet mit Geduld euren Tod, dem ihr so
oft getrotzet! Heiliget dem Gott des Friedens
die im Kriege abgebrochenen Lorberreiser; verwandelt das Unglück eurer Ehrbegierde und eures Ehrenruhms, in Früchte eurer Buße!
Verdoppelt diese brünstigen Wünsche, die ihr
so oft für ein so nützliches und kostbares
Leben gen Himmel abgeschicket, für
seine ewige Ruhe.

Lobrede
auf den
HERRN
Carl von St. Maure,
Herzog von Montausier,
Pair von Frankreich.

Gehalten

den 11ten August des 1690sten Jahres
in der Carmeliter-Kirche zu Paris.

---

1 B. d. Kön. III, 3.

Herr, du hast an meinem Vater David, deinem Knechte, große Barmherzigkeit gethan, wie er denn vor dir gewandelt hat in der Wahrheit und Gerechtigkeit, und mit richtigem Herzen vor dir, so hast du ihm diese große Barmherzigkeit vorbehalten.

Das ist die Lobrede, die Salomo voll Geistes und Weisheit dem Könige, seinem Vater, nach einem überaus prächtigen und herrlichen Opfer, bey dem vergossenen Blute von tausend Opfern, unter feurigem Gebethe, im Angesichte des Gottes Israel hielt. Und da jetzt bey der Verehrung der heiligen Geheimnisse unter dem Gebethe und Seufzen der Gläubigen, auf diesen Altären Jesus Christus, der Erlöser der Welt, als das reinste und heilsamste Opfer, für Lebendige und Todte, sich meinen Glaubensaugen darstellet: so bediene ich mich dieser Worte zu gleichem Nachruhme des durchlauchtigsten und großmächtigsten Herrn, Herrn Carls von St. Maure, Herzogs von Montausier, Pairs von Frankreich, Stadthalters von der Normandie, Ritters derer königlichen Orden, vormaligen Oberhofmeisters des Dauphins königlicher Hoheit.

David hatte die Lobeserhebungen verdienet. Er war ein König, der an der Wahrheit seine Lust hatte, der die Stege der Gerechtigkeit betrat, der Gott seinen Herrn von ganzem Herzen suchte, der im Frieden die Lieder von Zion anstimmete, der im Kriege die Macht der Philister zernichtete. Er war ein König nach dem Herzen Gottes, ein Verehrer seiner Befehle, ein Eiferer für das heilige Gesetz, ein
Freund

Freund aufrichtiger und gläubiger Seelen, ein Feind falscher und boshafter Herzen. ein Sünder aus Schwachheit, ein Bußfertiger durch Ueberlegung, ein Gerechter und Heiliger durch die Gnade und Barmherzigkeit Gottes.

Ich unterwinde mich, ein gleichmäßiges Beyspiel der Tugend und göttlichen Barmherzigkeit, ihnen, meine Herren, vorjetzt lebhaft und zu ihrer Bewunderung in einem Manne darzustellen, der niemals seine Pflichten aus den Augen gesetzet; der sich den Gewohnheiten widersetzte, um die Vernunft zu handhaben; der keine andre Vorzüge gesucht, als, die Wahrheit und Gerechtigkeit mit sich brachte, und der, da er an der Glückseligkeit seiner Zeiten Theil nahm, dennoch zu deren Verderben nicht das geringste beytrug. In einem Manne, der die Tugenden der alten und neuen Welt kannte; der die Artigkeit unserer Zeiten mit der Redlichkeit unserer Väter zu verbinden wußte; dessen Verdiensten das Glück nichts als das Ansehen geben müssen; der die Ehre und Frömmigkeit durch die Regeln und Grundsätze des Christenthums geheiliget; der durch eine ernsthafte Klugheit sich über alle Furcht und menschliche Schmäuchelen erhoben; und der in beständiger Bereitwilligkeit, der Tugend ihr schuldiges Lob zu geben, der Ungerechtigkeit eine Furcht vor dem Richter einschärfete; der tapfer im Kriege, weise im Frieden war; der seiner Gerechtigkeit wegen hochgeschätzet, seiner Wohlthätigthätigkeit wegen geliebet, und seiner Redlichkeit und untadelhaften Aufführung wegen zuweilen gefürchtet ward.

Göttliche Vorsehung! Du hast mich an diese Stäte geführet, um dir den letzten Zoll meiner mit ihm gepflogenen Freundschaft abzutragen, und die letzten Seufzer seines busfertigen Herzens zu sammlen. Dein Wille war es, daß ich ihn von Grund aus kennen, und da ich seine Mäßigung in den glücklichen Tagen seines Lebens gesehen, auch ein Zeuge seiner Geduld, zur Zeit seines Leidens und Schmerzens werden sollte. Du hast seine Frömmigkeit gekrönet, und mich zur Verehrung seines Andenkens bestimmet: Laß sein großes Beyspiel zu deiner Verherrlichung gereichen, und wie du in ihm, zu seiner Vollkommenheit, heilige Begierden und gute Werke gebildet; so flöße mir auch Gedanken ein, die ihn zur wahren Erbauung meiner Zuhörer, mit Kraft und Nachdruck erheben können.

Fürchten sie nicht, meine Herren, daß Freundschaft oder Erkenntlichkeit mich übereilen werden; wir reden vor Gott in Jesu Christo, so redet der Apostel, und ich kann, so wie er sprechen: Ihr wisset, lieben Brüder, daß ich nie mit Schmäuchelworten in unsern Reden an euch umgegangen. Sollte ich mich denn jetzt, da die Freymüthigkeit und ein aufrichtiges Wesen meine Zunge rühret, leerer Erfindungen und Unwahrheiten bedienen?

2 Cor. 2.

1 Thess. 2, 5.

Die-

Dieses Grab würde sich eröffnen, diese Gebeine würden sich wieder vereinigen und sie wieder aufleben, um mir zu sagen: Was reizet dich, um mir zu gut die Unwahrheit zu reden, da ich dieses keinem andern zu gut gethan? Erweise mir keine Ehre, die ich nicht verdienet; mir, der ich selbige niemals, als nur wahren Verdiensten, beygeleget habe. Laß mich ruhen in dem Schooße der Wahrheit; störe meine Ruhe durch die mir verhaßten Schmäucheleyen nicht; verheele meine Fehler nicht, und schreibe mir meine Tugenden nicht zu, lobe nur allein die Barmherzigkeit Gottes, die mich durch jene demüthigen, durch diese aber heiligen wollen.

Ich halte mich daher an den Worten meines Textes, und entschließe mich, ihnen die *Liebe zur Wahrheit*, den *Eifer für die Gerechtigkeit*, den *Trieb zur Redlichkeit*; als die Haupteigenschaften dieses großen Mannes, den sie mit mir so bedaurens- als lobenswürdig erkennen, darzustellen. Sollte ich gleich in dieser meiner Rede nicht die Ordnung, und alle Regeln der Kunst beobachten: so erwegen sie, daß mit der Traurigkeit, ich weis nicht was für eine Unordnung verknüpft sey; daß die wichtigsten Gegenstände, dem, der sie betrachtet, zur Last werden; und daß mein Vortrag mehr eine Ausschüttung meines Herzens, als ein Werk und eine tiefe Betrachtung meines Geistes seyn werde.

Obgleich dem Menschen nichts so natürlich I. Theil. ist, als die Wahrheit, so ist dennoch nichts, das er so wenig liebet, und so wenig zu erkennen suchet, als die Wahrheit. Er fürchtet, sich in seiner wahren Gestalt zu sehen, weil er nicht so beschaffen ist, als er seyn sollte; und seine Fehler unter einer Decke zu verbergen, verdecket und beschöniget er anderer Fehler. Die Welt besteht nur aus gemeinschaftlichen Gefälligkeiten. Es scheint, daß der Geist der Lügen, den Gott einstens über seine Propheten zu senden drohete, 1 B. Kön 22. nunmehr über alle Menschen ausgegossen ist. Man hat so wenig Muth, die Wahrheit zu sagen, als Kraft, dieselbe anzuhören. Die Aufrichtigkeit hält man für eine Unhöflichkeit und Grobheit. Man findet fast keine Freundschaft, die sich durch die Aufrichtigkeit eines Freundes prüfen läßt. Die Seele, der es niemals an Vorstellungskünsten fehlet, bemühet sich, nachdem es ihr nöthig oder vortheilhaft zu seyn scheint; bald ihre Fehler, bald ihre Vollkommenheiten anders einzukleiden: und die Sprache, welche eine Abbildung der Gedanken und gleichsam der Körper der Wahrheit seyn soll, ist das Werkzeug der Verstellung und Lügen geworden.

Carl von St. Maure bewahrte sich, durch die Barmherzigkeit Gottes, vor diesem allgemeinen Verderben. Er trat an die Welt mit dergleichen freyen und edelmüthigen Neigungen, so die Seele von allen andern Gesetzen, außer denen, so ihm die Natur vorschrieb, frey machten. Der Himmel hatte in seinen Geist und in sein Herz alle die Grundsätze der Ehre und Billigkeit eingedruckt, nach welchen man fähig ist, seine Meynungen und Gedanken ohne Schamröthe vorzubringen. Die Häucheley konnte zu seinem Ruhme nichts beytragen, und die Kunst an ihm nichts mehr, als die Natur, ausrichten. Sein durchlauchtes Stammhaus, dessen Ursprung in den dunkeln Zeiten sich verlohren, hatte ihm von siebenhundert Jahren her, die größten Beyspiele ausgeliefert. Er fand darinn einen Adel, der jederzeit durch seine Tugend unbefleckt, durch seine Dienste beständig nutzbar, durch seine Vorzüge, durch seine Beförderungen und Verbindungen ruhmwürdig erhalten worden. Er erblickte in den Geschichten seiner Vorfahren bald, wie sie die höchsten Ehrenstellen mit Ruhme bekleidet; bald, wie sie in den Versammlungen der Großen aus verschiedenen Provinzen, sich mit Erhaltung der Rechte und Freyheiten der Völker beschäfftiget; bald, wie sie mit einem zahlreichen und auf ihre Kosten aufgetriebenen Kriegsheere, die ihnen von benachbarten Mächten vorenthaltenen Läder, mehr aus Antrieb der Ehre als des Vortheils, wieder zu erwerben bemühet gewesen; da sie so wenig vermögend waren, eine Ungerechtigkeit zu dulden als auszuüben.

Er erzählete selbst mit Vergnügen, was sein Großvater Heinrich dem IV. glorwürdigsten Gedächtnisses für Dienste geleistet. Noch mehr, was er ihm für kluge und freymüthige Rathschlüsse gegeben; und er setzte dieses seiner Erzählung hinzu: Daß seine Väter jederzeit treue Diener von ihren Königen und Herren, nie aber ihre Schmäuchler gewesen: daß diese lobenswürdige Freyheit, der er gleichfalls ergeben sey, ein erworbenes Recht und ein Eigenthum seines Geschlechts wäre, und daß die Wahrheit auf ihn von den Vätern auf die Kinder, als ein Erbstück gekommen sey.

Der Tod beraubete ihn bald in den ersten Jahren seiner Kindheit eines Vaters, dessen Verlust ihm unersetzlich geworden wäre; wenn er nicht unter die Anführung einer Mutter, aus dem uralten Stammhause von Chateaubriant gerathen wäre: die, weil sie sogleich allen Arten der Eitelkeiten und Ergötzlichkeiten entsagte, um in ihrem traurigen und mühsamen Witwenstande die Angelegenheiten der Ihrigen ungehindert zu besorgen; auch ihre ungemeine Schönheit und die Blüthe ihrer Jugend denen Gesetzen einer strengen Tugend und genauesten Sittsamkeit, willig unterwarf; alle Annehmlichkeit und alle Ruhe ihres Lebens dem Glücke und der Erziehung ihrer Kinder aufopferte. Carl war damals noch in einem solchen Alter, in dem man bloß den ersten Trieben der Freyheit zu folgen pflegt; ein Feuer, das die Vernunft bey ihm noch nicht gemäßigt, brachte ihn oft wider die Zucht und den Zwang auf. Die Mutter unterdrückte diese Aufwallung seines Geistes, so wie die natürlichen Uebereilungen einer anwachsenden Ehrbegierde, mit einer klugen Ernsthaftigkeit. Sie bog ihn mit Gelindigkeit unter das Joch des mütterlichen Ansehens, indem sie ihn unvermerkt zu einer redlichen und geduldigen Aufführung gewöhnte: und da sie gegen ihn keine so höfliche Schwachheit bewies, wodurch man die Kinder weichmüthig und weichherzig zu machen pflegt; so duldete sie auch an ihm keine Verzärtelung, welche die Gemüthsart und Kräfte an Seele und Leib schwächen könnte.

Doch was! sie richtete ihre Hauptsorge für ihn dahin, ihm die Lehren einer falschen Religion beyzubringen. Er gerieth in die Irre, da er kaum die Wege seines Gottes betreten; er wurde darinn durch die Meister des Irrthums genähret; er saß endlich, so zu sagen, im Schooße der Ketzerey, als sich eine unheilige Neubegierde, zur Erforschung des ehrwürdigen Alterthums der Kirche, bey ihm regte. Alle Widerwärtigkeiten der Partey giengen ihm zu Herzen; er bemerkte alles, was seinen vorgefaßten Meynungen schmäuchelte; so jung als er war, mischte er sich dennoch in Versammlungen und Streitigkeiten; er ersetzte, durch seinen Eifer, was ihm am Erkenntnisse fehlete, und in einem Alter, welches sonst von der Religion nichts weis, vertheidigte er schon die seinige.

Gott der Wahrheit! du haſt dieſe Seele nicht für die Lügen gebildet: laß auf ſie aus dem Schooße deiner Herrlichkeit einen von den durchdringenden Stralen deiner hellleuchtenden Gnade fallen, der das Wahre in den innern Grund der Herzen bringet; und laß nicht zu, daß Irrthum und Eitelkeit ihn überwältigen. Oder, willſt du es zulaſſen, daß ihre Dunkelheit zunehme, deine Ehre durch ihre Zerſtreuung ſo viel mehr zu verherrlichen: ſo erzeige ihm eine Barmherzigkeit, die um deſto größer iſt, je brünſtiger ſein Eifer und ſeine aufrichtigen Abſichten ihn vor ihm ſelbſt rechtfertigen; daß er glaubet, durch die der Unwiſſenheit ſelbſt abgelegte Huldigung die Ehre der Wahrheit zu befördern.

Soll ich ihnen, meine Herren, vom Fortgange in der Erkenntniß der ſchönen Wiſſenſchaften; vom Geſchmacke, den er an der Dichtkunſt und Beredſamkeit gefunden, von der er nicht nur alle Schönheiten, ſondern auch alle Grundregeln erlernet; von ſeinem Fleiße, den er dieſen edlen und klugen Alterthümern gewidmet, ſo er jederzeit für die Quelle der guten Einſicht und Artigkeit unſerer Zeiten gehalten? Eine neugierige Bücherliebe, eine Wißbegierde, eine unermüdete, und, ſo zu reden, unmäßige Lesbegierde, waren die Neigungen ſeiner Jugendjahre. Soll ich von jenen Feldzügen reden, in benen die Ehrbegierde das erſte Feuer der Herzhaftigkeit in Flammen geſetzet, und wo er bereits

bereits in denen Siegen bey Rosignan und Casal zum Voraus zeigete, was für Dienste der König und das Vaterland sich von ihm zu versprechen hätten? Er ward durch die ruhmvollen Beschäfftigungen eines Bruders, dessen Ruhm weit geringer war als seine Verdienste, ermuntert; und hatte an allen Lobeserhebungen Antheil, die ihm sowohl seine Feinde als Vorgesetzte ertheilten.

Lud. XIII.
Card. Richelieu.

Der Wohlstand, die Gerechtigkeit, und noch vielmehr die Pflichten seines Standes und seiner Geburt nöthigten ihn, sich unter den Haufen der Hofleute zu begeben; die Großmuth und Hoheit eines recht gottesfürchtigen und gerechten Königes zu verehren, auch die Gunst und Achtung eines großen Staatsmannes, der ein Kenner der Tugend war, und das Glück auszutheilen wußte, zu gewinnen. Man sagte ihm mehr, denn tausendmal, daß die Freymüthigkeit keine an Höfen bekannte Tugend wäre, daß die Wahrheit daselbst nichts als Feinde mache; wolle man hier fortkommen, so müßte man nach den Umständen der Zeit, entweder seine eigenen Neigungen zu verdecken, oder andrer zu schmäucheln wissen; daß man daselbst eine unschuldige Kunst habe, die Gedanken von den Worten zu trennen, und diese gemeinschaftliche Höflichkeit mit der Frömmigkeit gar wohl bestehen könne; die, wenn sie willkührlich geworden, so wenig den Glauben verletze, als vielmehr den Frieden und die Artigkeit unterstützen.

Diese

Diese Vorschläge schienen ihm unanständig zu seyn. Es kostete ihm Mühe, seinen Weihrauch auf die Altäre des Glücks zu streuen, und er kam von derselben nicht anders, als mit einem von Gedanken beschwerten Herzen zurück, welches er bey einem gezwungenen Stillschweigen hievon nicht entledigen können. Dieser beständige Umgang, mit sein erfundenen Lügen sich zu betrügen, dieser schimpfliche Umgang sich zu schaden, dieser höfliche Umgang sich zu verderben: diese so durchgängig beliebte Häucheley, dadurch ein jeder seine wahrhaften Fehler zu verstecken, oder sich mit falschen Tugenden zu schmükken bemühet ist; diese geheimnißvollen Gebärden, deren man sich bedienet, seinen Hochmuth zu verbergen, oder sein Ansehen zu erhöhen; alle solch verstelltes und betrügliches Wesen stimmte mit seiner Tugend nicht überein. Konnte er sich nicht genug über die Gewohnheit herausheben, so gab er seinen Freunden zu verstehen, daß er in Kriegesdiensten gelernet, nicht sowohl durch fruchtlose Versprechungen als durch thätige Dienste sich nothwendig zu machen; daß es ihm weit leichter wäre, sein Leben der Gefahr auszustellen, als seine Meynungen zu verstellen; und daß er niemals, weder Gunst noch Glück, mit Verlust seiner Frömmigkeit kaufen würde.

Er wollte keine andere Sprache erlernen, Matth. 8, 37. als das evangelische Ja, Ja, Nein, Nein. Er war in seinen Entschließungen thätig, in seinen

nen Zusagen treu; bereitwilliger sein Wort zu halten, als selbiges von sich zu geben; in allen seinen Handlungen und in seinem Umgange ganz ohne falsch. Er hatte es auch nicht nöthig, sich in seinem Dienste durch übermäßige Bemühungen und Künste zu erheben. Seine Klugheit, seine Betriebsamkeit, sein Ansehen erwarben ihm die Hochachtung und das Vertrauen zweener *le Duc de Weimar & le Marechal de Guebriant.* hochberühmten Feldherren seiner Zeit, die sich in den deutschen Kriegen mit gleichem Nutzen sowohl seines Beystandes, als seiner Anschläge, im Erfolge ihrer Siege bedienet hatten.

Elsas war der Schauplatz seiner Thaten und zugleich seiner Belohnungen. Welch ein neuer Gegenstand seines Ruhms! Ein so fürchterlicher als naher Feind; ein Volk, das nur auf die Hälfte unterthänig war; die wenige Hülfe, die er sich versprechen konnte; ein Land, welches man ihm mehr, es einzunehmen, als zu regieren, anwies; alle diese Schwierigkeiten gaben seiner Standhaftigkeit neue Reizungen: und nachdem er seine Stadthalterschaft fast täglich durch neue Niederlagen befestiget hatte, führte er selbige durch seine Mäßigung am glücklichsten und ruhigsten im Lande.

Er kam wieder an den Hof zurück, und ließ sich weder durch die Lobeserhebungen, noch durch die ihm ertheilete Hoffnung einnehmen: er verband ein bescheidenes Urtheil mit einem unerschrockenen Muthe. Liebte er gleich den Ehrenruhm, so suchte er ihn dennoch nicht in dem Urtheile

der

der Menschen, sondern in seinen eigenen Handlungen. Er wollte seinen guten Ruf auf nichts anders, als auf seine Verdienste gründen. Von allen Wahrheiten, die er erkannte, pflegte er keine so sehr zu verhelen, als diejenige, die ihm Vortheile bringen konnte; und nichts war vermögend seiner Aufrichtigkeit Einhalt zu thun, als seine Bescheidenheit. Indessen, meine Herren, haben wir an ihm die großmüthigste und unerschrockenste Seele bemerket. Man sah ihn voller Staub und Blut in der Schlacht bey Cerne den Feind dreymal verfolgen, und zu den Füßen seines Feldherrn dreymal von ihm eroberte Fahnen, als ein würdiges Siegeszeichen, hinstellen. Mit zweyhundert Mann kam er in währender Belagerung von Brisach, und warf mit selbigen zweytausend Deutsche am Ufer des Rheins, im Angesichte ihres Heeres, über den Haufen.

Wie aber? Soll ich hier nur eine Erzählung seiner blutigen Heldenthaten machen? und zeiget sich mir an ihm nichts erbaulichers und angenehmers? Das heilige Band war bereits im Himmel geknüpfet, das sein Herz mit dem Herzen der unvergleichlichsten Julia auf ewig verbinden sollte. Die heftige und reine Flamme, so die Klugheit, die Schönheit, der Witz und unverfälschte Vorzüge zu entzünden gewohnt sind, loderten bereits in seiner Seelen. Die Bewunderung, die Hochachtung, und noch mehr, die Uebereinstimmung der Sitten und Neigungen, so die Verbindung vollkommen
ma=

machen, unterhielten auch diese, auf Klugheit und Tugend gegründete Leidenschaft. Man sah gleiche Aufrichtigkeit in ihrer Aufführung, gleiche Erhebung des Geistes und der Herzhaftigkeit, gleiche Neigung zur Tugend, ohne dem Glücke fußfällig zu werden, gleiche Treue in Beobachtung aller Lebenspflichten, einerley Geschmack am Umgange, und an allen Arten der schönen Wissenschaften, eben dieselbe Willigkeit Gutes zu thun; nur unter so vielen Gleichheiten, eine verschiedene Religion.

Fallet, fallet ihr beschwerlichen Decken! die ihr die Wahrheit unserer Geheimnisse vor ihm verborgen hieltet; und ihr Priester Jesu Christi, die ihr Gott für sein Seelenheil zeither so viele Gelübde und Opfer geweihet, ergreifet das Schwert des Wortes, zerstücket den Irrthum, den die Geburt und Erziehung in seiner Seelen hervorschiessen lassen, bis an die Wurzel. Aber wie manche Bande hielten ihn von euch zurück? Fleisch und Blut, welches ihn an eine Mutter verband, die er sowohl aus Erkenntlichkeit und Vernunft, als aus natürlicher Zärtlichkeit liebte; gewisse Vorstellungen von Ehre, welche ihm auch den geringsten Verdacht von Veränderung und Unbeständigkeit furchtbar machten; die Macht, welche der erste Eindruck von Wahrheit und Gerechtigkeit über ihn erhalten hatte; die ihm ertheilten Aussprüche der Lehrer des Glaubens, zu dem er sich bekannte: und seine von selbst übernommenen Bemühunmühungen, sich noch mehr durch gefährliche Bücher zu verblenden, waren so viel starke Bande, die ihn an seine Religion gefesselt hielten.

Ja so gar bey allen Untersuchungen seines Glaubens, blieb ihm dennoch einiger Zweifel zurück. Die Lesung der Kirchengeschichte hatten ihm in diesen letzten Zeiten einige Neuerungen entdecket; aus den Streithändeln und Unterredungen, die er gehabt, waren gewisse obwohl schwache Stralen entsprungen, die einige Spuren des Lichts in seinem Gemüthe zurück gelassen hatten; er war nicht von den sorglosen Menschen, denen Gott und die Seligkeit gleichgültige Dinge sind; die, mit der Schrift zu reden, ohne Bewegung liegen bleiben, sie mögen gegen Mittag oder Mitternacht fallen; die nicht wissen, was sie glauben und sich zu einer Religion bekennen, in die ein blinder Glücksfall, keineswegs aber die Erleuchtung, sie gesetzet. Er wußte, wie der Apostel es verlanget, von seinem Glauben Rechenschaft zu geben, und die Erkenntniß, die ihm Gott ertheilete, war vielleicht eine Vergeltung seines Eifers.

Unmerkliche und allmählich zunehmende Stralen zerstreueten einen Theil des Gewölkes, so ihn umgeben hatte. Er bath, und erhielt; er klopfte an, und es wurde ihm aufgethan; er erkannte in der Kirche Jesu Christi eine

Ober-

Obermacht, die uns gebiethet, zu glauben, was sie glaubet, das auszuüben, was sie verordnet, dasjenige in Demuth zu erdulden, was sie auferleget: und da dieses Vertrauen ihm eine Nothwendigkeit anderer Pflichten ablockete, da er so lehrbegierig, als demüthig und bußfertig war, da er die Welt durch seinen Glauben, und die Natur durch die Gnade überwunden hatte; so begab er sich unter der Anführung eines großen Prälaten zu den Füßen der Altäre, um seine Vernunft dem Ansehen der Kirche zu unterwerfen, und seine Irrthümer vor den Dienern des Gottes der Wahrheit aufzuopfern.

Welchen Zuwachs erlangte nicht nach der Zeit sein Glaube! Mit was für Erkänntlichkeit, und mit was für Freude stimmete er dem Herrn das Lied von seiner Erlösung an! Mit was Eifer ermahnete er einige seiner Hausgenossen, so wie er, in den Schaafstall Jesu Christi zurück zu kehren: indem er ihnen sowohl Bücher, als auch die zu ihrer Ueberzeugung kräftigsten Gründe vorlegte? Mit was für Leutseligkeit und Liebe tröstete er in diesen letzten Zeiten einige seiner Freunde, in deren Gewissen er annoch Zweifel und Unruhe erblickte? Er bewegte sie durch seinen Rath, und durch seine eigene Erfahrung; er erzählte ihnen einen Kampf, um sie zu ermuntern, über sich selbst einen gleichen Sieg zu erhalten; und er beweinte in ihrer Gegenwart seine eigene Hartnäckigkeit, um sie von der ihrigen zu befreyen.

Ich

Herzog von Montausier.

Ich werde, meine Herren, weder seiner geführten Befehlshaberschaften, noch andrer besondrer ihm anvertrauten Bedienungen gedenken; noch der Feyerlichkeiten bey seiner Vermählung, daran ganz Frankreich Theil nahm; noch derer Oberaufsichten, und anderer Bedienungen, die man ihm in Umständen auftrug, wo es schwer war, die Last derselben zu ertragen. Erwarten sie nicht, daß ich ihnen denselben vorstelle, wie er sich der ersten Zärtlichkeiten einer keuschen Ehe beraubet, um unter dem Stabe eines Prinzen Ehre zu erwerben, der jederzeit zum Streiten fertig, jederzeit des Sieges versichert war. Ich will ihnen denselben keineswegs zeigen, wie er bey Begleitung des Gesandten seiner Heiligkeit, die Prälaten des neuen, die Tugenden des alten Roms an sich bemerken lassen, und diesem Volke eine scharfsinnige Aufrichtigkeit, die da mehr als ihr schlaues Wesen, und ihre Kunstgriffe galt, zur Bewunderung dargestellet.

Ich komme nunmehr auf das wichtigste Stück seines Ansehens und seines Ruhmes. Gott, dessen Vorsicht für das Wohl dieses Königreichs wachet, berief ihn zum Unterrichte und zur Führung des Dauphins; und eben diese Weisheit, durch welche, nach der Schrift, Spr.Sal.8. die Könige regieren, lehrete ihn die Kunst, eine königliche Seele zu bilden. Was fehlete ihm zu einer so ruhmwürdigen, aber auch schweren Beschäfftigung? War es Wissenschaft?
Er

Er hatte ja durch sein beständiges Lesen mit allen Ländern, und mit allen Zeiten sich bekannt gemacht. Er war, so zu sagen, ein Zuschauer und Zeuge der Aufführung aller Prinzen worden; er hatte ihren Rathschlägen und ihren Feldzügen beygewohnet; er kannte alle Wege der Tugend, und der sowohl alten als der neuen Ehre. War es Redlichkeit? Nichts war so bekannt, als seine Billigkeit, sein uneigennütziges Wesen, und die gewissenhafte Erfüllung seiner Zusage. Er konnte Unterricht geben, ohne davon etwas zu wiederrufen, und ohne sich selbst zu verurtheilen; seine Beyspiele schwächten niemals seine Vorschriften, und er durfte weder bey dem Prinzen, noch bey den Hofleuten den Widerspruch seiner Sitten mit seinen Regeln rechtfertigen. War es Frömmigkeit? Er hatte Gott erkannt, und ihn täglich verherrlichet; er hatte das ungebundene Wesen, die Freygelassenheit, so bey Hofe, wie im Kriege, als eine Misgeburt angesehen. Er hatte aus dem göttlichen Gesetze gelernet, was darinn verbothen und gebothen war; er bestrafte die Laster eifrig, ohne Bitterkeit und Unbescheidenheit; er war ein guter Christ, ohne Aberglauben und Häucheley.

Der König, der durch seine Wahl, in welcher er den Verdiensten Gerechtigkeit wiederfahren läßt, seiner Weisheit jederzeit Ehre gemachet, war auch über diese mit sich selbst zufrieden. Mit was für Vertrauen ließ er ihn,

in

in einer seiner wichtigsten und unentbehrlichsten Pflichten seine Stelle vertreten? Mit welcher Gnade geruhete er dieses geheiligte Pfand in eigener Person, so reinen und so treuen Händen anzuvertrauen? Da er die ganze Last der Regierung seines Volks auf sich hatte, übergab er ihm die ganze Aufführung seines Sohnes; er empfahl ihm die Sorge für die Unterweisung desselben, und beschäfftigte sich, nur große Beyspiele dazu an die Hand zu geben. Er wollte, daß die jetzigen Zeiten sich der Glückseligkeit seiner Regierung zu erfreuen haben sollten, und überließ dem Gewissen und der Geschicklichkeit dieses klugen Hofmeisters, die Hoffnung der künftigen.

Wie groß war im Gegentheile die Erkenntlichkeit unsers Herzogs? Er opferte sein Vergnügen, seine Vortheile und seine Freyheit auf; er dachte an nichts, als an diesen jungen Prinzen; alle seine Gemüthskräfte, alle seine Sorgen waren nur ihm gewidmet. Aus Furcht, sich durch die Zärtlichkeit nicht erweichen zu lassen, entlehnete er das Ansehen des Königs: aus Furcht, seinen Lehrling durch die Strenge der Gebote abzuschrecken, nahm er die Zärtlichkeit eines Vaters an; und durch diese geschickte Verbindung beförderte er bey dem Prinzen das Wachsthum der Vernunft, und verbesserte die Fehler des Alters.

Seine vornehmste Bemühung gieng dahin, ihn zur Kenntniß und Duldung der Wahrheit zu gewöhnen. Er wußte, daß die Großen mit gewissen Zärtlichkeiten an die Welt gebracht werden, welche die sich ihnen nähernden Hofleute in einer schüchternen Ehrfurcht zurück halten, daß man ihnen niemals getreue Spiegel vorleget, und ehe sie sich vor Menschen und vor Sünder erkennen, ihnen beybringet, daß sie Unterthanen haben, und Herren der Welt sind.

Je mehr gute, und je mehr natürliche Fähigkeiten der Prinz, den er führete, besaß; je mehr entfernete er von ihm alles dasjenige, so ihn zu verderben vermögend war. Wie oft hielt er eine Schmäucheley zurück, die gleich einer sich krümmenden Schlange, in seine Seele einschleichen wollte? Wie oft löschte er den Weihrauch aus, dessen zwar angenehmer, doch schädlicher Duft eine annoch zarte Einbildungskraft würde vergiftet haben? Wie oft ließ er ihn zwischen einem Freunde und Schmäuchler den Unterschied machen? Wie oft räumete er mit einer ernsthaften Hand die ersten Decken aus dem Wege, die verschmitzte Hofleute seinen Augen vorziehen wollten, um eine Wahrheit oder eine Pflicht vor ihm zu verbergen?

Erlauben sie, meine Herren, daß ich ihn mir allhier, wie jenen Reiter vorstelle, den
der

Herzog von Montausier.

der heilige Johannes in der Offenbarung sah, und
sich den Treuen und Wahrhaftigen nennte;
wie er diesem königlichen Kinde die Quellen der
Wahrheit und Falschheit entdeckte, und wie er
ihm in der Welt, so der heilige Augustinus ein
Land des Betruges und der Lügen nennet, eine
unschuldige und aufrichtige Seele bildete. Er
legte ihm viel Kronen vor, um ihm, zu seinem
Unterrichte, den Unterschied zwischen einer guten
und übeln Regierung zu zeigen. Er hielt in
seinen Händen ein blitzendes Schwert, um die
Stricke seiner hervorkeimenden Leidenschaften,
die Reden und die Beyspiele, so dieselben befestigen konnten, zu zernichten. So groß war
seine Liebe zur Wahrheit. Lasset uns nur erwegen, wie stark sein Eifer für die Gerechtigkeit
gewesen.

Es ist schwer, bey der Liebe der Wahrheit, nicht zugleich für die Gerechtigkeit zu ei-
fern: und dieses sowohl der genauen Vereinigung aller Tugenden mit einander, als gewisser
Regeln der Ordnung und des Verhältnisses
wegen, die der Geist sowohl in den Handlungen als in den Worten suchet. Diese beyden
Meynungen waren bey dem Herrn von Montausier in gleicher Stärke anzutreffen.

In seinem Herzen war ein Gesetz der
strengsten Billigkeit, so ihn bewog, allen unordentlichen Leidenschaften der Menschen zu widerstehen, und einem jeden, entweder den
Dienst

Dienst, oder die Ehre, oder den Schutz zu erweisen, den man von ihm erwarten konnte. In seiner Jugend bemerkte man, wie er sich durch seine guten Absichten, eine gewisse Art des Vertrauens und Ansehens verschaffte, um sich den Unordnungen zu widersetzen, den Betrug und die Gewaltthätigkeit aufzuhalten, und alles unter gehörige Zucht zu setzen. Man sah, wie er selbst alle Beschwerden und allen Zwang, so Vernunft und Ordnung in seinem sehr eingeschränkten Amte ihm auferlegten, mit Standhaftigkeit ertrug.

Diese Neigung zur Gerechtigkeit, nahm mit seinem Glücke beständig zu. Unglücklich seyn, war schon ein gnugsamer Grund, seinen Schutz zu erlangen. So unbekannt man auch war, so bedurfte man bey ihm keines andern Vorspruches, als desjenigen, den die Tugend und die verfolgte Unschuld mit sich führet. Er besaß nichts von der kaltsinnigen Gleichgültigkeit, nichts von der kraftlosen Behutsamkeit, so da verursachet, daß man die Angelegenheiten seines Nächsten hindansetzet, um sich dergleichen nicht selbst auf den Hals zu ziehen. An keinem Orte, wohin seine Gewalt sich erstreckte, wurden Unterdrückung und Ungerechtigkeit geduldet; wer die Ruhe anderer zu stören, sich erkühnete, durfte sich niemals seiner eigenen Ruhe getrösten. Hat er sich wohl jemals gescheuet, die Mächtigen aufzubringen, wenn er den Schwachen helfen können? Hat er wohl

jemals

jemals der Hoheit nachgegeben, wenn dieselbe mit Ungerechtigkeit verbunden gewesen? Hat es ihm jemals an Muth gefehlet? und ist, wenn er redliche Leute vertheidigen können, hiezu wohl ein ander Recht vonnöthen gewesen, als dasjenige, so der Schutz und die allgemeine Liebe ertheilet?

Hat er nicht selbst bey der Freyheit, so der Krieg verstattete, eine Standhaftigkeit und gewissenhafte Mäßigung bewiesen? und das zu einer Zeit, da bey den Kriegsheeren annoch Unordnung herrschete; wo man glaubte, der Soldat müsse sich nicht allein mit der vom Feinde, sondern auch mit der von den Unterthanen gemachten Beute bereichern; und wo man mit einem nothwendigen Nachsehen dem Geize und der Härte etwas zu gut hielt, um die Kriegsleute bey Muth und gutem Willen zu erhalten. Er kehrte sich vielmehr an diese Gebräuche nicht, er setzte eine kluge Billigkeit, nicht aber das grausame Recht des Krieges zu seiner Richtschnur; er war bescheiden, uneigennützig, mehr bedacht, Ehre und Ruhm zu erlangen, als Güter mit Bequemlichkeiten des Lebens zu besitzen; er war großmüthig gegen andre, strenge und hart gegen sich selbst; und theilete mit dem geringsten Kriegsbedienten, aus Freygebigkeit seine Güter, und aus Standhaftigkeit ihre Beschwerden.

Fleschiers Reden.   E   Selbst

Selbst gegen die Feinde hatte er eine gewisse Achtung, er glaubte nicht, daß alles, was erlaubt, auch vortheilhaft sey, und er pflegte öfters zu sagen: laßt uns ihnen mehr durch unsere Tapferkeit, als Habsucht, furchtbar werden. Von seinen Durchzügen hinterließ er niemals traurige Spuren, und da sein Gewissen ihm an seinem Theile Gerechtigkeit wiederfahren ließ, so hatte er nicht nöthig, in seinem Alter das Unrecht zu ersetzen, so er andern in seiner Jugend zugefüget, noch den Kindern zu erstatten, was er von den Vätern mit Gewalt erpresset hatte.

Was meynen sie wohl, meine Herren, was seine vornehmste Beschäfftigung in seinen Stadthalterschaften gewesen sey? Die Gerechtigkeit. Er hatte die Grundsätze der Ehre und Frömmigkeit vollkommen inne, als deren gesammte Vorschriften er wußte; und eben hierdurch erhielt er den Adel in Ordnung. Er erstickte die Klagen in ihrer ersten Geburt, indem er einige durch Ueberredung gewann, andere durch das Ansehen zurück hielt; zwischen den Beleidigungen und der Gnugthuung für dieselbe ein gehöriges Verhältniß beobachtete, der Ehre und dem Rechte eines jeden dasjenige ersetzte, was ihm der Geiz oder Zorn davon geraubet hatte; diese vor allen Anfällen in Sicherheit stellte, und jene außer Stand setzte, zu schaden. Auf solche Art zernichtete er durch

eine

eine entscheidende Billigkeit, ohne Vorurtheil und Eigennuß, die Wurzeln des Hasses und der Rechtshändel, und verschaffte überall die Mäßigung und den Frieden, welcher die Frucht der Gerechtigkeit ist.

Allein, wie groß war sein Eifer und seine Wachsamkeit bey den allgemeinen Landesplagen? Er genoß an dem Hofe der Süßigkeiten, der Ruhe und der Ehre, zu welchen der Himmel sein Geschlecht erhoben hatte; als eine traurige und ansteckende Seuche sich ausbreitete, und in den vornehmsten Städten der Normandie wütete: es sey nun, daß die unordentliche Witterung eine gewisse schädliche Wirkung in der Luft zurückgelassen, oder ein unglücklicher Handel mit den vergänglichen Reichthümern, zugleich den Saamen der Krankheit und des Todes aus entfernten Ländern dahin überbracht, oder auch der Engel Gottes seine Hand ausgestrecket, dieses unglückliche Land zu schlagen. Er eilte sogleich dahin. Bey dieser Plage, die alles in Unordnung bringet, wo man sich gemeiniglich verlohren siehet, weil man verlassen ist, wo ein jeder mit der Furcht für sich selbst beschäfftiget, das Unglück anderer vergißt, und wo das Schrecken eines nahen Todes, die Untreue, so man gegen einander begeht, zu rechtfertigen scheint, wirkte bloß die Vernunft bey ihm dasjenige, was gemeiniglich weder Blut noch Natur vermag. Denen,

nen, die ihm ihre Gefahr vorstellig machten, pflegte er zu antworten: Er wäre diesem Volke gute Ordnung und Beschützung schuldig; er wäre nicht allein zu dessen Regierung, sondern auch zu dessen Beystande bestimmet, und die Beobachtung seiner Pflicht sey ihm weit kostbarer, als sein Leben. Er flöste den Einwohnern durch seine Gegenwart neuen Muth ein, indem er sie ermunterte, durch gemeinschaftliche Dienste einander beyzuspringen: und durch eine genaue Policey, die alle gefährliche Gemeinschaft den Sterblichen beschnitt, um nachmals eine der Gesundheit desto zuträglichere zu eröffnen, rettete er dieses Volk, das bereits um alle Hoffnung zur Gesundheit, und um alle kluge Anstalten gekommen war.

Jedoch, warum halte ich mich auf, meine Herren? kann ich ihnen nicht weit edlere Begriffe von seiner Tugend geben? Ist die Treue eine Gerechtigkeit, die ein jeder seinem Oberherrn schuldig ist: welcher Unterthan hat jemals größere Beyspiele davon dargestellet? Ach! daß ich ihnen die Regungen der Bewunderung, der Ehrfurcht und Zärtlichkeit, (wenn ich so reden darf,) die er gegen den König geheget, auszudrücken vermögend wäre! Durch wie viele Bande war er nicht an ihn gefesselt? Bald sammlete er in seinem Gemüthe alle dessen Wohlthaten, um seine Erkenntlichkeit zu ver-

vervielfältigen; bald stellte er sich seine Kriegsgeschäffte vor, um seine Thaten zu erzählen, und die Zahl seiner Siege zu berechnen. Bald erblickte er ihn mitten in seiner Pracht, und in seinem Glanze, um von seiner Majestät geblendet, sich über seinen Ruhm zu erfreuen. Zuweilen entfernete er von sich alle Vorstellung seiner Macht und Größe, um das Vergnügen zu haben, die Verdienste seiner Person dankbarlich zu verehren. Wie wünschte ich, ihnen die starke Neigung vorstellen zu können, die er gegen den Staat geheget, dessen Vortheile ihn viel schätzbarer und empfindlicher rührten, als seine eigene thaten. Wie groß war sein Unwille gegen diejenigen, denen das öffentliche Wohl gleichgültig ist; und welche, da sie an niemand anders, als an sich denken, und auf keinen als sich selbst sehen, ohne Ehre und Liebe, die übrigen dem Schicksal überlassen?

Wie verhielt er sich in dem Laufe dieser unglücklichen Jahre, in denen die Uneinigkeit in dem Innersten von Frankreich das Feuer so vieler Leidenschaften entzündet hatte, dadurch so viele unglücklich, so viele straffällig wurden? Befürchten sie nichts, meine Herren: ich rede von einem weisen Manne, der niemals von seinen Pflichten abgewichen, der weder der Begnadigung, noch einer Schutzrede bedarf; und an welchem kein Irrthum zu bekla-

beklagen, kein Versehen zu entschuldigen gewesen. Seine Treue war unbeweglich. Nachdem er sich in die Provinz Saintonge begeben, wo sich bereits einige unruhige Parteyen hervor thaten, that er durch seine Wachsamkeit und seinen unerschrocknen Muth denselben Einhalt. Das inständige Anhalten eines Prinzen, der ihn mit seiner Gunst beehrte, das Misvergnügen, wozu ihm der erste Minister Anlaß gegeben, konnte ihn niemals rühren. Er überwand diese beyde, obgleich sehr empfindliche Versuchungen; und es gereichet ihm vielleicht allein zur Ehre, daß er zum Dienste seines Herrn der Stärke der Freundschaft und der Rachbegierde auf einmal widerstanden. Er gewann den fast auf die Hälfte verführten Abel, er nahm Belagerungen vor, er lieferte Schlachten, er eroberte Städte, und verschwendete sein Blut und Leben; um dem Könige eine Provinz zu versichern, die ihrer Lage und der damaligen Umstände wegen, höchst wichtig geworden war.

Was für Gerechtigkeit ließ man ihm denn wiederfahren? Man billigte seine Verdienste, aber man vergaß sie bald. In diesen Tagen der Unordnung und der Unruhe, wo die Gunstbezeigungen nur denjenigen zu Theil wurden, die sich zu gelegener Zeit verdächtig oder furchtbar zu machen wußten; achtete man ihn so wenig als einen Diener, den man nicht verlieren kann;

kann; und man dachte gar nicht an sein Glück,
weil man von seiner Tugend nichts zu fürchten hatte. Nur seine Standhaftigkeit unterstützte ihn, und die Vorsicht Gottes behielt
nur dem Könige die Ehre auf, diese treue
Seele zu belohnen.

Laßt uns die Billigkeit seines Herzens erwegen, die er in Ansehung seiner besondern
Aufführung bewiesen. Wie war er gegen seine Freunde gesinnet? Hier erwachet meine
Erkänntlichkeit, mein Innerstes wird beweget; und das Bild eines Glücks, so ich genossen, erinnert mich, daß ich es verlohren habe.
Seine Güte kam für diesesmal seiner Ueberlegung zuvor: sonst ließ er es bey der Freundschaft
niemals auf einen blinden Zufall ankommen,
sie war der Preis seiner Hochachtung. Sie
ward weder durch die Zeit, noch durch die
Abwesenheit jemals geschwächet, und nichts
zerstörete in seinem Herzen das, was einmal
die Verdienste darinn aufgerichtet hatten.
Man durfte bey ihm weder die Ungleichheit des
Standes, noch ein Mistrauen besorgen; er
wußte von keinem Unbestande, und seine Treue
schien für die Treue der andern Bürge zu werden. So groß seine Nachsicht für diejenigen
war, die er liebte; so bemerkte er dennoch ihre
Fehler: er war ja so aufrichtig als liebreich,
und hatte sowohl das Herz, sie zu bestrafen, als
das Vergnügen, sie zu entschuldigen. Er
blieb

blieb treu bey ihrem Unglücke, und unterstand
sich daher sie zu loben, und ihnen zu dienen,
wenn andere sie kaum beklagen dorften. Bey
ihrem Glücke schätzte er ihre Mäßigung hoch,
und behielt sich das Recht vor, sie vor ihrer eigenen Ueberhebung zu warnen. In dem angenehmen Umgange, den er mit ihnen unterhielt, verstattete er denenselben in Behauptung
ihrer Meynungen alle Freyheit, die er sich
selbst nahm, und untersagte ihnen nichts, als
die Schmäucheley.

Mit was für Eifer nahm er an ihrem Vergnügen, und an ihren Beschwerden Theil!
Hat er sie wohl jemals mit Liebkosungen auf-
gehalten, wenn sie von ihm wirkliche Dienste
erwarteten? Wer hat wohl jemals mehrere
Wünsche und Bitten vor den königlichen
Thron gebracht? Ich habe bey dieser Rede
den Vortheil, daß niemand von denen, die an
seiner Freundschaft Antheil gehabt, gegenwär-
tig ist, der nicht das, was ich jetzt sage, für wahr
erkennt und an sich erfahren hätte.

Ihr wisset es, edle Seelen, die ihr euren
Verstand ausbessert, und Gott, als dem Herrn
der Wissenschaften, alle eure Gedanken widmet; ihr seyd oft sowohl über seine Gutthätig-
keit als über seine Einsichten bestürzt geworden.
Er prüfte die Geister, und gab einem jeden den
Vorzug, den er verdiente. Niemand kannte
besser

beſſer die Vortrefflichkeit ihrer Werke, und niemand wußte ſie beſſer zu ſchätzen. Er munterte ſie auf und ſuchte ſie der Welt nutzbar zu machen. Er verſchaffte ihnen zum öftern die Gnade des Königes, und ertheilete ihnen jederzeit das, was in ſeinen Mächten ſtund, und das, was ſie zuweilen weit mehr lieben, ich meyne Lob und Ruhm.

Wie gerecht und liebreich war er nicht gegen ſeine Hausgenoſſen! Bey ihm blieben die Geſchlechter in einem immerwährenden Andenken; die Väter ließen ihren Kindern den Schutz eines ſo guten Herrn, als ein Erbgut nach. Er war von einer Menge der Bedienten umgeben, und ſuchte dennoch einem jeden ein Glück zu ſchaffen, das ſich für ihn ſchickte. Für ſich ſelbſt war er uneigennützig, für ſie aber beſchäfftiget, und hielt es für ſein angenehmſtes Glück, wenn er das ihrige befördern konnte. Ihre Anzahl konnte zwar ſeinen Ausgaben, ſeiner Großmuth aber gar nicht zur Laſt fallen. Er wußte gar wohl, daß er nicht aller dieſer Leute nöthig hatte; er glaubte aber, daß ſie alle ſeiner bedürften, und er behielt dieſelben, daß ſie nicht ſo wohl ſeiner Hoheit zu mehrerem Glanze, als ſeiner Güte zum neuen Gegenſtande dienen ſollten.

Aus eben dieſem Grunde ſtammete ſeine Liebe gegen die Armen. Nach dem Ausſpruche

Pfalm 110. der Schrift, sind die Allmosen eine Gerechtigkeit. Was wir ein Geschenk nennen, heißt der weise Mann eine Schuld, und nach dem Maaße der Barmherzigkeit, die wir andern erwiesen haben, müssen wir dieselbe erwarten. Von diesen Wahrheiten war er überzeugt und streuete die Saat seiner Mildthätigkeit, über alle Arten der Elenden reichlich aus. Er wartete nicht erst auf den Tod, um Jesu Christo einen Theil seiner Reichthümer zu widmen: er wußte, daß eine verzögerte Mildthätigkeit, nach dem Ausspruche der Kirchenväter mehr ein Geiz als ein Werk der Frömmigkeit sey; er wußte, daß man seinen letzten Willen und seine milden Stiftungen selbst in Erfüllung setzen, aus Gottesfurcht ein Opfer darbringen, und seine Allmosen freywillig austheilen müsse.

Wie lieb wäre es mir, meine Herren, wenn ich die Geheimnisse seiner Mildthätigkeit entdecken dörfte! Sie würden hier die Auferziehung eines Frauenzimmers erblicken, der die Armuth vielleicht böse Rathschläge hätte geben können; dort den Fleiß eines Waisen, den Gott durch seine Mildthätigkeit zu den Geschäfften seines Priesterthums geführet hat, wahrnehmen. Sie würden hier Dürftige von Adel sehen, die durch seine liebreiche Unterstützung zum Dienste des Fürsten und des Vaterlandes gebracht worden; dort aufblühende Verdienste, so die Last ihres widerwärtigen Glücks unterterdrückt haben würde, durch seine Freygebigkeit wieder erhoben sehen. Verlasset, verunglückte Geschlechter! den Aufenthalt, wo Elend und Schande euch verbergen, und saget es uns, durch was für Wege er seinen unerwarteten Beystand bis zu euch gelangen lassen. Und ihr geheiligten Freystädte derjenigen, gegen welchen sich entweder die Natur, oder das Schicksal feindselig erwiesen! ihr ewigen Denkmäler seiner Frömmigkeit, ihr Hospitäler! die ihr durch seine Bemühungen und Wohlthaten in den Städten seiner Stadthalterschaft errichtet worden, um diese vor dem Ueberlaufe ungestümer Bettler zu bewahren; lasset doch Gebeth und Wünsche von allen den Armen bis in den Himmel erschallen, die eure Mauren in sich schließen. Sehen sie da, meine Herren, seine Gerechtigkeit! Es ist nichts mehr übrig, als daß ich ihnen annoch die Aufrichtigkeit seines Herzens vor Augen lege.

Die Aufrichtigkeit besteht in einer Lauterkeit der Bewegungsgründe und Absichten, welche der Tugend ihre rechte Gestalt und Vollkommenheit ertheilet, und die Seele zum Guten um sein selbst verbindet. Nur diesem lautern und gerechten Geschlechte verheißt der Geist Gottes in seinen Schriften, bald den Segen, Psalm 3, 16. den er denjenigen zufließen läßt, so ihn fürchten; bald das Licht, welches er, wenn er will, mitten Psalm 6, 3. in der Finsterniß, aufgehen läßt; bald das Vergnügen

III. Theil.

gnügen des Beyfalls und der Lobsprüche, bald die Freude eines ruhigen Gewissens.

Das ist auch der Ruhm desjenigen, der der Gegenstand meiner Rede ist. Wer hat wohl die krummen Wege der Leidenschaften und des Eigennutzes weniger betreten, als derjenige, den wir bedauren? Die Erkenntniß seiner Pflichten war der zureichende Grund, ihn zu Erfüllung derselben zu bewegen, und seine Absichten waren jederzeit eben so gut, als seine Handlungen. Was für Regeln beobachtete er denn dabey? Nach seiner Meynung hatte der Ehrgeiz gar nichts edles an sich, er führte nur die Tugend durch solche Mittel und zu solchen Absichten, die ihr öfters unanständig sind; er sagte zuweilen: Die Ehrgeizigen, die man so sehr rühmte, wären entweder niederträchtige Praler, oder Miethlinge, welche bezahlet seyn wollen. Solchergestalt war seine Absicht niemals, durch Wohlthun glücklich zu werden, und dasjenige, was ihn zu Bedienungen und Ehrenstellen führete, that er bloß darum, sich um dieselben verdient zu machen, nicht aber bloß, sie zu erhalten?

Der Eigennutz und die Liebe zu den Gütern konnten ihn niemals in Versuchung führen, und in seinem ganzen Lebenslaufe bezeigete er weder Sorgfalt noch Verlangen, derselben theilhaftig zu werden. Die Erbschaft einer nahen

hen Anverwandtinn, der Staatsdame einer gros- Madame de
sen Königinn, schien das von seinem Anherrn Brassac.
auf ihn gebrachte Erbgut zu vermehren: doch,
da er an Streitigkeiten und Rechtshändeln, deren sein Gemüth ganz unfähig war, keinen Gefallen hatte, ließ er so viel nach, als man nur
verlangte, und glaubte, daß man viel gewonnen hätte, wenn man zu verlieren wüßte. Da
er nach seiner langen Gefangenschaft in währendem deutschen Kriege sich genöthiget sahe, seine
Freyheit zu erkaufen, wandte er nicht allein
seine eigene Baarschaft, sondern auch die von
andern aufgenommenen Gelder an, die Kriegsbedienten auf freyen Fuß zu setzen, welche die
Armuth, oder der Geiz ihrer Anverwandten, in
ihrer traurigen Gefangenschaft stecken ließ.

Seine Handlungen gründeten sich auf zweene Grundsätze; die Redlichkeit und die Religion: jene erweckte in ihm das Verlangen,
nutzbar zu seyn; diese bewegte ihn, für sein
Heil zu arbeiten. Was für redlichen Unterricht
hat er nicht dem Dauphin zum gemeinen Besten und zu seinem Ruhme ertheilet? Nichts ist
schwerer, als einen jungen Prinzen zu erziehen,
der zur königlichen Würde gebohren ist. Man
muß ihm die Freymüthigkeit ohne Eigendünkel
einflößen; man muß ihm zu erkennen geben,
wie er seyn soll, und wie er beschaffen sey. Es
ist genug, ihm den Thron in der Ferne zu zeigen, auf welchem er sitzen soll; und ihm so zu
sagen

sagen die Krone zur Prüfung auszustellen, damit er sie zu tragen wisse, wenn die göttliche Vorsicht selbige auf seine Scheitel fallen läßt. Es ist nöthig, ihm beydes, die Tugenden eines Königes und eines Unterthanen beyzubringen; ihm die Ehre der Oberherrschaft und das Verdienst des Gehorsams zu zeigen, und ihn, wie jenen Hauptmann im Evangelio, sagen zu lehren: **Matth. 5, 9.** Ich bin ein Mensch, der Obrigkeit unterthan, und habe unter mir Kriegesknechte, noch wenn ich zu dem einen sage gehe hin, so geht er. Ich sehe Völker unter meiner Gewalt, allein ich habe auch einen Herrn über mir; ich gebiethe denen Kriegesheeren, ich vollführe aber auch, was man mir befiehlt. Ich habe Unterthanen, aber auch einen Oberherrn.

So waren die Lehren beschaffen, die ihm der Herzog von Montausier ertheilete. Er flößete ihm die Mäßigung ein, wenn er ihm die Herzhaftigkeit anprieß; er bildete in ihm das lehrbegierige Herz, welches Salomo von Gott zur Regierung seines Volks erbath; er bezeichnete ihm die wahren Grenzen seiner Hoheit, indem er ihn von demjenigen unterrichtete, was ein König seinen Unterthanen, und ein Sohn seinem Vater schuldig ist.

Wie oft hat er ihm gesaget: daß der vornehmste Zweck und das erste Gesetz der Regierung

rung die Glückseligkeit der Völker sey? Daß Wahrheit und Treue, wesentliche Tugenden der Fürsten wären, die das Bild des wahrhaftigen Gottes an sich tragen, und Schiedsrichter der öffentlichen Treue sind; und daß die größten Reiche, und die weitläuftigsten Herrschaften vor Gott nur ein Punct an Größe, und ein Augenblick an Dauer wären; daß Monarchen bey ihrer Macht mäßig und sanftmüthig zu seyn lernen, und nach einer unsterblichen und göttlichen Ehre sich sehnen müßten. O! daß es mir erlaubet wäre, ihnen allhier die weisen und heiligen Grundsätze vorzutragen, so die True ihn schriftlich zu verfassen, die Bescheidenheit aber zu verbergen lehrete; und welche nach seinen Wünschen, mit mehrerem Glanze in dem Leben eines Prinzen der sie ausübet, hervorleuchten; sowohl wenn er den Blitz, den der König seinen Händen anvertrauet, schießen läßt, als wenn er des Ruhmes genießt, den er sich erworben. Erinnern sie sich, meine Herren, mit was zärtlicher und empfindlicher Freude er dasjenige einsammlet, was er in der Seele dieses jungen Ueberwinders ausgestreuet hatte; indem er nämlich seine Güte, seine Leutseligkeit, seine Freygebigkeit, seine Gottesfurcht und seine Gerechtigkeit lobte, und ihm seiner Tugenden wegen, Glück wünschete, wenn andre ihm seiner Siege wegen diese Pflicht abstatteten.

War

War es nicht eben derselbe redliche Sinn, der ihn anreizte, so viele gute Bedenken und heilsame Rathschläge zu geben? Er wollte allen Misbräuchen abhelfen, und alle Fehler ausbessern, die er nach den Begriffen der Vollkommenheit erkannte, so ihm die Weisheit beygebracht hatte. Sein Alter, sein Ansehen, seine Ehrenstellen, und ich weis nicht was für ein ernsthaftes und ehrwürdiges Wesen, das aus seinem Betragen und aus seiner Person hervorleuchtete; hatte ihm eine gewisse Art der allgemeinen Hochachtung zuwege gebracht, welcher sich niemand zu widersetzen erkühnete.

Selbst diejenigen, die seinen Eifer nicht lieben konnten, waren verbunden ihn zu loben, und entdeckten so gar in seinen Fehlern etwas tugendhaftes. Man konnte seinem Gemüthe zuweilen einen falschen Eindruck machen, allein er folgte dennoch jederzeit wenigstens dem Scheine der Wahrheit und Gerechtigkeit: und bey allem Ansehen, worein man sich bey ihm gesetzet hatte, konnte man ihn zwar einnehmen, keineswegs aber gänzlich blenden. Wenn er gleich eine Sache eifrigst behauptete, geschah es doch nicht, um der Welt seine Meynungen aufzubürden; sondern sie vielmehr zu derjenigen Wahrheit zu führen, die er selbst erkannte, oder wenigstens zu erkennen glaubte. Er bestand auf seinen Gedanken nicht aus Eigensinne, sondern weil er sie für gegründet hielt, und widersetzte
sich

sich öfters dem Gutachten andrer, weil dasselbe zuweilen ungerecht und unbillig war; bey dem Feuer und der Lebhaftigkeit seines Geistes behielt er dennoch die Güte, und so gar die Zärtlichkeit seines Herzens.

War seine Redlichkeit der Bewegungsgrund so vieler Tugenden, so war die Religion der Grund und die Ursache seiner Redlichkeit. Stellen sie sich, meine Herren, nicht etwa eine solche Andacht vor, welche in einer eingebildeten Heiligkeit des Geistes besteht, die sich bloß mit Betrachtungen unterhält, und die heiligen Pflichten unterläßt. Sein Glaube war, wie sein Herz, einfältig und gründlich. Denken sie nicht an jene eitele und aufgeblasene Religion, die sich bloß auf das Aeußerliche erstrecket, und die nur den Körper und den Schein guter Werke an sich hat: ihm gieng alles von Herzen. Hinweg mit einer solchen Frömmigkeit, bey der man andern nachzuahmen, oder gefällig zu werden suchet; die in das Heiligthum eigennützige und unheilige Gelübde bringet; und da sie unter einer geschminkten Liebe zu Gott, das Verlangen und die Hochachtung der Welt verbirgt, sich der Geheimnisse und Sacramente Jesu Christi, durch eine gotteslästerliche Verstellung zum Ehrgeize und Glücke der Sünder bedienet. Wer von ihnen untersteht sich wohl, auf ihn den Verdacht einiger Menschenfurcht oder Häucheley zu werfen?

2 Cor. 1

Er suchte Gott, nach dem Rathe des Apostels, in Aufrichtigkeit seines Herzens. Ist wohl jemals ein Glaube lebendiger gewesen, als der seinige? Er war von den Wahrheiten des Christenthums dergestalt überzeuget, daß man sagen könnte, er habe sie ganz vollkommen eingesehen. Er glaubte und liebte dieselben. Der Thor schloß vor ihm seine gottlose Lippen; er hielt unter einem gezwungenen Stillschweigen seine eitele und Gottlästernde Gedanken zurück, und begnügte sich bloß in seinem Herzen zu sprechen: Es ist kein Gott. Er wohnte täglich der heiligen Messe bey, und seine Aufmerksamkeit sowohl als seine Bescheidenheit gab denjenigen Seelen einen Eindruck, die von der Ehrerbiethung gegen den Ort und von der Heiligkeit des Dienstes, weniger als er gerühret waren. Wir haben gesehen, wie sehr er sich über das ungestüme Geräusch entrüstet, so das Gebeth der Gläubigen unterbricht, und im Hause Gottes, das ehrfurchtsvolle Stillschweigen bey den heiligen Geheimnissen störet; wie er sich mit Unwillen von seinem Platze erhoben, und der Pflicht der Aeltesten gemäß, der Kirchen-Befehle ertheilet, die Knie zu beugen und vor der gegenwärtigen Majestät stille zu seyn; welche, ob sie gleich verborgen, dennoch nicht weniger furchtbar ist.

Ist wohl jemals eine Anbethung mehr im Geiste und in der Wahrheit geschehen, als diejenige, mit welcher er seinen Gott verehret? Er erkannte ihn als sein Ende, und seinen Ursprung, und ungeachtet er gegen ihn diese vorzügliche Liebe hegte, die ihm eine unumschränkte Gewalt über seinen Willen ertheilte; so verwies er sich doch selbst, daß er nicht so viele Zärtlichkeit und so viele Empfindung gegen ihn hätte, als er wohl gegen seine Freunde empfand. Mit was Inbrunst des Herzens trug er ihm sein geistliches und seines Hauses Anliegen, in denjenigen reinen und vertrauensvollen Gebethen vor, die er selbst verfertiget hatte; um seine Barmherzigkeit anzuflehen, oder seine Gelübde und seine Danksagungen ihm darzulegen!

Woher nahm er denn alle diese Einsichten? Aus dem Gesetze, so derselben ewige Quelle ist. Er hatte das neue Testament Jesu Christi hundert und dreymal mit besonderm Fleiße und vieler Ehrfurcht gelesen. Haben wohl wir, die wir doch Diener des Wortes, und solches dem Volke zu verkündigen gewidmet sind, dasselbe so oft gelesen? Haben wir wohl dasselbe so oft betrachtet? Die ersten Christen pflegten sonsten die Bücher des Evangelii mit sich begraben zu lassen, und trugen den Schatz des Glaubens und das Unterpfand ihrer ewigen Auferstehung bis in ihr Grab bey sich: und derjenige, den wir heute

heute loben, behielt dieselben bis an seinen Tod in seinen Händen, und wollte, so zu reden, im Schooße der Wahrheit und in der Barmherzigkeit des Heilandes, seinen Geist aufgeben.

Jetzt komme ich, meine Herren, auf die allerbeweglichste Stelle meiner Rede. Fürchten sie indessen nicht, daß ich mich meinem Schmerze überlassen werde. Ich habe die große Barmherzigkeit, die Gott ihm aufbehalten hatte, gesehen; und ich habe alle Trostgründe des Glaubens und der Hoffnung, so die Schrift ertheilet, zu meiner Beruhigung. Bey dem Ruhme eines guten Namens, den ihm eine vollkommene Tugend zuwege gebracht, und der Neid ihm streitig zu machen sich nicht mehr erkühnete; bey einer Munterkeit des Gemüthes und des Leibes, für welche bisher das Alter und die Krankheiten eine gewisse Achtung zu haben geschienen, fiel er plötzlich in die verdrüßlichen Schmerzen, wobey man ohne Hülfe und Abwechselung leidet. Der Odem, der unser Leben erhält, setzte ihn alle Augenblicke in Gefahr des Todes. Die Nächte, die weit trauriger als die Tage waren, raubeten ihm die Anmuth der Gesellschaft, und gönneten ihm dennoch nicht die Süßigkeit der Ruhe. Er konnte nicht gerade liegen, noch eine Lage oder ein Mittel finden, so ihm Linderung verschaffet hätte. Was für gottselige Betrachtungen

hatte

hatte er nicht in diesen Stunden der Schwachheit und der Geduld?

Wie sehr verachtete er die Welt und ihre Eitelkeit? Er betrachtete sein zeitliches Glück, dessen Nichtigkeit und Gefahr er jederzeit verspüret hatte, und rief mit Seufzen aus: Sollte es wohl möglich seyn, mein Gott, daß dieses meine Vergeltung gewesen? Was für Schrecken, aber auch was für Reue bezeigte er über seine Sünden? Er überdachte die verflossenen Jahre seines Lebens mit Betrübniß seiner Seele; und wenn er sich unter seinen bußfertigen Betrachtungen erholete, so sagte er: Achtzig Jahre, o Herr, ja achtzig Jahre sind unter den Beleidigungen gegen dich verflossen! Wenn er zuweilen in sein eigen Herz ein Mistrauen setzte, und nicht genugsam gerühret zu seyn fürchtete, so sprach er: Du hast mich in deinem Worte gelehret, daß das Herz des Menschen unerforschlich sey; sollte denn das Innerste des meinigen dir unbekannt seyn? Sollte ich dich täuschen, oder sollte ich mich selbst betrügen, o mein Gott? Ein heiliges Entsetzen vor den göttlichen Gerichten bemächtigte sich seiner. Man bemerkte seinen Glauben aus seinen Augen und Worten; das christliche Vertrauen kam ihm zu Hülfe, und er setzte hinzu: Ich nähere mich

mich deinem Gnadenthrone; ich bringe dir einen Sünder, der keine Vergebung verdienet; du aber hast mir befohlen darum zu bitten, deine Barmherzigkeit geht vor Recht; und ist denn das Blut deines Sohnes nicht auch für mich vergossen? Ist es nicht bestimmet, die Sünden der Welt zu tilgen?

Unter dieser feurigen Andacht naheten sich die unvermeidlichen Stunden. Noch ein Schlag für mich! Göttliche Vorsehung! Vermuthete ich wohl, oder war ich bestimmet ein Zeuge und gleichsam ein Diener seines Opfers zu seyn? Ich sehe das Angesicht, das in der Furcht des Todes nicht erblaßte; die Augen, die das Kreuz Christi suchten, und die Lippen, die dasselbe küßten. Ich erblicke ein Herz, das vor dem Richterstule der Buße zerknirschet, bey dem Anblicke des heiligen Zehrpfennigs von Erkenntlichkeit und Liebe durchdrungen, und durch die heilige Ordnung und die Gebethe der Kirche gerühret war. Ich sah einen Isaak, der seine Vaterhände mit Beschwerde erhob; eine Tochter, welche Natur und Frömmigkeit zu allen ihren Pflichten verbindet, und eben so sehr aus Zärtlichkeit, die sie gegen ihn hegte, als wegen der Zuneigung, die er gegen sie bezeigte, hochzuschätzen ist, und Kinder zu segnen, die seine Freunde waren und ihm bereinst

Ehre

Ehre machen werden. Ich sah endlich, wie ein Christ stirbt, der wohl gelebet hat.

Was soll ich ihnen, meine Herren, bey einer so traurigen und erbaulichen Handlung, als die gegenwärtige ist, sagen? Ich will ihnen vorstellen, daß die Welt ein betrügliches Wesen sey, welches verschwindet; daß ihre Reichthümer, ihre Vergnügungen, und ihre Ehre mit ihr vergehen. Wenn ein guter Name und die Tugend jemanden von dem allgemeinen Gesetze frey sprechen könnten: so würde die durchlauchtige und tugendhafte Julia mit ihrem Gemahle annoch leben; doch diese handvoll Erde, welche wir in dieser Capelle erblicken, bedecket diese großen Namen und großen Verdienste. Welches Grab hat wohl jemals so kostbare Gebeine verschlossen? Jetzt hat der Tod dasjenige wieder vereiniget, was er vormals getrennet. Mann und Weib machen jetzt nur eine Asche aus, und so lange ihre mit dem Blute Jesu Christi besprengte Seelen in dem Schooße des Friedens ruhen, so werden, wie ich es von seiner unendlichen Barmherzigkeit hoffe, ihre in dem Staube des Grabes erniedrigten Gebeine, nach der Sprache der Schrift, in der Hoffnung einer vollkommenen Vereinigung, und einer ewigen Auferstehung, sich erfreuen. Psalm 50.

Bringet indessen, ihr Priester des lebendigen Gottes, eure Gelübbe und eure Opfer für sie dar! und ihr keuschen Bräute Jesu Christi, verwahret auf das sorgfältigste dieses geheiligte Pfand; benetzet es mit euren Bußthränen; ziehet auf dasselbe einige Blicke des unbefleckten Lammes, dem ihr folget, wenn es auf allen diesen Altären geopfert werden soll; damit, wenn sie durch diese göttliche Opferung von dem Ueberbleibsel der menschlichen Schwachheiten gereiniget worden, sie mit euch im Himmel, die ewige Barmherzigkeit besingen mögen.

Kurzgefaßte
Lebensbeschreibung
des
HERRN
Esprit Fleschiers,
Bischofs zu Nimes. *

---

* Diese Lebensbeschreibung ist aus seinen Briefen und den Memoires du P. Niceron genommen.

Esprit Fleschier ward den 10ten des Brachmonats im 1632 Jahre zu Perne in der Grafschaft Avignon gebohren. Als er im 1648 Jahre in die Congregation der christlichen Lehre getreten, so hatte er das Glück, von dem P. Herkules Audiffret, seinem Oheime von der Mutterseite, der damals Obervorsteher dieser Congregation war, und sich durch seine schönen Gaben und Tugenden in Hochachtung gesetzet hat, darinnen angeführt zu werden. Herr Fleschier hatte ein besonderes Geschick zu den Studien seines Standes, und stund denen verschiedenen Classen, die ihm untergeben wurden, mit vielem Ruhme vor; besonders zu Narbonne, wo er die Redekunst lehrte, und im 1659 Jahre dem Herrn Rebe, Erzbischofe dieser Stadt, die Leichenrede hielt. In eben diesem Jahre, einige Monate nach des P. Audiffret Tode, legte er auch den Lehrerrock ab.

Er fieng an, sich durch eine Beschreibung des Ringelrennens in lateinischen Versen, und durch einige französische Gedichte, zu Paris bekannt

kannt zu machen. Man verwunderte sich sehr, wie er eine bey den alten Römern so unbekannte Sache, als ein Ringelrennen ist, in so schönen lateinischen Versen hätte ausdrücken können. Diese Beschreibung, welche den Titel führet: Curſus regius, ist anfänglich im 1669 Jahre in Folio nebst der Beschreibung, welche Carl Perrault von einem Ringelrennen im Jahre 1662 gemacht hat, und hernach in Duodez, in der Sammlung der vermischten Werke des Herrn Fleschier, gedruckt worden, welche im 1712 Jahre ans Licht trat.

Seine ersten Reden vermehrten seinen Ruhm sehr, und seine Leichenreden erhoben solchen aufs höchste. Herr Mongin saget in seinen akademischen Reden folgendes davon: „Vor dem Herrn Fleschier war die Leichenrede „eine Kunst, schöne Lügen zusammen zu setzen; „eine ganz entheiligte Kunst, wo man ohne „Absicht auf die Wahrheit und Religion, den „falschen Tugenden der Großen, und öftermals „der Hoheit selbst Opfer brachte. Der weise „Fleschier aber dachte bey den Lobsprüchen auf „die Todten, nur den Lebenden Lehren zu ge„ben, und die menschliche Hoheit, durch die Ei„telkeit, welche sie begleitet, oder durch den „Tod, welcher sie zernichtet, zu beweinen. „Es war nicht genug, daß man von Geburt „groß war, daß man hohe Würden besaß, „oder daß man ihm große Belohnungen an„both, um eine Stelle unter seinen unsterbli„chen

„chen Helden zu erlangen. Damit er an der
„Wahrheit nicht zum Verräther würde, so hat
„er nur die Tugend gelobet; damit er in seinen
„Abschilderungen nicht schmäuchelte, so hat er
„nur nach der schönsten Natur gearbeitet; und
„alle seine Helden sind Muster, so wie alle seine
„Reden Meisterstücke sind. Man ist daher er-
„staunet, daß man in einem einzigen Men-
„schen die allgemeine Seele vieler großen Män-
„ner, die Seele eines Kriegesmannes, die
„Seele eines Weisen, einer großen obrigkeitli-
„chen Person, und eines geschickten Staatsman-
„nes gesehen hat. Hier erhebt sie sich, verän-
„dert sich, vervielfältiget sich, und nimmt alle
„die verschiedenen Gestalten der Verdienste und
„Tugend an. Die Verblendung ist so stark,
„daß man alles dasjenige zu sehen glaubet,
„was man doch nur liest oder höret. Man
„wird mit einem Buche in der Hand in Bela-
„gerungen und Schlachten versetzet. Der
„Redner bezaubert einen, und man ist doch nur
„mit dem Helden beschäfftiget. Fleschier redet,
„und man sieht nur den Turenne. Die Kunst
„verstecket den Redner, und zeiget nur die große
„obrigkeitliche Person, oder den großen Feld-
„obersten."

Herr Fleschier las oftmals die italiänischen
und spanischen Predigten, die er im Scherze
seine Pickelhäringe nannte; und gestund, daß
das Lächerliche in diesen Werken zur Läuterung
und Befestigung seines Geschmacks an dem
Wahren

Wahren viel beygetragen hätte, ohne welchen in der Beredsamkeit weder Schönheit noch Stärke wäre.

Unter den erlauchten Freunden, welche ihm seine Verdienste erwarben, war der Herr von Montausier einer der eifrigsten. Dieser brachte ihn zum Dauphin, dessen Leser er wurde. Da man ihn im 1672 Jahre zu der Leichenrede der Frau von Montausier erwählte: so kam die besondere Gabe erst recht ans Licht, welche er zu dergleichen Werken besaß und welche ganz Frankreich an ihm erkannt hat.

Im 1673sten Jahre ward er an die Stelle des Herrn Godeau, Bischofs zu Vence, in die französische Akademie aufgenommen.

Einer von denen zu Erziehung des Dauphins gemachten Anschlägen war, man wollte die Geschichte aller großen christlichen Prinzen für ihn schreiben lassen. Herr Fleschier bekam des Theodosius seine, die auch im 1679 Jahre ans Licht trat. Dieß ist nur die einzige, die man geliefert hat.

Der König, welcher nicht damit zufrieden war, daß er ihm die Abtey St. Severin gegeben, und ihn zum ordentlichen Allmosenpfleger bey der Dauphine gemacht hatte, ernannte ihn auch im 1685sten Jahre zum Bischofe von Lavaur; von da er im 1687sten Jahre in das Bisthum Nimes kam. Wegen dieser

Ver-

des Herrn Fleschier.

Versetzung schrieb er folgenden Brief an den König.

Allergnädigster Herr,

„Die Gnade, welche Eure Majestät mir er-
„wiesen, da Dieselben mich zu dem Bisthume zu
„Nimes ernannt, habe ich mit aller gebührenden
„Erkenntlichkeit aufgenommen, und dieses kost-
„bare Merkmaal von Dero Andenken hat alle
„Regungen der Ehrfurcht in die Verehrung
„gegen Dero durchlauchtigste Person, und allen
„den brünstigen Eifer, den ich stets zu Dero
„Dienste gehabt habe, wiederum in meinem
„Herzen erneuert. Allein Eure Majestät wer-
„den mir erlauben, Denenselben mit allem dem
„Vertrauen, welches mir Dero Gütigkeiten er-
„theilen, vorzustellen, daß ich die erstere
„Wahl, da Dieselben mich in das Bisthum La-
„vaur setzen wollen, als meinen ersten Beruf
„ansehe; daß ich darinn so gearbeitet habe, als
„ob ich niemals daraus wegkommen sollte; und
„daß ich, weil Gott meine Arbeiten daselbst
„gesegnet, und die Leute mich mit Vergnügen
„gehöret, wenn ich ihnen den Gehorsam gegen
„Gott, und die Treue, die sie Eurer Majestät
„schuldig sind, geprediget habe, solches als ein
„Merkmaal ansehe, daß mich Gott an diesem Orte
„hat haben wollen. Ich gestehe es, allergnädig-
„ster Herr! ich habe eine große Neigung, das
„Werk zu vollenden, welches ich angefangen
„habe, und es würde eine große Gnade seyn,
„wenn

„wenn man mich die guten Gemüthsverfassun-
„gen unterhalten und vermehren ließe, wor-
„inn ich die Neubekehrten meines Kirchen-
„sprengels sehe. Ich zweifele nicht, daß der
„Nachfolger, den mir Eure Majestät bestimmt
„haben, nicht mehr Geschicklichkeit und Fähig-
„keit haben sollte, als ich. Allein der Fleiß,
„den ich angewandt, sie zu unterrichten, und
„das Vertrauen, welches sie auf mich gesetzt
„haben, geben mir gewisse leichte Mittel, die
„man beym Anfange der Verwaltung eines
„Bisthums nicht so gleich hat. Das Bis-
„thum Nimes hingegen, Sire! ist weitläuftig
„und schwer zu verwalten, und ich fühle, daß ich
„nicht Kräfte noch Geschicklichkeit genug dazu
„habe. Ich weis, daß es viel reicher und vor-
„nehmer ist, als das meinige: allein Eure Ma-
„jestät haben mir bereits so viel Gutes erwie-
„sen, daß ich nichts mehr wünsche; und die Eh-
„re, welche mir Dieselben erzeiget, da Sie mich
„für fähig und für würdig gehalten haben, die-
„sen Platz zu bekleiden, gilt mir mehr, als die
„Stelle selbst. Ich würde zwar daselbst mei-
„nem Vaterlande und meiner Familie näher
„seyn: allein meine stärkste Neigung muß seyn,
„Gott und Eurer Majestät zu dienen; und ich
„glaube, daß ich ihnen in diesem Lande nicht
„unnütz seyn werde. Ich werfe mich also zu
„Eurer Majestät Füßen, um Dieselbe anzu-
„flehen, mich in dem Kirchensprengel zu lassen,
„wo Dieselbe mich hingeschickt hat; und wo ich
„weit ruhiger Gott bitten kann, daß er fort-
„fahren

„fahren möge, seinen Segen über dieselbe reich-
„lich auszuschütten. Ich bin Denenselben nie-
„mals damit beschwerlich gewesen, daß ich um
„eine Gnade angehalten hätte: ich befürchte
„nur, daß ich Denenselben dadurch beschwerlich
„werde, daß ich gestehe, wie Sie mir solche er-
„zeigen. Es ist ein großer Beweis von Eurer
„Majestät Huld, daß ich dahin gebracht worden,
„daß ich um Verminderung Dero Wohlthaten
„und Gnadenbezeugungen bitten muß. Ich
„werde Eurer Majestät Befehle erwarten, sie
„mögen auch beschaffen seyn, wie sie wollen,
„und ich werde sie mit aller derjenigen Unter-
„thänigkeit und Treue ausüben, welche Eurer
„Majestät schuldig ist,

Allergnädigster Herr,

Dero
alleruntertḧanigster ꝛc.

Nimes war damals wegen der Menge
der Calvinisten, womit der Kirchensprengel an-
gefüllt war, ein sehr beschwerlicher Posten.
Der König hatte den Befehl von Nantes wiederrufen, und viele Calvinisten hatten ihre Religion abgeschworen. Man wußte aber gar
wohl, daß einige von diesen neuen Katholiken
ihrer alten Religion annoch anhiengen, und
nur aus Klugheit bey derjenigen blieben,
die sie angenommen hatten; und daß andere
unterließen, die Pflichten derselben zu erfüllen.

Die Klugheit, der Eifer, die Liebe des Herrn Fleschier gaben ihm zur Verhinderung des Uebels, das man daher befürchten konnte, Mittel an die Hand, deren guter Erfolg seiner Erwartung gemäß war.

Die Neigung, die er zu den schönen Wissenschaften hatte, ward durch die Sorgen bey seiner bischöflichen Regierung nicht ersticket. Es entstund durch seine Sorgfalt zu Nimes eine Akademie, wovon er die Seele und das Haupt war. Sein Pallast war eine andere Akademie. Er befliß sich daselbst christliche Redner zu ziehen, welche der Kirche dienten, und der Nation Ehre machten.

Er starb den 16ten des Hornungs 1710 im acht und siebenzigsten Jahre seines Alters.

Der P. de la Rue machet in der Vorrede zu seinen Predigten folgende Abschilderung von dem Herrn Fleschier. „Die Liebe zu einer zier„lichen und richtigen Schreibart hatte ihn vom „Anfange seines Studierens eingenommen. „Aus seiner Feder, aus seinem Munde, auch „so gar im gemeinen Umgange, floß nichts, „was nicht wohl ausgearbeitet war, oder es „doch zu seyn schien. In seinen Briefen, und „wenn er auch nur ein paar Zeilen schrieb, war „ein wohl abgemessener Schwung und viel Kunst. „Da die freyen Künste, und vornehmlich die „Dicht-

des Herrn Fleschier.

„Dichtkunst, seine erste Beschäfftigung gewe-
„sen waren, so war es ihm zur Gewohnheit,
„ja fast zur Nothwendigkeit geworden, alle sei-
„ne Worte abzumessen, und sie in einen ge-
„wissen Wohlklang zu binden. Das Feuer,
„welches in seiner Schreibart ausbricht, und
„durchgehends die Anmuth derselben erhebt,
„schien nicht Heftigkeit genug zu haben; und
„seine schleppende und nicht gar zu lebhafte
„Aussprache, welche durch ihre Langsamkeit sei-
„nem treuen Gedächtnisse zu statten kam, gab
„den Zuhörern Zeit genug, der Zärtlichkeit
„seiner Gedanken leichtlich zu folgen, und das
„Vergnügen, davon gereizt zu werden, zu em-
„pfinden. Weil er gleich zuerst durch Trauer-
„reden sich hervorzuthun anfieng: so machten
„die Ernsthaftigkeit der Sachen, welche der
„natürlichen Trägheit seiner Stimme und sei-
„nes Vortrages vortheilhaft war, und die schö-
„nen Sachen, die er sagte, daß man unver-
„merkt einen Geschmack an dieser Art zu reden
„fand; und verwandelten so gar einen Fehler,
„den man bey andern nicht so traurigen Ma-
„terien, kaum würde haben ausstehen können,
„in eine besondere Geschicklichkeit. Dieß sah
„man in seinen moralischen Reden. Denn an
„statt daß die Heftigkeit und eine hinreißende
„Gewalt darinnen herrschen sollte, so machte
„der Ton seiner Stimme, der etwas Trauri-
„ges an sich hatte, das Feuer seiner Ausdrü-
„ckungen kalt; und die Freyheit seines hervor-

leuch-

„leuchtenden Geistes war daselbst so zu sagen, „an sein Gedächtniß gebunden.

Nach dieser von einer fremden Hand gemachten Abschilderung des Herrn Fleschier, wird es gut seyn, wenn wir auch diejenige Abbildung hieher setzen, die er in einem Schreiben an einen seiner guten Freunde, von sich selbst gemacht hat.

Schreiben,

worinnen sich Herr Fleschier selbst abschildert.

Sie wollen also, mein Herr, daß ich ihnen die Abbildung von einem ihrer und meiner Freunde entwerfen, und eine Schilderey von einem Originale machen soll, welches sie so gut kennen, als ich . . . . . Seine Gestalt hat, wie sie wissen, nichts rührendes, noch angenehmes an sich: sie hat aber auch nichts widriges, oder anstößiges. Seine Gesichtsbildung betrügt nicht, und verspricht auf den ersten Anblick nicht alles, was sie werth ist. Man kann aber in seinen Augen, und an seinem Gesichte, ich weis nicht was bemerken, welches für seinen Geist und seine Redlichkeit steht.

Er scheint anfänglich gar zu ernsthaft zu seyn, und gar zu sehr an sich zu halten; hernach

des Herrn Fleschier.

nach aber wird er unvermerkt munter: und wer diese erste Kaltsinnigkeit ausstehen kann, der kann hernachmals ziemlich wohl mit ihm auskommen . . . . . Sein Verstand öffnet sich nicht auf einmal, sondern entwickelt sich nur nach und nach: und er gewinnet viel, wenn er bekannt wird. . . . . Er dringt sich nicht darnach, daß er von einem und dem andern Hochachtung und Freundschaft erlange: er suchet sich diejenigen aus, die er kennen und lieben will: und wenn er nur ein wenig guten Willen antrift, so hilft er sich hernachmals schon selbst, mit seiner natürlichen Sanftmuth und mit einem gewissen bescheidenen Wesen, welches ihm das Vertrauen zuziehet. Er hat sich niemals durch Ränke um Beyfall beworben; er hat aus Ursachen, und nicht durch gemachte Parteyen wollen hochgeschätzet werden. Sein Ruhm ist niemals seinen Freunden zur Last gewesen, es hat nur ihn allein etwas gekostet. Wenn er lobenswürdig gewesen ist, so hat er es andern überlassen, ihn zu loben. Er weis sich seines Witzes zu bedienen; er weis sich aber nicht damit zu brüsten: und ob er sich gleich fühlet und sich so hoch schätzet, als er es werth ist, so läßt er doch jedem sein Urtheil . . . . . Er schließt sich in sich selbst ein, und erzeiget sich die Gerechtigkeit, die man ihm versaget.

Er hat einen guten offenen Kopf, der zu allem fähig ist, was er unternimmt. Er hat sehr glücklich Verse gemacht; es ist ihm auch in der ungebundenen Schreibart gelungen. Die Gelehrten sind mit seinem Lateine zufrieden gewesen. Der Hof hat seine Artigkeit gelobet. Er hat mit gutem Erfolge geschrieben: er hat öffentlich, und sogar mit großem Beyfalle geredet . . . . . Sein Umgang ist weder sehr aufgeweckt, noch verdrießlich. Er erniedriget sich, er erhebt sich, wenn es seyn muß. Er redet wenig: man merket aber gar wohl, daß er viel denket. Gewisse feine und geistreiche Minen deuten aus seinem Gesichte dasjenige an, was er billiget oder verwirft; und sein Stillschweigen selbst ist verständlich . . . . . . Wenn er nicht bey Leuten ist, die ihm gefallen, so bleibet er in sich selbst gekehret. Wenn er bey seinen Freunden ist, so spricht er gern, und läßt sich auch gern heraus: er bleibt aber dennoch stets Herr über seinen Witz. Wenn er redet, so sieht man wohl, daß er zu schweigen weis; und wenn er schweigt, so sieht man wohl, daß er zu reden weis. . . . . . Er höret andere ruhig an, und bezahlet sie oftmals mit der Geduld und Achtsamkeit die er blicken läßt, ihnen zuzuhören. Er verzeiht es ihnen leicht, daß sie wenig Witz haben, wenn sie ihn nur nicht bewegen wollen zu glauben, das sie viel haben . . . . . Daß er in Gesellschaften

schaften wohl aufgenommen ist, kömmt daher daß er sich in alle schicket, und sich niemanden vorzieht. Er befleißiget sich nicht, dasjenige sehen zu lassen, was er weis: er läßt ihnen lieber das Vergnügen, dasjenige zu sagen, was sie wissen • • • • •

Er ist äußerlich eben nicht lebhaft; er besitzt aber innerlich viel Lebhaftigkeit, und seinen Betrachtungen entgeht wenig • • • •

Er ist von Natur nicht unruhig, und beschäfftiget sich nicht, die Heimlichkeiten eines andern zu errathen. Wenn man ihm aber nur ein wenig Licht giebt; so geht er von Muthmaßung zu Muthmaßung: und wenn er will, so giebt es kein Geheimniß, welches er nicht entdecket • • • • • Er sieht das Lächerliche an den Menschen auf einen Blick, und niemals hat jemand eine Thorheit schneller bemerket • • • • •

Er ist von Natur träge: wenn er aber will, so findet er bey sich so viel Hülfsmittel, daß er oft selbst darüber erstaunet ist: Ob er gleich viel Zeit verliert, so findet sich doch, daß er deren noch immer genung hat: und so langsam als er auch zu seyn scheint, so giebt es doch wenig Leute, die er nicht einholet, so fleißig sie auch nur seyn mögen.

Was seine Schreibart und seine Werke betrifft: so ist Deutlichkeit, etwas Sanftes, und Zierlichkeit darinnen. Die Natur nähert sich darinnen der Kunst, und Kunst gleicht darinnen der Natur. Man glaubt anfänglich, man könne nicht anders denken und reden: allein, wenn man darüber nachgedacht hat; so sieht man wohl, daß es nicht so leicht ist, auf die Art zu denken, oder reden. Er hat eine besondere Richtigkeit in dem Verstande, Ordnung in der Rede oder in den Sachen, eine gewisse Zusammenfügung der Worte und eine glückliche Leichtigkeit, welche die Frucht eines langen Studierens ist. Man kann zu dem, was er schreibt, nichts hinzufügen, ohne etwas überflüßiges hinzuzusetzen; und man kann nichts davon wegnehmen, ohne etwas nothwendiges davon abzuschneiden. Kurz ihr Freund würde noch etwas mehr werth seyn, wenn er sich zur Arbeit gewöhnen könnte; und wenn sein etwas undankbares aber nicht ungetreues Gedächtniß ihm so gut diente, als sein Witz. Allein es ist nichts vollkommenes auf der Welt, und ein jeder hat seine schwache Seite.

Was sein Herz betrifft, woran ihnen, wie ich glaube, am meisten gelegen ist, so fällt es nicht so leicht, solches zu kennen. Es mäßiget sich, wenn es will, es ist geheim und vorsichtig; es verbirgt sich oft unter der Decke einer
schein-

des Herrn Fleschier.

scheinbaren Ruhe und Gleichgültigkeit. Allein ich habe es gesehen, wie es von Natur ist; ich beobachte es seit langer Zeit, und bin sein Vertrauter. Ich will ihnen also, mein Herr, meine Kenntniß von demselben mittheilen.

Dieses Herz, mein Herr, ist ihrer nicht unwürdig . . . . Es besitzt Hoheit und Großmuth; kein Eigennutz rühret es: wünschet nur deswegen Güter zu haben, damit es im Stande sey, Gutes zu thun. Sein empfindlichstes Vergnügen ist, wenn es sich seine Freunde verbunden machen, oder die Verbindlichkeiten, die es von ihnen hat, bezeigen kann. Es würde indessen doch lieber Gefalligkeiten erzeigen, als welche erhalten. Es hat stets geglaubt, die Verdienste könnten des Glücks wohl entbehren. Es hat sich mit dem einem begnüget, und ist über das andere nicht beunruhiget.

Nichts ist so sehr wider seine Neigung, als jemanden, er sey auch wer er sey, zur Last zu werden. Bey seinen Bedürfnissen nimmt er seine Zuflucht zu seiner Geduld: und wenn er noch einmal so beredt wäre, als er ist, so würde er doch nicht reden können, wenn er etwas verlangen sollte. Alle Ehrenstellen der Welt würden ihm gar zu theuer erkauft zu seyn scheinen, wenn sie ihm einige Niederträchtigkeit gekostet hätten. Er hat keine Lust zu widersprechen, aber noch weniger Lust zu schmäucheln. Ob wohl niemand besser loben kann, als er: so hat er doch niemals zur Unzeit seine Lobsprüche anbringen oder ertheilen wollen. Er weis, wann man einige Körner Weihrauch anzünden muß, welche erquicken und nicht schwindelicht machen. So nimmt er auch nur ein Lob an, welches eben so fein ist, als dasjenige, welches er ertheilet . . . . Er hat Ehrgeiz; nicht aber denjenigen, der sich bestrebet und sich dringt, empor zu kommen; sondern denjenigen, der ruhig die Gerechtigkeit erwartet, die man ihm erzeigen muß; welcher nicht die kürzesten, sondern die rühmlichsten Wege suchet . . . . Er tröstet sich leicht, daß er nicht glücklich ist, wenn nur die Welt urtheilet, daß er dessen würdig ist; und er bearbeitet sich, wie er sich vielmehr durch sich selbst, als durch den Stand, worein man ihn gesetzet hat, in Achtung bringen möge. . . . .

Er beneidet niemandes Ruhm, er will aber gern des Seinigen genießen. Ob ihm gleich seine Gaben nicht unbekannt sind: so hält er doch diejenigen hoch, welche andere besitzen. Auf diese Art hat er das Vergnügen, welches die Ehre giebt; ohne daß er andere die Beschwerlichkeiten leiden läßt, welche der Stolz giebt.

Ein

des Herrn Fleschier.

Ein aufrichtiger und uneigennütziger Beyfall ist ihm sehr angenehm. Ein Mensch, der ihn lobet, ohne ihn zu kennen, ein Zuhörer, der entzücket wird; ein Vorbeygehender, der auf ihn weist und saget, das ist er: das sind die Lobsprüche, die ihn am meisten rühren. Wenn man ihn erhebt; so hält er sich in einer anständigen Mäßigung, und seine Schamhaftigkeit ist bestürzt: wenn man ihn aber erniedrigen will, so nimmt er einen Stolz an, der ihn über alles erhebt. Er ist leutselig, gefällig, dienstfertig gegen diejenigen, die unter ihm sind, bequem gegen seines gleichen. Was die Großen betrifft, die sich mit dem, was sie sind, erheben: so verehret er sie von ferne, und überläßt sie ihrer eigenen Größe.

Er ist bey allen Gelegenheiten Herr über sich; und seine Leidenschaften vermögen nichts über seine Vernunft, wo sie nicht dazu einwilliget oder überrascht wird . . . . Er ist aufrichtig und glaubet leicht, daß jedermann so ist. Wenn man aber einmal falsch gegen ihn gewesen ist: so erlanget man sein Vertrauen nicht wieder. So hintergeht er auch niemals jemanden, und wird nur einmal hintergangen. Wenn er jemanden einige Ursache zu klagen gegeben hat: so vergißt er nichts, ihm Genugthuung zu geben. Wenn man sich aber über ihn ohne Ursache beklagt: so ist seine Unschuld stolz, und läßt sich niemals zu Erläuterungen und Rechtfertiguntigungen hinab: und nichts kömmt ihm saurer an, als wenn er seine Schutzschrift machen soll. . . . Wenn man ihn beleidiget: so ist er sehr empfindlich darüber; es dauret aber nicht lange. Der Neid misfällt ihm, er kränket ihn aber nicht. Er duldet mit Schmerzen eine Ungerechtigkeit; er verzeiht sie aber.

Die Untreue eines Freundes ist bey ihm ein Vergehen, das nicht zu verzeihen ist. Wenn man sich gegen ihn übel aufführet, so findet man wenig Entschuldigungen, die ihm ein Genügen thäten; und es kömmt ihm um so viel schwerer an, sich mit denjenigen wieder zu versöhnen, die ihm Verdruß gemacht haben; da er sich mit aller möglichen Vorsicht hütet, niemanden Verdruß zu machen. Er hängt nicht sehr an der Welt; und weil er nicht viel zu gewinnen, und auch nicht viel zu verlieren hat: so hat er auch keinen großen Kummer und keine große Freude.

Die äußerlichen Pflichten und Wohlanständigkeiten des Lebens sind ihm zur Last. Die Besuche, die man einander abstattet, die Briefe, die man einander schreibt, und der unvermeidliche gesellschaftliche Umgang unter gleichgültigen Personen sind an seiner Seite, ein Zwang, und an Seiten der andern, Ungelegenheiten. Er glaubet nur diejenige Zeit gelebt zu haben, die er mit seinen Freunden, oder mit sich selbst zugebracht hat; und seine besten
Stun-

Stunden sind seine vertrauten Unterredungen, oder wenn er seinen Gedanken freyen Lauf läßt.

Die Anzahl seiner Freunde ist, wie die Zahl der Auserwählten, sehr klein. Er wählet sich solche nicht leichtsinniger Weise; er schonet sie aber, und erhält sie sorgfältig, wenn er sie einmal erwählet hat; und wenn er derer nur wenige hat, so hat er diesen Vortheil dabey, daß er sie nicht verliert . . . . Er ist bey ihnen lustig, ohne Ausschweifung, frey ohne Unbescheidenheit, vertraut ohne Unhöflichkeit, gefällig ohne Schwachheit und weise ohne mürrisches Wesen.

Er ist in demjenigen, was man einander schuldig ist, wenn man einander liebet, zärtlich und schwer zu vergnügen. Er will, man soll einander mit halben Worten verstehen, man soll einander zuvor kommen, und dasjenige errathen, was gefallen kann: er fodert aber nichts von andern, was er sich nicht selbst auflegt; und wenn er sich beklaget, wie wenig Ursache er auch dazu hat: so leidet er auch, daß man sich beklage, wie wenig Ursache er auch dazu giebt. Auf die Art ist er für seine Freunde gemacht; und auf die Art wünschet er, daß seine Freunde für ihn gemacht seyn möchten.

Das

Das Verzeichniß seiner Schriften.

1) La vie du Cardinal Commandon traduite du Latin d' Antoine Marie Gratiani, Paris in 4 und in 12.
2) Histoire de Theodose le Gand, Paris in 4 und in 12.
3) Histoire du Cardinal Ximenes, Paris in 4 und in 12.
4) Panegyriques & autres Sermons, Paris in 4 und in 12.
5) Oraisons funebres, Paris in 4 und in 12.
6) Sermons de Morale, brechés devant le Roi, avec des discours Synodaux; & les sermons prechés aux Etats de Languedoc, & dans sa Cathedrale, Paris in 12, 3 Bände. Der Abt du Jurry hat die Vorrede dazu gemacht.
7) Oeures melées, contenant ses Harangues, Complimens, Discours, Poesies Latines & Françoises, Paris in 12.
8) Mandemens & lettres pastorales, Paris in 12.
9) Lettres choisies sur divers sujets, Paris in 12, 2 Bände.

Er hat auch eine Sammlung von allen den Alterthümern, welche sich in der Provinz Languedoc befinden, nebst deren Erklärungen, in 6 Bänden in Folio geschrieben hinterlassen.

www.ingramcontent.com/pod-product-compliance
Lightning Source LLC
Chambersburg PA
CBHW030601300426
44111CB00009B/1056